NEW TEPS 실력편

뉴텝스
400+
목표 대비

☑ 서울대텝스관리위원회 NEW TEPS 경향 완벽 반영

☑ 뉴텝스 400점 이상 목표 달성을 위한 최적의 뉴텝스 기본서

☑ 신유형 문제는 한눈에 파악할 수 있도록 별도 표시

☑ 기출 문제를 재구성한 NEW TEPS Actual Test 5회분 수록

☑ 고득점의 감을 확실하게 잡아 주는 상세한 해설 제공

☑ 모바일 단어장 및 어휘 테스트 등 다양한 부가자료 제공

| 3가지 버전 MP3 | 모바일 단어장 | 온라인 받아쓰기 | 모바일 VOCA TEST | 정답 자동 채점 | + | 어휘 리스트 & 테스트 |

MP3 듣기
모바일 단어장
온라인 받아쓰기
정답 자동 채점

추가 제공 자료 www.nexusbook.com

❶ 3가지 버전 MP3　　❷ 모바일 단어장　　❸ 정답 자동 채점　　❹ 온라인 받아쓰기
❺ 모바일 VOCA TEST　❻ 어휘 리스트 & 테스트　❼ 테스트 도우미

* 추가 제공 자료는 영역마다 다를 수 있습니다.

NEW TEPS
실력편 실전 400+

청해　라보혜, 넥서스 TEPS연구소 지음 | 4X6배판 | 288쪽 | 17,000원

문법　넥서스 TEPS연구소 지음 | 4X6배판 | 232쪽 | 15,000원

독해　정일상, 넥서스 TEPS연구소 지음 | 4X6배판 | 328쪽 | 18,000원

분야	교재	초1	초2	초3	초4	초5	초6	중1	중2	중3	고1	고2	고3
VOCA	초등필수 영단어 1-2·3-4·5-6학년용	■	■	■	■	■	■						
VOCA	The VOCA + (플러스) 1~7					■	■	■	■	■	■	■	
VOCA	THIS IS VOCABULARY 입문·초급·중급			■	■	■	■	■					
VOCA	THIS IS VOCABULARY 고급·어원·수능 완성·뉴텝스								■	■	■	■	■
Grammar	초등필수 영문법 + 쓰기 1~2			■	■	■	■						
Grammar	OK Grammar 1~4			■	■	■	■						
Grammar	This Is Grammar 초급~고급 (각 2권: 총 6권)					■	■	■	■	■	■	■	■
Grammar	Grammar 공감 1~3						■	■	■	■			
Grammar	Grammar 101 1~3						■	■	■	■			
Grammar	Grammar Bridge 1~3 (개정판)						■	■	■	■			
Grammar	중학영문법 뽀개기 1~3						■	■	■	■			
Grammar	The Grammar Starter, 1~3						■	■	■	■	■		
Grammar	구사일생 (구문독해 Basic) 1~2									■	■	■	■
Grammar	구문독해 204 1~2									■	■	■	■
Grammar	그래머 캡처 1~2									■	■	■	
Grammar	Grammar.Zip 1~2									■	■	■	■
Grammar	[특단] 어법어휘 모의고사										■	■	■

분야	교재	초1	초2	초3	초4	초5	초6	중1	중2	중3	고1	고2	고3
Writing	도전만점 중등내신 서술형 1~4						📖	📖	📖	📖			
	영어일기 영작패턴 1-A, B · 2-A, B				📖	📖	📖	📖	📖				
	Smart Writing 1~2				📖	📖	📖	📖	📖	📖			
Reading	Reading 공감 1~3						📖	📖	📖	📖			
	After School Reading 1~3						📖	📖	📖	📖			
	My Final Reading Book 1~3							📖	📖	📖			
	This Is Reading 1-1 ~ 3-2 (각 2권; 총 6권)						📖	📖	📖	📖	📖		
	This Is Reading 전면 개정판 1~4					📖	📖	📖	📖	📖	📖		
	원서 술술 읽는 Smart Reading Basic 1~2						📖	📖	📖				
	원서 술술 읽는 Smart Reading 1~2									📖	📖	📖	
	[특단] 구문독해									📖	📖	📖	📖
Listening	Listening 공감 1~3						📖	📖	📖	📖			
	The Listening 1~4					📖	📖	📖	📖	📖			
	After School Listening 1~3						📖	📖	📖	📖			
	도전! 만점 중학 영어듣기 모의고사 1~3						📖	📖	📖	📖			
	만점 적중 수능 듣기 모의고사 20회·35회									📖	📖	📖	📖
TEPS	NEW TEPS 기본편 실전 300+ 청해·문법·독해						📖	📖	📖	📖			
	NEW TEPS 실력편 실전 400+ 청해·문법·독해						📖	📖	📖	📖	📖	📖	
	NEW TEPS 마스터편 실전 500+ 청해·문법·독해 *출간 예정							📖	📖	📖	📖	📖	📖

NEW TEPS

실력편
실전 400+ 청해

NEW TEPS 실력편(실전 400+) 청해

지은이 라보혜 · 넥서스 TEPS연구소
펴낸이 최정심
펴낸곳 (주)GCC

출판신고 제 406-2018-000082호 ①
10880 경기도 파주시 지목로 5
Tel (031)8071-5700 Fax (031)8071-5200
ISBN 978-11-964383-5-7 14740
      978-11-964383-2-6 14740 (SET)

www.nexusbook.com

기본부터 실전까지, 가장 빠르게 점수를 올리는 뉴텝스 청해

NEW TEPS

실력편
실전 400+ 청해

라보혜 · 넥서스 TE PS 연구소 지음

Listening

NEXUS Edu

TEPS 점수 환산표 [TEPS → NEW TEPS]

TEPS	NEW TEPS	TEPS	NEW TEPS	TEPS	NEW TEPS	TEPS	NEW TEPS
981~990	590~600	771~780	433~437	561~570	303~308	351~360	185~189
971~980	579~589	761~770	426~432	551~560	298~303	341~350	181~184
961~970	570~578	751~760	419~426	541~550	292~297	331~340	177~180
951~960	564~569	741~750	414~419	531~540	286~291	321~330	173~177
941~950	556~563	731~740	406~413	521~530	281~285	311~320	169~173
931~940	547~555	721~730	399~405	511~520	275~280	301~310	163~168
921~930	538~546	711~720	392~399	501~510	268~274	291~300	154~163
911~920	532~538	701~710	387~392	491~500	263~268	281~290	151~154
901~910	526~532	691~700	381~386	481~490	258~262	271~280	146~150
891~900	515~525	681~690	374~380	471~480	252~257	261~270	140~146
881~890	509~515	671~680	369~374	461~470	247~252	251~260	135~139
871~880	502~509	661~670	361~368	451~460	241~247	241~250	130~134
861~870	495~501	651~660	355~361	441~450	236~241	231~240	128~130
851~860	488~495	641~650	350~355	431~440	229~235	221~230	123~127
841~850	483~488	631~640	343~350	421~430	223~229	211~220	119~123
831~840	473~481	621~630	338~342	411~420	217~223	201~210	111~118
821~830	467~472	611~620	332~337	401~410	212~216	191~200	105~110
811~820	458~465	601~610	327~331	391~400	206~211	181~190	102~105
801~810	453~458	591~600	321~327	381~390	201~206	171~180	100~102
791~800	445~452	581~590	315~320	371~380	196~200		
781~790	438~444	571~580	309~315	361~370	190~195		

※ 출처: 한국영어평가학회

보다 세분화된 환산표는
www.teps.or.kr에서
내려받을 수 있습니다.

기존 TEPS부터 많은 수험자들은 청해와 독해를 어려워합니다. 특히 청해에 대한 부담감이 다른 영역에 비해 높습니다. 타 공인 영어시험과 달리 TEPS 청해는 문제와 선택지가 시험지에 제시되어 있지 않습니다. 이는 수험자의 청해 능력 평가를 목표로 하고, 요령을 통한 정답 유추를 방지하기 위함입니다. 그러나 수험자들은 빠른 속도로 생산한 생활영어 표현과 어려운 어휘를 1회 청취로 문제를 해결한다는 것이 결코 쉽지 않고, 듣기 범위도 실용 영어에서부터 학술적인 내용까지 다양하므로 부담감이 높습니다. 또한 대화나 담화문을 잘 듣고 이해했음에도 선택지 구성이 정답과 오답을 가려내기 힘듭니다. 이러한 이유들로 TEPS 청해 영역의 성적을 올리기는 쉽지 않습니다.

그럼, 청해 성적을 올리려면 어떻게 공부해야 할까요? 모든 수험자들이 듣기 실력뿐만 아니라 원하는 점수를 달성하는 것이 공통된 목표일 것입니다. NEW TEPS를 준비하는 수험생들의 어려움을 조금이나마 해소하고 체계적인 학습에 도움이 되기 위해서 〈NEW TEPS 실력편(실전400+) 청해〉를 넥서스 TEPS연구소와 함께 준비했습니다.

NEW TEPS 청해 영역은 특별한 요령이나 기술을 익히기보다는 기본적으로 청취 실력을 높이는 것이 선행되어야 합니다. 무조건 어려운 문제를 많이 푸는 것보다는 기본부터 실전까지 다양한 난이도의 문제를 바탕으로 딕테이션, 쉐도잉 등의 청취 실력을 높이는 훈련을 꾸준히 해야 합니다. 동시에, 시험에 나오는 다양한 종류의 말과 글을 많이 읽으면서 내용에 익숙해지도록 해야 합니다. 사실, NEW TEPS 청해는 독해의 연장이라고 할 수 있습니다. 특히 Part 4와 5의 지문들은 대부분 학술적인 내용을 다루고 있으므로 평소에 폭넓은 분야의 주제에 익숙해지도록 해야 합니다.

본서에서는 기초를 잡아주고 실전에서 활용할 수 있는 전략과 다양한 난이도의 기출 문제를 바탕으로 한 Mini Test와 Actual Test를 통해 학습 효과를 높일 수 있습니다. 좋은 교재도 수험자의 학습 태도에 따라 가치가 달라집니다. 전략을 꼼꼼하게 읽고 Mini Test로 연습한 후, 실전과 똑같은 Actual Test로 TEPS 고유의 정답과 오답의 성격을 파악하면서 수험자의 취약한 부분을 집중 학습하고, 반복한다면 어느덧 청해에 대한 부담감은 줄어들고, 자신감을 갖게 될 것입니다.

〈NEW TEPS 실력편(실전400+) 청해〉를 함께 준비하면서 좋은 책이 나올 수 있게 방향을 제시해 주시고, 도움을 주신 넥서스 TEPS연구소 편집팀께 감사를 드립니다. 지금까지 영어 전문가로 성장하는 데 도움을 주신 모든 분들, 그리고 저를 위해 모든 지원과 사랑을 아끼지 않은 가족에게도 감사의 말씀을 전합니다.

라보혜

Contents

 정답 및 해설 (부록)

NEW TEPS
청해 고득점 전략

뉴텝스 청해 5개 파트의 유형별 고득점 획득을 위한 실전 풀이 전략을 일목요연하게 정리했습니다.

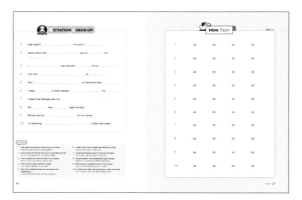

Dictation Check-up
& Mini Test

MP3 바로 듣기
받아쓰기 테스트
모바일 단어장

최신 기출 문장과 유사한 문장을 가벼운 마음으로 받아 쓸 수 있게 구성했습니다. Actual Test에 들어가기 앞서 짧은 시간 동안 실전 감각을 익힐 수 있습니다.

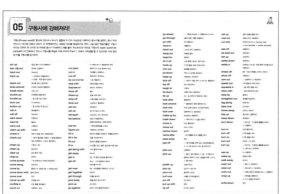

상황별 표현 / 빈출 구동사
& 주제별 어휘

시험에 자주 출제되었고, 앞으로 출제 예상되는 주요 표현을 체계적으로 익힐 수 있도록 상황별, 빈출, 주제별 어휘로 나누어 제공합니다.

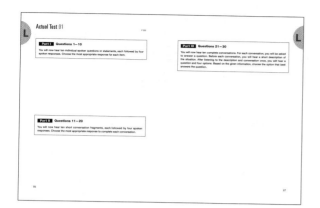

Actual Test 1~5

최신 뉴텝스 기출 경향과 가장 유사한 문제를 풀면서 실전 연습을 할 수 있습니다.

Dictation Workbook

Actual Test 5회분의 모든 스크립트를 활용하여 워크북 딕테이션을 제공합니다. 직접 받아쓰기 연습을 하며 필수 표현을 익히고, 보다 심도 깊은 듣기 훈련을 할 수 있습니다.

정답 및 상세한 해설

모든 문제의 스크립트와 해석, 상세한 해설, 어휘를 수록했습니다. 상세한 해설을 통해 혼자서도 완벽하게 문제를 이해할 수 있고, 어려운 어휘까지 손쉽게 학습할 수 있습니다.

TEPS는 Test of English Proficiency developed by Seoul National University의 약자로 서울대학교 언어교육원에서 개발하고, TEPS관리위원회에서 주관하는 국가공인 영어 시험입니다. 1999년 1월 처음 시행 이후 2018년 5월 12일부터 새롭게 바뀐 NEW TEPS가 시행되고 있습니다. TEPS는 정부기관 및 기업의 직원 채용이나 인사고과, 해외 파견 근무자 선발과 더불어 국내 유수의 대학과 특목고 입학 및 졸업 자격 요건, 국가고시 및 자격 시험의 영어 대체 시험으로 활용되고 있습니다.

1 / NEW TEPS는 종합적 지문 이해력 평가를 위한 시험으로, 실제 영어 사용 환경을 고려하여 평가 효율성을 높이고 시험 응시 피로도는 낮춰 수험자의 내재화된 영어 능력을 평가합니다.

2 / 편법이 없는 시험을 위해 청해(Listening)에서는 시험지에 선택지가 제시되어 있지 않아 눈으로 읽을 수 없고 오직 듣기 능력에만 의존해야 합니다. 청해나 독해(Reading)에서는 한 문제로 다음 문제의 답을 유추할 수 있는 가능성을 배제하기 위해 1지문 1문항을 고수해 왔지만 NEW TEPS부터 1지문 2문항 유형이 새롭게 추가되었습니다.

3 / 실생활에서 접할 수 있는 다양한 주제와 상황을 다룹니다. 일상생활과 비즈니스를 비롯해 문학, 과학, 역사 등 학술적인 소재도 출제됩니다.

4 / 청해, 어휘, 문법, 독해의 4영역으로 나뉘며, 총 135문항에 600점 만점입니다. 영역별 점수 산출이 가능하며, 점수 외에 5에서 1+까지 10등급으로 나뉩니다.

영역	문제 유형	문항수	제한 시간	점수 범위
청해 Listening Comprehension	Part I : 한 문장을 듣고 이어질 대화로 가장 적절한 답 고르기 (문장 1회 청취 후 선택지 1회 청취)	10	40분	0~240점
	Part II : 짧은 대화를 듣고 이어질 대화로 가장 적절한 답 고르기 (대화 1회 청취 후 선택지 1회 청취)	10		
	Part III : 긴 대화를 듣고 질문에 가장 적절한 답 고르기 (대화 및 질문 1회 청취 후 선택지 1회 청취)	10		
	Part IV : 담화를 듣고 질문에 가장 적절한 답 고르기 (1지문 1문항) (담화 및 질문 2회 청취 후 선택지 1회 청취)	6		
	Part V : 담화를 듣고 질문에 가장 적절한 답 고르기 (1지문 2문항) (담화 및 질문 2회 청취 후 선택지 1회 청취)	신유형 4		
어휘 Vocabulary	Part I : 대화문의 빈칸에 가장 적절한 어휘 고르기	10	변경 통합 25분	0~60점
	Part II : 단문의 빈칸에 가장 적절한 어휘 고르기	20		
문법 Grammar	Part I : 대화문의 빈칸에 가장 적절한 답 고르기	10		0~60점
	Part II : 단문의 빈칸에 가장 적절한 답 고르기	15		
	Part III : 대화 및 문단에서 문법상 틀리거나 어색한 부분 고르기	5		
독해 Reading Comprehension	Part I : 지문을 읽고 빈칸에 가장 적절한 답 고르기	10	40분	0~240점
	Part II : 지문을 읽고 문맥상 어색한 내용 고르기	2		
	Part III : 지문을 읽고 질문에 가장 적절한 답 고르기 (1지문 1문항)	13		
	Part IV : 지문을 읽고 질문에 가장 적절한 답 고르기 (1지문 2문항)	신유형 10		
총계	14개 Parts	135문항	105분	0~600점

청해 (Listening Comprehension) _40문항

정확한 청해 능력을 측정하기 위하여 문제와 보기 문항을 문제지에 인쇄하지 않고 들려줌으로써 자연스러운 의사소통의 인지 과정을 최대한 반영하였습니다. 다양한 의사소통 기능(Communicative Functions)의 대화와 다양한 상황(공고, 방송, 일상생활, 업무 상황, 대학 교양 수준의 강의 등)을 이해하는 데 필요한 전반적인 청해력을 측정하기 위해 대화문(dialogue)과 담화문(monologue)의 소재를 균형 있게 다루었습니다.

어휘 (Vocabulary) _30문항

문맥 없이 단순한 동의어 및 반의어를 선택하는 시험 유형을 배제하고 의미 있는 문맥을 근거로 가장 적절한 어휘를 선택하는 유형을 문어체와 구어체로 나누어 측정합니다.

문법 (Grammar) _30문항

밑줄 친 부분 중 오류를 식별하는 유형 등의 단편적이며 기계적인 문법 지식 학습을 조장할 우려가 있는 분리식 시험 유형을 배제하고, 의미 있는 문맥을 근거로 오류를 식별하는 유형을 통하여 진정한 의사소통 능력의 바탕이 되는 살아 있는 문법, 어법 능력을 문어체와 구어체를 통하여 측정합니다.

독해 (Reading Comprehension) _35문항

교양 있는 수준의 글(신문, 잡지, 대학 교양과목 개론 등)과 실용적인 글(서신, 광고, 홍보, 지시문, 설명문, 양식 등)을 이해하는 데 요구되는 총체적인 독해력을 측정하기 위해서 실용문 및 비전문적 학술문과 같은 독해 지문의 소재를 균형 있게 다루었습니다.

★ PART I (10문항)

두 사람의 질의응답 문제를 다루며, 한 번만 들려줍니다. 내용 자체는 단순하고 기본적인 수준의 생활 영어 표현으로 구성되어 있지만, 교과서적인 지식보다는 재빠른 상황 판단 능력이 필요합니다. Part I에서는 속도 적응 능력뿐만 아니라 순발력 있는 상황 판단 능력이 요구됩니다.

Choose the most appropriate response to the statement.

W I heard that it's going to be very hot tomorrow.

M _____

(a) It was the hottest day of the year.
(b) Be sure to dress warmly.
(c) Let's not sweat the details.
(d) It's going to be a real scorcher.

W 내일은 엄청 더운 날씨가 될 거래.

M _____

(a) 일 년 중 가장 더운 날이었어.
(b) 옷을 따뜻하게 입도록 해.
(c) 사소한 일에 신경 쓰지 말자.
(d) 엄청나게 더운 날이 될 거야.

정답 (d)

★ PART II (10문항)

짧은 대화 문제로, 두 사람이 A-B-A 순으로 보통의 속도로 대화하는 형식입니다. 소요 시간은 약 12초 전후로 짧습니다. Part I과 마찬가지로 한 번만 들려줍니다.

Choose the most appropriate response to complete the conversation.

M Would you like to join me to see a musical?

W Sorry no. I hate musicals.

M How could anyone possibly hate a musical?

W _____

(a) Different strokes for different folks.
(b) It's impossible to hate musicals.
(c) I agree with you.
(d) I'm not really musical.

M 나랑 같이 뮤지컬 보러 갈래?

W 미안하지만 안 갈래. 나 뮤지컬을 싫어하거든.

M 뮤지컬 싫어하는 사람도 있어?

W _____

(a) 사람마다 제각각이지 뭐.
(b) 뮤지컬을 싫어하는 것은 불가능해.
(c) 네 말에 동의해.
(d) 나는 그다지 음악에 재능이 없어.

정답 (a)

앞의 두 파트에 비해 다소 긴 대화를 들려줍니다. **NEW TEPS**에서는 대화와 질문 모두 한 번만 들려 줍니다. 대화의 주제나 주로 일어나고 있는 일, 화자가 갖고 있는 문제점, 세부 내용, 추론할 수 있는 것 등에 대해 묻습니다.

Choose the option that best answers the question.

W I just went to the dentist, and he said I need surgery.

M That sounds painful!

W Yeah, but that's not even the worst part. He said it will cost $5,000!

M Wow! That sounds too expensive. I think you should get a second opinion.

W Really? Do you know a good place?

M Sure. Let me recommend my guy I use. He's great.

Q: Which is correct according to the conversation?

(a) The man doesn't like his dentist.

(b) The woman believes that $5,000 sounds like a fair price.

(c) The man thinks that the dental surgery is too costly for her.

(d) The woman agrees that the dental treatment will be painless.

W 치과에 갔는데, 의사가 나보고 수술을 해야 한대.

M 아프겠다!

W 응, 하지만 더 심한 건 수술 비용이 5천 달러라는 거야!

M 와! 너무 비싸다. 다른 의사의 진단을 받아 보는 게 좋겠어.

W 그래? 어디 좋은 곳이라도 알고 있니?

M 물론이지. 내가 가는 곳을 추천해 줄게. 잘하시는 분이야.

Q 대화에 의하면 다음 중 옳은 것은?

(a) 남자는 담당 치과 의사를 좋아하지 않는다.

(b) 여자는 5천 달러가 적당한 가격이라고 생각한다.

(c) 남자는 치과 수술이 여자에게 너무 비싸다고 생각한다.

(d) 여자는 치과 시술이 아프지 않을 것이라는 점에 동의한다.

정답 (c)

★ PART IV (6문항)

이전 파트와 달리, 한 사람의 담화를 다룹니다. 방송이나 뉴스, 강의, 회의를 시작하면서 발제하는 것 등의 상황이 나옵니다. Part IV, Part V는 담화와 질문을 두 번씩 들려줍니다. 담화의 주제와 세부 내용, 추론할 수 있는 것 등에 대해 묻습니다.

Choose the option that best answers the question.

Tests confirmed that a 19-year-old woman recently died of the bird flu virus. This was the third such death in Indonesia. Cases such as this one have sparked panic in several Asian nations. Numerous countries have sought to discover a vaccine for this terrible illness. Officials from the Indonesian Ministry of Health examined the woman's house and neighborhood, but could not find the source of the virus. According to the ministry, the woman had fever for four days before arriving at the hospital.

Q: Which is correct according to the news report?
(a) There is an easy cure for the disease.
(b) Most nations are unconcerned with the virus.
(c) The woman caught the bird flu from an unknown source.
(d) The woman was sick for four days and then recovered.

최근 19세 여성이 조류 독감으로 사망한 것이 검사로 확인되었고, 인도네시아에서 이번이 세 번째이다. 이와 같은 사건들이 일부 아시아 국가들에게 극심한 공포를 불러 일으켰고, 많은 나라들이 이 끔찍한 병의 백신을 찾기 위해 힘쓰고 있다. 인도네시아 보건부의 직원들은 그녀의 집과 이웃을 조사했지만, 바이러스의 근원을 찾을 수 없었다. 보건부에 의하면, 그녀는 병원에 도착하기 전 나흘 동안 열이 있었다.

Q 뉴스 보도에 의하면 다음 중 옳은 것은?
(a) 이 병에는 간단한 치료법이 있다.
(b) 대부분의 나라들은 바이러스에 대해 관심이 없다.
(c) 여자는 알려지지 않은 원인에 의해 조류 독감에 걸렸다.
(d) 여자는 나흘 동안 앓고 나서 회복되었다.

정답 (c)

이번 NEW TEPS에 새롭게 추가된 유형으로 1지문 2문항 유형입니다. 2개의 지문이 나오므로 총 4문항을 풀어야 합니다. 주제와 세부 내용, 추론 문제가 섞여서 출제되며, 담화와 질문을 두 번씩 들려줍니다.

Choose the option that best answers each question.

Most of you have probably heard of the Tour de France, the most famous cycling race in the world. But you may not be familiar with its complex structure and award system. The annual race covers about 3,500 kilometers across 21 days of racing. It has a total of 198 riders split into 22 teams of 9. At the end of the tour, four riders are presented special jerseys.

The most prestigious of these is the yellow jerseys. This is given to the rider with the lowest overall time. The white jersey is awarded on the same criterion, but it's exclusive to participants under the age of 26. The green jersey and the polka-dot jersey are earned based on points awarded at every stage of the race. So what's the difference between these two jerseys? Well, the competitor with the most total points gets the green jersey, while the rider with the most points in just the mountain sections of the race receives the polka-dot one.

Q1:   What is the talk mainly about?
(a) How the colors of the Tour de France jerseys were chosen.
(b) How the various Tour de France jerseys are won.
(c) Which Tour de France jerseys are the most coveted.
(d) Why riders in the Tour de France wear different colored jerseys.

Q2:   Which jersey is given to the rider with the most points overall?
(a) The yellow jersey   (c)   The green jersey
(b) The white jersey   (d)   The polka-dot jersey

여러분은 아마도 세계에서 가장 유명한 사이클링 대회인 투르 드 프랑스에 대해 들어보셨을 것입니다. 하지만 여러분은 그 대회의 복잡한 구조와 수상 체계에 대해서는 잘 모를 것입니다. 매년 열리는 이 대회는 21일 동안 약 3,500킬로미터를 주행하게 되어있습니다. 이 대회에서 총 198명의 참가자가 각각 9명으로 구성된 22팀으로 나뉩니다. 대회 마지막에는 4명의 선수에게 특별한 저지를 수여합니다.

가장 영예로운 것은 노란색 저지입니다. 이것은 가장 단시간에 도착한 참가자에게 수여됩니다. 흰색 저지는 같은 기준에 의하여 수여되는데, 26세 미만의 참가자에게만 수여됩니다. 녹색 저지와 물방울무늬 저지는 대회의 매 단계의 점수에 기반하여 주어집니다. 그럼 이 두 저지의 차이점은 무엇일까요? 자, 가장 높은 총점을 딴 참가자는 녹색 저지를 받고, 산악 구간에서 가장 많은 점수를 딴 참가자는 물방울무늬 저지를 받습니다.

Q1 담화문의 주제는 무엇인가?
(a) 투르 드 프랑스 저지의 색깔은 어떻게 정해지는가
(b) 다양한 투르 드 프랑스 저지가 어떻게 수여되는가
(c) 어떤 투르 드 프랑스 저지가 가장 선망의 대상이 되는가
(d) 투르 드 프랑스의 선수들이 다양한 색의 저지를 입는 이유는 무엇인가   정답 (b)

Q2 가장 많은 총점을 획득한 선수에게 어떤 저지가 주어지는가?
(a) 노란색 저지   (c) 녹색 저지
(b) 흰색 저지   (d) 물방울무늬 저지   정답 (c)

어휘 Vocabulary

★ PART I (10문항)

구어체로 되어 있는 A와 B의 대화 중 빈칸에 가장 적절한 단어를 고르는 문제입니다. 단어의 단편적인 의미보다는 문맥에서 쓰인 의미가 더 중요합니다. 한 개의 단어로 된 선택지뿐만 아니라 두세 단어 이상의 구를 이루는 선택지도 있습니다.

Choose the best answer for the blank.

A Congratulations on your _____ of the training course.

B Thank you. It was hard, but I managed to pull through.

(a) improvement
(b) resignation
(c) evacuation
(d) completion

A 훈련 과정을 완수한 거 축하해.
B 고마워. 어려웠지만 가까스로 끝낼 수 있었어.

(a) 개선
(b) 사임
(c) 철수
(d) 완료

정답 (d)

★ PART II (20문항)

하나 또는 두 개의 문장 속의 빈칸에 가장 적당한 단어를 고르는 문제입니다. 어휘력을 늘릴 때 한 개씩 단편적으로 암기하는 것보다는 하나의 표현으로, 즉 의미 단위로 알아 놓는 것이 제한된 시간 내에 어휘 시험을 정확히 푸는 데 많은 도움이 됩니다. 후반부로 갈수록 수준 높은 어휘가 출제되며, 단어 사이의 미묘한 의미의 차이를 묻는 문제도 출제됩니다.

Choose the best answer for the blank.

Brian was far ahead in the game and was certain to win, but his opponent refused to _____.

(a) yield
(b) agree
(c) waive
(d) forfeit

브라이언이 게임에 앞서 가고 있어서 승리가 확실했지만 그의 상대는 굴복하려 하지 않았다.

(a) 굴복하다
(b) 동의하다
(c) 포기하다
(d) 몰수당하다

정답 (a)

★ PART I (10문항)

A와 B 두 사람의 짧은 대화를 통해 구어체 관용 표현, 품사, 시제, 인칭, 어순 등 문법 전반에 대한 이해를 묻습니다. 대화 중에 빈칸이 있고, 그곳에 들어갈 적절한 표현을 고르는 형식입니다.

Choose the best answer for the blank.

A   I can't attend the meeting, either.

B   Then we have no choice _____ the meeting.

(a) but canceling

(b) than to cancel

(c) than cancel

(d) but to cancel

A   저도 회의에 참석할 수 없어요.

B   그러면 회의를 취소하는 수밖에요.

(a) 그러나 취소하는

(b) 취소하는 것보다

(c) 취소하는 것보다

(d) 취소하는 수밖에

정답 (d)

★ PART II (15문항)

Part I에서 구어체의 대화를 나눴다면, Part II에서는 문어체의 문장이 나옵니다. 서술문 속의 빈칸을 채우는 문제로 수 일치, 태, 어순, 분사 등 문법 자체에 대한 이해도는 물론 구문에 대한 이해력이 중요합니다.

Choose the best answer for the blank.

_____ being pretty confident about it, Irene decided to check her facts.

(a) Nevertheless

(b) Because of

(c) Despite

(d) Instead of

그 일에 대해 매우 자신감이 있었음에도 불구하고 아이린은 사실을 확인하기로 했다.

(a) 그럼에도 불구하고

(b) 때문에

(c) 그럼에도 불구하고

(d) 대신에

정답 (c)

★ PART III (대화문: 2문항 / 지문: 3문항)

① A–B–A–B의 대화문에서 어법상 틀리거나 문맥상 어색한 부분이 있는 문장을 고르는 문제입니다. 이 영역 역시 문법 뿐만 아니라 정확한 구문 파악과 대화 내용을 이해하는 능력이 중요합니다.

Identify the option that contains an awkward expression or an error in grammar.

(a) A: What are you doing this weekend?

(b) B: Going fishing as usual.

(c) A: Again? What's the fun in going fishing? Actually, I don't understand why people go fishing.

(d) B: For me, I like being alone, thinking deeply to me, being surrounded by nature.

(a) A 이번 주말에 뭐해?

(b) B 평소처럼 낚시 가.

(c) A 또 가? 낚시가 뭐 재미있니? 솔직히 난 사람들이 왜 낚시를 하러 가는지 모르겠어.

(d) B 내 경우엔 자연에 둘러 싸여서 혼자 깊이 생각해 볼 수 있다는 게 좋아.

정답 (d) me → myself

---

② 한 문단을 주고 그 가운데 문법적으로 틀리거나 어색한 문장을 고르는 문제입니다. 문법적으로 틀린 부분을 신속하게 골라야 하므로 독해 문제처럼 속독 능력도 중요합니다.

Identify the option that contains an awkward expression or an error in grammar.

(a) The creators of a new video game hope to change the disturbing trend of using violence to enthrall young gamers. (b) Video game designers and experts on human development teamed up and designed a new computer game with the gameplay that helps young players overcome everyday school life situations. (c) The elements in the game resemble regular objects: pencils, erasers, and the like. (d) The players of the game "win" by choose peaceful solutions instead of violent ones.

(a) 새 비디오 게임 개발자들은 어린 게이머들의 흥미 유발을 위해 폭력적인 내용을 사용하는 불건전한 판도를 바꿔 놓을 수 있기를 바란다. (b) 비디오 게임 개발자들과 인간 발달 전문가들이 공동으로 개발한 새로운 컴퓨터 게임은 어린이들이 매일 학교에서 부딪히는 상황에 잘 대처할 수 있도록 도와준다. (c) 실제로 게임에는 연필과 지우개 같은 평범한 사물들이 나온다. (d) 폭력적인 해결책보다 비폭력적인 해결책을 선택하면 게임에서 이긴다.

정답 (d) by choose → by choosing

★ PART I (10문항)

지문 속 빈칸에 알맞은 것을 고르는 유형입니다. 글 전체의 흐름을 파악하여 문맥상 빈칸에 들어갈 내용을 찾아야 하는데, 주로 지문의 주제와 관련이 있습니다. 마지막 두 문제, 9번과 10번은 빈칸에 알맞은 연결어를 고르는 문제입니다. 문맥의 흐름을 논리적으로 파악할 수 있어야 합니다.

Read the passage and choose the option that best completes the passage.

Tech industry giants like Facebook, Google, Twitter, and Amazon have threatened to shut down their sites. They're protesting legislation that may regulate Internet content. The Stop Online Piracy Act, or SOPA, according to advocates, will make it easier for regulators to police intellectual property violations on the web, but the bill has drawn criticism from online activists who say SOPA will outlaw many common internet-based activities, like downloading copyrighted content. A boycott, or blackout, by the influential web companies acts to

_____.

(a) threaten lawmakers by halting all Internet access
(b) illustrate real-world effects of the proposed rule
(c) withdraw web activities the policy would prohibit
(d) laugh at the debate about what's allowed online

페이스북, 구글, 트위터, 아마존과 같은 거대 기술업체들이 그들의 사이트를 닫겠다고 위협했다. 그들은 인터넷 콘텐츠를 규제할지도 모르는 법령의 제정에 반대한다. 지지자들은 온라인 저작권 침해 금지 법안으로 인해 단속 기관들이 더 쉽게 웹상에서 지적 재산 침해 감시를 할 수 있다고 말한다. 그러나 온라인 활동가들은 저작권이 있는 콘텐츠를 다운로드하는 것과 같은 일반적인 인터넷 기반 활동들이 불법화될 것이라고 이 법안을 비판하고 있다. 영향력 있는 웹 기반 회사들에 의한 거부 운동 또는 보도 통제는 <u>발의된 법안이 현실에 미치는 영향을 보여 주기 위한</u> 것이다.

(a) 인터넷 접속을 금지시켜서 입법자들을 위협하기 위한
(b) <u>발의된 법안이 현실에 미치는 영향을 보여 주기 위한</u>
(c) 그 정책이 금지하게 될 웹 활동들을 중단하기 위한
(d) 온라인에서 무엇이 허용될지에 대한 논쟁을 비웃기 위한

정답 (b)

글의 흐름상 어색한 문장을 고르는 문제로, 전체 흐름을 파악하여 지문의 주제나 소재와 관계없는 내용을 고릅니다.

Read the passage and identify the option that does NOT belong.

For the next four months, major cities will experiment with new community awareness initiatives to decrease smoking in public places. (a) Anti-tobacco advertisements in recent years have relied on scare tactics to show how smokers hurt their own bodies. (b) But the new effort depicts the effects of second-hand smoke on children who breathe in adults' cigarette fumes. (c) Without these advertisements, few children would understand the effects of adults' hard-to-break habits. (d) Cities hope these messages will inspire people to think about others and cut back on their tobacco use.

향후 4개월 동안 주요 도시들은 공공장소에서의 흡연을 줄이기 위해 지역 사회의 의식을 촉구하는 새로운 계획을 시도할 것이다. (a) 최근에 금연 광고는 흡연자가 자신의 몸을 얼마나 해치고 있는지를 보여 주기 위해 겁을 주는 방식에 의존했다. (b) 그러나 이 새로운 시도는 어른들의 담배 연기를 마시는 아이들에게 미치는 간접흡연의 영향을 묘사한다. (c) 이러한 광고가 없다면, 아이들은 어른들의 끊기 힘든 습관이 미칠 영향을 모를 것이다. (d) 도시들은 이러한 메시지가 사람들에게 타인에 대해서 생각해 보고 담배 사용을 줄이는 마음이 생기게 할 것을 기대하고 있다.

정답 (c)

글의 내용 이해를 측정하는 문제로, 글의 주제나 대의 혹은 전반적 논조를 파악하는 문제, 세부 내용을 파악하는 문제, 추론하는 문제가 있습니다.

Read the passage, question, and options. Then, based on the given information, choose the option that best answers each question.

In theory, solar and wind energy farms could provide an alternative energy source and reduce our dependence on oil. But in reality, these methods face practical challenges no one has been able to solve. In Denmark, for example, a country with some of the world's largest wind farms, it turns out that winds blow most when people need electricity least. Because of this reduced demand, companies end up selling their power to other countries for little profit. In some cases, they pay customers to take the leftover energy.

Q: Which of the following is correct according to the passage?

(a) Energy companies can lose money on the power they produce.

(b) Research has expanded to balance supply and demand gaps.

(c) Solar and wind power are not viewed as possible options.

(d) Reliance on oil has led to political tensions in many countries.

이론상으로 태양과 풍력 에너지 발전 단지는 대체 에너지 자원을 제공하고 원유에 대한 의존을 낮출 수 있다. 그러나 사실상 이러한 방법들은 아무도 해결할 수 없었던 현실적인 문제에 부딪친다. 예를 들어 세계에서 가장 큰 풍력 에너지 발전 단지를 가진 덴마크에서 사람들이 전기를 가장 덜 필요로 할 때 가장 강한 바람이 분다는 것이 판명되었다. 이러한 낮은 수요 때문에 회사는 결국 그들의 전력을 적은 이윤으로 다른 나라에 팔게 되었다. 어떤 경우에는 남은 에너지를 가져가라고 고객에게 돈을 지불하기도 한다.

Q 이 글에 의하면 다음 중 옳은 것은?

(a) 에너지 회사는 그들이 생산한 전력으로 손해를 볼 수도 있다.

(b) 수요와 공급 격차를 조정하기 위해 연구가 확장되었다.

(c) 태양과 풍력 에너지는 가능한 대안으로 간주되지 않는다.

(d) 원유에 대한 의존은 많은 나라들 사이에 정치적 긴장감을 가져왔다.

정답 (a)

이번 NEW TEPS에 새롭게 추가된 유형으로 1지문 2문항 유형입니다. 5개의 지문이 나오므로 총 10문항을 풀어야 합니다. 주제와 세부 내용, 추론 문제가 섞여서 출제됩니다.

Read the passage, questions, and options. Then, based on the given information, choose the option that best answers each question.

You seem exasperated that the governor's proposed budget would triple the funding allocated to state parks. What's the problem? Such allocation hardly represents "profligate spending," as you put it. Don't forget that a third of all job positions at state parks were cut during the last recession. This left the parks badly understaffed, with a dearth of park rangers to serve the 33 million people who visit them annually. It also contributed to deterioration in the parks' natural beauty due to a decrease in maintenance work.

These parks account for less than 1% of our state's recreational land, yet they attract more visitors than our top two largest national parks and national forests combined. They also perform a vital economic function, bringing wealth to nearby rural communities by attracting people to the area. The least we can do is to provide the minimum funding to help keep them in good condition.

Q1:   What is the writer mainly trying to do?
(a) Justify the proposed spending on state parks
(b) Draw attention to the popularity of state parks
(c) Contest the annual number of state park visitors
(d) Refute the governor's stance on the parks budget

Q2:   Which statement would the writer most likely agree with?
(a) Low wages are behind the understaffing of the state parks.
(b) State parks require more promotion than national parks.
(c) The deterioration of state parks is due mainly to overuse.
(d) The state parks' popularity is disproportionate to their size.

여러분은 주립 공원에 할당된 예산을 세배로 증가시키려는 주지사의 제안을 듣고 분노할지도 모른다. 무엇이 문제일까? 그와 같은 할당은 여러분들이 말하듯이 '낭비적인 지출'이라고 말하기 힘들다. 지난 경제 침체기 동안 주립 공원 일자리의 1/3이 삭감되었다는 사실을 잊지 말기 바란다. 이 때문에 공원은 부족한 관리인들이 매년 공원을 방문하는 3천3백만 명의 사람들을 처리해야 하는 인력 부족에 시달리고 있다. 또 그 때문에 관리 작업 부족으로 공원의 자연 경관이 망가지게 되었다.

이 공원들은 주의 여가지의 1%도 차지하지 않지만, 규모가 가장 큰 2개의 국립공원과 국립 숲을 합친 것보다 많은 방문객을 끌어들인다. 그들은 사람들을 그 지역으로 끌어들여 부를 주변의 공동체에게 가져다줌으로써 중요한 경제적 기능을 한다. 우리가 할 수 있는 최소한의 일은 공원이 잘 관리될 수 있도록 최소한의 자금을 조달하는 것이다.

Q1 작가가 주로 하고 있는 것은?

(a) 주립 공원 예산안을 정당화하기

(b) 주립 공원 인기에 대한 주의를 환기시키기

(c) 매년 주립 공원을 방문하는 사람 수에 대한 의문 제기하기

(d) 공원 예산에 대한 주지사의 입장에 대해 반박하기

정답 (a)

Q2 저자가 동의할 것 같은 내용은?

(a) 인력난에 시달리는 주립 공원의 배경에는 낮은 임금이 있다.

(b) 주립 공원은 국립공원보다 더 많은 지원이 필요하다.

(c) 주립 공원은 지나친 사용 때문에 망가지고 있다.

(d) 주립 공원의 인기는 그 규모와는 어울리지 않는다.

정답 (b)

※ 독해 Part 4 뉴텝스 샘플 문제는 서울대텝스관리위원회에서 제공한 문제입니다. (www.teps.or.kr)

TEPS
SCORE REPORT

YOUR SCORES

Total Score	**418**	Level	**2+**	Percentile Rank	**81.33**

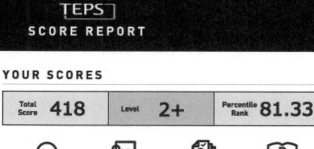

L	V	G	R
149	**35**	**38**	**196**
Average 110	Average 32	Average 32	Average 110
Percentile Rank **74**	Percentile Rank **56**	Percentile Rank **55**	Percentile Rank **90**

NAME

HONG GIL DONG

DATE OF BIRTH

JUL. 12, 1990

GENDER

MALE

REGISTRATION NO.

0123456

TEST DATE

MAY 12, 2018

VALID UNTIL

MAY 12, 2020

Barcode

NO : RAAAA0000BBBB

THE TEPS COUNCIL

YOUR ENGLISH PROFICIENCY

Advanced level of English proficiency. A score at this level typically indicates an advanced level of English proficiency for a non-native speaker. A test taker at this level is able to perform general tasks after short-term training.

Section	Subskill	Proficiency
Listening	- Understanding the connection of ideas across turns in spoken texts - Understanding the main ideas of spoken texts - Understanding specific information in spoken texts - Making inferences based on given information in spoken texts	Intermediate Advanced Advanced Intermediate
Vocabulary	- Understanding vocabulary used in spoken contexts - Understanding vocabulary used in written contexts	Intermediate Basic
Grammar	- Understanding grammar used in spoken contexts - Understanding grammar used in written contexts	Intermediate Intermediate
Reading	- Understanding the main ideas of written texts - Understanding specific information in written texts - Making inferences based on given information in written texts - Understanding the connection of ideas across sentences in written texts	Advanced Advanced Advanced Intermediate

※ 자료 출처: www.teps.or.kr

NEW TEPS Q&A

1 / 시험 접수는 어떻게 해야 하나요?

정기 시험은 회차별로 지정된 접수 기간 중 인터넷(www.teps.or.kr) 또는 접수처를 방문하여 접수하실 수 있습니다. 정시 접수의 응시료는 39,000원입니다. 접수기간을 놓친 수험생의 응시편의를 위해 마련된 추가 접수도 있는데, 추가 접수 응시료는 42,000원입니다.

2 / 텝스관리위원회에서 인정하는 신분증은 무엇인가요?

아래 제시된 신분증 중 한 가지를 유효한 신분증으로 인정합니다.

일반인, 대학생	주민등록증, 운전면허증, 기간 만료전의 여권, 공무원증, 장애인 복지카드, 주민등록(재)발급 확인서 *대학(원)생 학생증은 사용할 수 없습니다.
중 · 고등학생	학생증(학생증 지참 시 유의 사항 참조), 기간 만료 전의 여권, 청소년증(발급 신청 확인서), 주민등록증(발급 신청 확인서), TEPS신분확인증명서
초등학생	기간 만료 전의 여권, 청소년증(발급신청확인서), TEPS신분확인증명서
군인	주민등록증(발급신청확인서), 운전면허증, 기간만료 전의 여권, 현역간부 신분증, 군무원증, TEPS신분확인증명서
외국인	외국인등록증, 기간 만료 전의 여권, 국내거소신고증(출입국 관리사무소 발행)

*시험 당일 신분증 미지참자 및 규정에 맞지 않는 신분증 소지자는 시험에 응시할 수 없습니다.

3 / TEPS 시험 볼 때 꼭 가져가야 하는 것은 무엇인가요?

신분증, 컴퓨터용 사인펜, 수정테이프(컴퓨터용 연필, 수정액은 사용 불가), 수험표입니다.

4 / TEPS 고사장에 도착해야 하는 시간은 언제인가요?

오전 9시 30분까지 입실을 완료해야 합니다. (토요일 시험의 경우 오후 2:30까지 입실 완료)

5 / 시험장의 시험 진행 일정은 어떻게 되나요?

	시험 진행 시간	내용	비고
시험 준비 단계 (입실 완료 후 30분)	10분	답안지 오리엔테이션	1차 신분확인
	5분	휴식	
	10분	신분확인 휴대폰 수거 (기타 통신전자기기 포함)	2차 신분확인
	5분	최종 방송 테스트 문제지 배부	
본 시험 (총 105분)	40분	청해	쉬는 시간 없이 시험 진행 각 영역별 제한시간 엄수
	25분	어휘/문법	
	40분	독해	

*시험 진행 시험 당일 고사장 사정에 따라 변동될 수 있습니다.
*영역별 제한 시간 내에 해당 영역의 문제 풀이 및 답안 마킹을 모두 완료해야 합니다.

6 / 시험 점수는 얼마 후에 알게 되나요?

TEPS 정기시험 성적 결과는 시험일 이후 2주차 화요일 17시에 TEPS 홈페이지를 통해 발표되며 우편 통보는 성적 발표일로부터 7~10일 가량 소요됩니다. 성적 확인을 위해서는 성적 확인용 비밀번호를 반드시 입력해야 합니다. 성적 확인 비밀번호는 가장 최근에 응시한 TEPS 정기 시험 답안지에 기재한 비밀번호 4자리입니다. 성적 발표일은 변경될 수 있으니 홈페이지 공지사항을 참고하시기 바랍니다. TEPS 성적은 2년간 유효합니다.

※자료 출처 : www.teps.or.kr

NEWTEPS 등급표

등급	점수	영역	능력검정기준(Description)
1+	526~600	전반	**외국인으로서 최상급 수준의 의사소통 능력** 교양 있는 원어민에 버금가는 정도로 의사소통이 가능하고 전문분야 업무에 대처할 수 있음 (Native Level of English Proficiency)
1	453~525	전반	**외국인으로서 최상급 수준에 근접한 의사소통능력** 단기간 집중 교육을 받으면 대부분의 의사소통이 가능하고 전문분야 업무에 별 무리 없이 대처할 수 있음 (Near-Native Level of Communicative Competence)
2+	387~452	전반	**외국인으로서 상급 수준의 의사소통능력** 단기간 집중 교육을 받으면 일반 분야업무를 큰 어려움 없이 수행할 수 있음 (Advanced Level of Communicative Competence)
2	327~386	전반	**외국인으로서 중상급 수준의 의사소통능력** 중장기간 집중 교육을 받으면 일반분야 업무를 큰 어려움 없이 수행할 수 있음 (High Intermediate Level of Communicative Competence)
3+	268~326	전반	**외국인으로서 중급 수준의 의사소통능력** 중장기간 집중 교육을 받으면 한정된 분야의 업무를 큰 어려움 없이 수행할 수 있음 (Mid Intermediate Level of Communicative Competence)
3	212~267	전반	**외국인으로서 중하급 수준의 의사소통능력** 중장기간 집중 교육을 받으면 한정된 분야의 업무를 다소 미흡하지만 큰 지장 없이 수행할 수 있음 (Low Intermediate Level of Communicative Competence)
4+	163~211	전반	**외국인으로서 하급수준의 의사소통능력** 장기간의 집중 교육을 받으면 한정된 분야의 업무를 대체로 어렵게 수행할 수 있음 (Novice Level of Communicative Competence)
4	111~162		
5+	55~110	전반	**외국인으로서 최하급 수준의 의사소통능력** 단편적인 지식만을 갖추고 있어 의사소통이 거의 불가능함 (Near-Zero Level of Communicative Competence)
5	0~54		

I

NEW TEPS
청해 고득점 전략

MP3 바로 듣기
받아쓰기 테스트
모바일 단어장

Unit 01 Part 1, 2 제대로 알기

1~10번까지의 Part 1과 11~20번까지의 Part 2는 다양한 내용의 대화가 나오는 것 같지만 실제로는 매우 정형화되어 있는 편이다. 주로 인사, 감사, 칭찬, 사과, 위로, 약속, 예약, 제안, 초대, 부탁, 허락, 여행, 공항, 길 묻기, 식당, 학교생활 등의 내용이 나온다. 의문사로 시작하는 의문문에서는 의문사를 놓치지 말고 듣는 것이 중요하며, 평서문에서는 화자의 의도를 파악하는 것이 Part 1, 2 문제 해결의 열쇠이다.

1 유형

Part 1 첫 화자의 질문과 Part 2 마지막 화자의 질문의 종류는 다음과 같다.

1) 의문사로 시작하는 의문사 의문문

when/ where/ who/ what/ how/ why/ which 등으로 시작하는 질문이어서 의문사를 놓치면 정답 찾기가 어려우니 질문의 앞쪽을 집중해서 듣도록 한다.

2) be동사나 조동사로 시작하는 일반 의문문

be동사나 조동사(will, shall, can, may, would, should, could, might)로 시작하는 의문문은 be동사나 조동사 자체에는 큰 의미가 없고 뒤에 나오는 동사, 형용사, 명사 등을 집중해서 들어야 한다.

3) 평서문

Part 1 첫 화자의 말과 Part 2 마지막 화자의 질문이 평서문이라면 화자가 특별히 원하는 정보가 없기 때문에 화자의 의도를 잘 파악해야 하고, 나올 수 있는 응답도 다양하기 때문에 4개의 보기를 다 듣고 신중히 선택하도록 한다.

4) 두 문장으로 이루어진 질문

특히 Part 1에서는 두 문장으로 이루어진 질문이 나오는 경우가 있는데 두 문장으로 이루어진 질문이라면 앞 질문보다는 뒤의 질문에 더 집중해서 풀어야 한다.

2 완전 정복 전략

1) 문장의 앞부분을 집중 공략한다.

의문사 의문문이든 일반 의문문이든 중요한 정보는 문장의 앞쪽에 위치한다. 의문사 의문문이라면 의문사를 반드시 들어야 하며 일반 의문문이라면 바로 뒤를 들어야 한다. 문장의 뒤쪽으로 갈수록 질문의 핵심에서 멀어지는 경향이 있으니 주의하자.

2) 받아쓰기 연습으로 정확도를 높인다.

Part 1, 2는 매우 짧은 문장으로 구성되어 있기 때문에 순간적인 판단력으로 정답을 골라야 하고 조금만 집중하지 않으면 그만큼 오답을 고를 확률도 커진다. 평소에 Part 1, 2는 빠른 받아쓰기로 정확도를 높이는 연습을 하자. 내용이 짧기 때문에 받아쓰기 자체가 부담스럽지 않다.

3) 많은 문제를 풀어서 순발력을 높이자.

Part 1, 2는 워낙 빠르게 진행되다 보니 정답에 대한 빠른 판단이 관건이다. 아무리 준비를 잘하고 가더라도 매번 시험장에서는 새로운 문제를 만나므로 낯선 문제에도 당황하지 않기 위해서는 많은 문제를 풀어서 순발력을 키워야 한다.

4) Part 2에서는 특히 마지막 화자의 말에 집중한다.

Part 2는 A-B-A식의 대화 구조를 띠는데 마지막 A의 말이 가장 중요하다. 대화의 흐름도 중요하지만 마지막 A의 말에 가장 중점을 두어야 한다.

Unit 02 의문사를 잡아라!

의문사 의문문은 의문사만 잘 들어도 정답을 고를 수 있는 문제들이 많다. 이런 종류의 의문문에 대한 응답은 우회적이거나 제3의 답변이 되는 고난도 문제들도 있지만 대체로 그 의문사에 충실한 답변인 경우가 많다.

1 How 의문문

가장 빈출하는 의문문 중 하나가 How 의문문이다. How가 단독으로 나오는 경우도 많지만, How 뒤에 형용사나 부사가 붙어서 형용사나 부사까지 함께 들어야 하는 경우도 있다.

1) 교통수단과 방법을 묻는 How

> How 뒤에 나오는 동사를 꼭 듣자!
> 길 찾기, 교통수단, 방법 등을 묻는 질문에 우회적인 응답도 등장할 수 있으니 동사를 신경 써서 들어야 한다.

ex1 **How** could James **afford** the tuition this semester?
제임스가 이번 학기에 어떻게 등록금을 감당할 수 있지?

직접 응답 I guess his parents will help with it. 부모님께서 도와주실 것 같아요.
우회 응답 Does he have a financial problem? 그가 재정적인 문제가 있어요?

ex2 **How** do I **get to** the department store?
백화점에 어떻게 가나요?

직접 응답 Turn left at the corner. 코너에서 왼쪽으로 도세요.
우회 응답 Sorry, I am not from here. 죄송합니다. 전 여기 잘 몰라요.

2) 상태나 의견을 묻는 How

> 전략 1 뒤에 나오는 명사를 꼭 들어라!
> 전략 2 의견을 묻는 의문문에 대한 정답은 형용사가 포함된다.

ex1 **How**'s your new **job** going?
새로운 직장은 어떤가요?

직접 응답 Pretty well, thanks for asking. 좋아요, 물어봐 줘서 고마워요.
우회 응답 You don't want to know it. 알고 싶지 않을 거예요. (안 좋다는 의미)

`ex2` **How** did you like your **trip** to New Zealand?
뉴질랜드 여행은 어땠어요?

직접 응답 It was fabulous. 좋았어요.
우회 응답 I went to Australia not New Zealand. 뉴질랜드가 아니라 호주로 갔어요.

`ex3` **How** do you like our **new computer**?
우리의 새 컴퓨터는 어떤 것 같아요?

직접 응답 It is far better than the old one. 예전 것보다 훨씬 좋죠.
우회 응답 Is our computer finally replaced? I didn't know that.
드디어 우리 컴퓨터를 교체했어요? 몰랐네요.

3) 이유를 묻는 How come

How come 뒤의 동사를 놓치지 않아야 한다.
이때 뒤에는 의문문의 어순이 아닌 '주어+동사' 평서문의 어순이라는 점을 명심하자.

`ex` **How come** you **didn't show up** for the meeting?
회의에 왜 안 왔어요?

직접 응답 I'm sorry, I was confused about the date. 죄송해요. 날짜를 혼동했어요.
우회 응답 I was not supposed to attend. 저는 참석하기로 되어 있지 않았어요.

4) How + 형용사/ 부사

How 뒤의 형용사나 부사가 정답을 찾는 결정적인 역할을 한다.
의문사 바로 뒤의 형용사나 부사가 따라와서 빈도, 정도, 길이 등을 물을 수 있다. 이 경우, 뒤의 형용사나 부사를
놓치지 않아야 한다.

`ex` **How long** will it **take** to get to your hospital?
당신의 병원까지 가는 데 얼마나 걸리나요?

직접 응답 It might take about 30 minutes. 아마 30분 정도요.
우회 응답 I am not sure. You should ask John. 잘 모르겠어요. 존에게 물어 보세요.

2 Why 의문문

Why로 시작하는 의문문은 비교적 출제 빈도가 낮은 편인데 크게 이유를 묻는 것과 Why don't
you...?와 같이 제안하는 두 가지로 나눌 수 있다.

1) 이유의 Why

사실 순수하게 이유를 묻는 것보다는 상대방을 질책하거나 비난할 때 많이 사용되며 기출문제를
보면 변명의 응답이 많다.

ex Why are you still in bed?

왜 아직 침대에 있어요?

직접 응답 I am very tired. 너무 피곤해서요.

우회 응답 Stop nagging me. 잔소리 좀 그만해요.

2) 제안의 Why

Why don't you…? 혹은 Why don't we…? 는 상대방에게 무엇을 제안하는 상황으로 이에 어울리는 응답을 찾아야 한다.

ex **Why don't we go** to the beach this Saturday?

이번 토요일에 해변에 가는 게 어때요?

직접 응답 That's a great idea. 좋은 생각이에요.

우회 응답 Didn't you say you will go to the gym this Saturday?

이번 토요일에 헬스클럽에 간다고 하지 않았어요?

3 Where 의문문

전략 1 의문사와 더불어 뒤의 명사를 들어라!

전략 2 전형적인 정답에는 전치사를 사용한 위치 혹은 장소가 등장한다.

ex1 **Where**'s **Patrick**?

패트릭 어디 있어요?

직접 응답 I think he is in **the meeting room**. 회의실에 있는 것 같아요.

우회 응답 Why are you looking for Patrick? 패트릭을 왜 찾으시나요?

ex2 Excuse me, **where** is the nearest **subway station**?

죄송합니다. 가장 가까운 전철역이 어디인가요?

직접 응답 There is one **on the corner**. 모퉁이에 하나 있습니다.

우회 응답 Sorry, I have no idea. 죄송하지만 모르겠어요.

4 Which 의문문

Which가 단독으로 나오는 경우가 있고, 'Which+명사'의 형태로 명사가 바로 이어서 나오는 경우도 있다. 주로 상대방에게 선호도를 묻는 문제가 흔히 출제되며 빈출하는 정답은 둘 중 하나를 택하는 경우도 많다. 간접적인 답변으로 아무거나 괜찮다거나 혹은 전혀 언급하지 않은 제3의 선택을 말할 수도 있으니 주의하자.

1) Which가 단독으로 나오는 경우

`ex` **Which** do you **prefer**, red or blue one?
빨간색, 파란색 중 어느 게 좋으세요?

직접 응답 I will go with the red one. 빨강색이요.
우회 응답 Whichever is cheaper. 더 저렴한 거요.

2) Which + 명사 의문문

`ex` **Which desk** should I **buy**?
어떤 책상을 사야 하나요?

직접 응답 I recommend the one made from walnut. 호두나무로 만든 것을 추천합니다.
우회 응답 If I were you, I would stop by another store. 내가 당신이라면 다른 가게에 가 보겠어요.

☞ 자주 등장하는 제3의 답변!
Either is fine with me. 어떤 것이든 괜찮습니다.
Either way would be fine. 어떤 방법이든 괜찮습니다.

5 Who 의문문

묻는 대상이 분명해서 비교적 쉬울 거라 예상하지만 의외로 다양한 응답이 가능해서 무조건 사람 이름이 나오는 답만을 고르면 안 된다. 이름 대신 직책, 부서명 등이 나올 수 있으며 아예 모른다는 응답도 가능하다.

전략 1 의문사 Who 자체를 놓치지 말 것!
전략 2 Who 뒤의 명사를 반드시 들을 것!
전략 3 사람 이름 외에 직책명, 회사명, 부서명 등이 정답이 될 수 있다.

`ex1` **Who** will **pick up** Jenny?
제니를 누가 데리러 갈 거죠?

직접 응답 I will do it. 제가요.
우회 응답 Didn't you say she will not come? 그녀가 오지 않을 거라고 하지 않았어요?

`ex2` **Who** will **take charge of** this project?
이 프로젝트에 누가 책임을 질 건가요?

직접 응답 The marketing director. 마케팅 이사입니다.
우회 응답 I haven't been informed. 아직 전해 듣지 못했어요.

`ex3` **Who** is the **author** of this book?
이 책의 저자는 누구죠?

직접 응답 A famous writer, Jennifer Dickson. 유명한 작가인 제니퍼 딕슨입니다.
우회 응답 I am not the right person to answer. 전 제대로 대답 못할 것 같은데요.

6 When 의문문

비교적 출제 빈도가 낮은 유형이다. 의외의 답변이 많지 않으므로 비교적 쉽게 풀 수 있는 유형이며 정답은 구체적인 시간을 언급하기도 하고 간접적으로 돌려서 시점을 언급하기도 한다.

> `ex` **When** is **the best time** to visit Alaska?
> 알래스카를 방문하기엔 언제가 가장 좋은가요?
>
> 직접 응답 Probably warm seasons like spring. 봄처럼 따뜻한 계절이겠죠.
> 간접 응답 How about searching some information on the website? 웹사이트에서 정보를 찾는 게 어때요?

7 What 의문문

빈출 유형 중 하나이다. 대체로 What만 들어서는 의미 파악이 불충분하므로 뒤의 동사나 명사까지 반드시 함께 들어야 한다.

1) What 단독으로 나오는 경우

> 전략1 What + 조동사 + 주어 + 동사 ~? : What과 동사를 함께 들어라!
> 전략2 What + be동사 + 명사 ~? : What 뒤에 등장하는 명사를 꼭 들어라!

> `ex` **What** did you **order** for dinner tonight?
> 오늘 밤 저녁으로 뭘 주문하셨나요?
>
> 직접 응답 I will have steak and salad. 스테이크와 샐러드를 먹을 거예요.
> 우회 응답 I didn't order yet. 아직 주문하지 않았어요.

2) What + 명사 나오는 경우

> `ex1` **What kind of movie** do you like?
> 어떤 종류의 영화를 좋아하시나요?
>
> 직접 응답 I like horror movies. 공포 영화를 좋아해요.
> 우회 응답 Actually, I rarely see movies. 실은 영화를 거의 보지 않아요.

> `ex2` **What contract** was you awarded?
> 어떤 계약을 성사시켰어요?
>
> 직접 응답 The one with BGH Industries. BGH 사와의 계약이요.
> 우회 응답 I almost won it, but I wasn't. 거의 계약을 땄지만, 성사시키지 못했어요.

3) 상대방의 의견을 묻는 What 의문문

What do you think of 명사?	～가 어때요?
What do you say to 명사?	～가 어때요?
What would you like to 동사원형?	～가 어때요?
What … like?	～는 어떤 사람이에요?

ex1 **What do you think of** his **plan** to study abroad?
외국에 나가서 공부한다는 그의 계획에 대해서 어떻게 생각하세요?

직접 응답 I think he can learn more overseas. 그가 외국에서 더 많이 배울 수 있다고 생각해요.
우회 응답 It depends on what he does there. 거기서 그가 뭘 하느냐에 달려 있죠.

ex2 **What would you like to order**, Miss?
뭘 주문하시겠어요?

직접 응답 Can I have spaghetti and one coke? 스파게티와 콜라 주시겠어요?
우회 응답 I didn't decide yet what to have. 아직 뭘 먹을지 정하지 못했어요.

4) What 의문문이지만 How much의 의미인 경우

ex **What** is the **estimate** for this project?
이 프로젝트의 견적은 얼마입니까?

직접 응답 I guess it is approximately $20,000. 대략 2만 달러인 것 같네요.
우회 응답 We should discuss it more. 그것에 대해 더 논의해야 해요.

5) What 의문문이지만 Why의 의미인 경우

What makes + 주어 + 동사～? : What makes 뒤의 동사 혹은 형용사를 들어라!

ex **What makes you** so **certain** that you will win the game?
왜 이 게임에서 당신이 이길 것이라고 확신합니까?

직접 응답 Because I practiced a lot. 저는 연습을 많이 했거든요.
우회 응답 No reasons. It's just a hunch. 이유는 없어요. 그냥 느낌이죠.

1 _____ _____ will you _____ this weekend?

2 _____ _____ having a coffee _____?

3 _____ _____ _____ some of that red _____?

4 _____ _____ is Ms. Park _____ _____ to the office?

5 _____ _____ _____ _____ a _____ before starting a meeting?

6 _____ can I _____ the _____?

7 _____ the _____ for my annual sales report?

8 _____ can I _____ _____ _____ stress?

9 _____ _____ _____ _____ about the _____ Sarah submitted?

10 _____ _____ _____ this _____ in front of the porch?

MINI TEST

1	(a)	(b)	(c)	(d)
2	(a)	(b)	(c)	(d)
3	(a)	(b)	(c)	(d)
4	(a)	(b)	(c)	(d)
5	(a)	(b)	(c)	(d)
6	(a)	(b)	(c)	(d)
7	(a)	(b)	(c)	(d)
8	(a)	(b)	(c)	(d)
9	(a)	(b)	(c)	(d)
10	(a)	(b)	(c)	(d)

03 의문문 뒤를 놓치지 마라!

be동사나 조동사로 시작되는 의문문에서는 be동사나 조동사보다는 바로 뒤에 나오는 본동사가 핵심이다.
따라서 be동사 의문문에서는 뒤에 나오는 형용사, 과거분사, 현재분사를 놓치지 말고, 조동사 의문문에서는
뒤에 나오는 동사원형을 놓치지 말자.

1 be동사 의문문

be동사 자체로는 별다른 의미가 없다. 정답으로 이어지는 핵심 내용은 be동사 뒤의 형용사, 과거분사, 현재분사에 있다. 그러므로 형용사, 과거분사, 현재분사를 중심으로 의미를 파악하면 정답에 쉽게 접근할 수 있다.

ex1 She is complaining about the cold food.
그녀는 차가운 음식에 대해 불평하고 있다.

해설　이 문장의 핵심은 is가 아니라 'complaining'이다. 다음 예문을 보자.

ex2 M　Is Martha late again this morning?
W　_____

(a) We should start a little bit earlier.
(b) Let's take a subway rather than driving.
(c) Sorry, I didn't know that clearly.
(d) We should give her a penalty.

해석　M　마사가 아침에 또 늦었어요?
　　　W　_____.
　　　(a) 우리는 조금 더 일찍 시작해야 해요.
　　　(b) 운전하지 말고 전철을 타죠.
　　　(c) 죄송해요, 확실히 잘 몰랐어요.
　　　(d) 그녀에게 벌을 주어야겠네요.

해설　핵심은 is 뒤의 late이다. 다른 것을 듣지 못해도 late를 들었으면 정답 (d)를 고를 수 있다.

2 조동사 의문문

조동사는 be동사와 달리 그 자체로도 각 조동사의 의미가 다르지만 핵심은 여전히 뒤에 나오는 본동사에 있다. 그러므로 조동사가 나왔다면 바로 뒤에 나올 동사원형을 집중해서 듣도록 하자.

ex **M** You'd better pack your backpack now.
     W _____.

(a) Don't worry, I will do it.
(b) You don't need to go now.
(c) I am planning a trip to Mexico.
(d) I will help you pack your things.

해석 **M** 지금 가방을 싸는 게 좋겠어요.
     W _____.
     (a) 걱정하지 마세요. 할 거예요.
     (b) 당신은 지금 가실 필요 없어요.
     (c) 멕시코 여행을 계획하고 있어요.
     (d) 제가 당신 짐 싸는 것을 도울게요.

해설 You'd better 뒤의 pack을 듣는 것이 중요하다. 남자는 여자에게 가방을 싸라고 제안하고 있으므로 수락하는 내용이 정답이 된다. 따라서 (a)가 정답이다.

1 Could you _____ me to the _____ _____?

2 Can I _____ a _____ at your _____?

3 Could I _____ your _____ _____?

4 Would you mind _____ _____ this _____?

5 Do you mind if I _____ it _____?

6 Would you care to _____ us for _____?

7 How about _____ a _____ outside?

8 You'd better be _____ _____ for your _____.

9 Do you want me to _____ those _____?

10 You might want to _____ _____ your _____.

1   (a)   (b)   (c)   (d)

2   (a)   (b)   (c)   (d)

3   (a)   (b)   (c)   (d)

4   (a)   (b)   (c)   (d)

5   (a)   (b)   (c)   (d)

6   (a)   (b)   (c)   (d)

7   (a)   (b)   (c)   (d)

8   (a)   (b)   (c)   (d)

9   (a)   (b)   (c)   (d)

10   (a)   (b)   (c)   (d)

고난도 평서문의 의도를 파악하라!

Part 1에서 첫 화자의 말이 평서문이거나 혹은 Part 2에서 마지막 화자의 말이 평서문일 경우, 의문문에 비해 보다 다양한 응답이 예상된다. 그래서 마지막 말이 평서문일 경우 예측하기가 어렵고 섣불리 상상을 하다가는 오답으로 이어지기 쉽다. 직접적으로 묻는 의문사가 없으므로 어렵게 느끼는 유형이다.

1 숨겨진 진짜 의도를 찾아라!

마지막 말이 평서문인 경우 정해진 틀이 없고 빠른 판단력과 다양한 응답에 대한 이해력이 필요하다. 따라서 정확한 정답을 고르기 위해서는 말의 의도를 정확하게 파악하는 것이 중요하다.

평서문의 숨겨진 의도	정답 패턴
❶ 칭찬	고마움 표시
❷ 의견 제시	동의나 반대 의견 제시
❸ 문제의 발생	해결책 제시/ 도움의 제안/ 문제의 원인 제시/ 감정적인 위로
❹ 불만 토로	사과/ 변명/ 짜증/ 감정적인 위로
❺ 요청/ 제안	수락/ 거절

2 문제 전략

1) 보기를 모두 듣고 소거법을 이용해라!

평서문은 다양한 응답으로 이어질 수 있기 때문에 섣불리 정답을 예측하면 오답으로 이어지기 쉽다. 선택지를 반드시 다 듣고 나서 판단해야 하며 보기를 들으면서 정답일 것 같은 것은 문제지에 O를 표시하고 정답의 가능성이 보이는 것은 △, 아예 오답인 것은 X로 표시하면서 소거법을 이용해야 실수 없이 문제를 풀 수 있다.

2) 과도한 상상은 오답으로 이어지는 지름길이다!

이것저것 생각이 많아 이야기를 스스로 지어내어 답으로 끼워 맞추다 보면 모든 선택지가 헷갈린다. 가장 논리적으로 적합하면서 의도에 맞는 것을 고르려고 노력해야 한다. 추론과 상상은 엄연히 다른 것이다. 화자가 하지도 않은 말을 본인의 머릿속에서 상상하면 오답도 정답이 된다.

가령 누가 이렇게 칭찬을 했다고 하자. 'I like your hair cut.' 이 칭찬에 대한 빈출 응답은 'Thank you, how sweet of you.'이다. 어색한 응답으로는 'My hair dresser is very skilled.'란 말을 할 수 있다. 매우 연관성이 떨어지는 응답이지만 이야기를 상상하여 '당신의 머리도 예쁜데, 제 미용사도 매우 기술이 좋아요'로 가면 왠지 말이 되는 것 같은 착각에 빠질 수도 있다. 지나친 상상을 하면 오답으로 가는 지름길이니 논리적인 정답을 골라야 한다.

1   Last night's _____ my car in _____ .

2   Jenny, this is the _____ you've _____ our

     _____ .

3   I _____ you had the _____ of my _____ .

4   I am not _____ _____ to _____ .

5   Your _____ on tsunamis was _____ .

6   I really _____ it when people _____ my _____ .

7   I heard that George was in a _____ .

8   My _____ was _____ again tonight.

9   We just got an _____ on our house.

10   I'm planning _____ in Bali next week.

Answers

1   Last night's snowstorm buried my car in snow.
어젯밤 폭설 때문에 제 차가 눈 속에 파묻혔어요.

2   Jenny, this is the fourth time you've cancelled our trip.
제니, 네가 우리 여행을 취소한 것이 이번이 4번째야.

3   I can't believe you had the last of my cookies.
네가 내 마지막 쿠키를 먹었다니 믿을 수가 없어.

4   I am not sure which dessert to order.
어떤 디저트를 주문해야 할지 모르겠어요.

5   Your son's research project on tsunamis was outstanding.
쓰나미에 관한 아드님의 연구 프로젝트는 굉장했어요.

6   I really hate it when people talk behind my back.
사람들이 뒤에서 험담하면 정말 싫어요.

7   I heard that George was in a bad car accident.
조지가 끔찍한 교통사고를 당했다고 들었어요.

8   My grandfather was hospitalized again tonight.
할아버지께서 오늘 밤에 다시 병원에 입원하셨어요.

9   We just got an awesome offer on our house.
우리는 우리 집에 대해 멋진 제안을 막 받았어요.

10   I'm planning a last-minute getaway in Bali next week.
다음 주에 발리로 갑작스럽게 여행을 계획하고 있어요.

1   (a)   (b)   (c)   (d)

2   (a)   (b)   (c)   (d)

3   (a)   (b)   (c)   (d)

4   (a)   (b)   (c)   (d)

5   (a)   (b)   (c)   (d)

6   (a)   (b)   (c)   (d)

7   (a)   (b)   (c)   (d)

8   (a)   (b)   (c)   (d)

9   (a)   (b)   (c)   (d)

10   (a)   (b)   (c)   (d)

Unit 05 구동사에 강해져라!

구동사(Phrasal verbs)란 동사에 전치사나 부사가 결합해 두 단어 이상으로 이루어진 동사구를 말한다. 동사 뒤의 전치사나 부사에 의해서 의미가 더 뚜렷해지거나 새로운 의미를 형성하기도 한다. 사실 많은 학습자들은 구동사 보다는 오히려 한 단어로 된 어려운 동사가 익숙하다. 예를 들어 '취소하다'란 의미로 구동사인 back out보다는 cancel이 더 친숙하다. 반드시 구동사를 확실히 익혀 두어야 Part 1, 2에서 고득점을 할 수 있으므로 아래 정리 된 빈출 구동사를 암기하자.

act up	(증세 등이 다시) 재발하다	count on	의존하다, 믿다 (= rely on = depend on)
ask 사람 out	데이트 신청하다	cut back	줄이다 (= cut down on)
back out	취소하다	cut in	끼어들다, 방해하다
back up	① 지지하다/ 편들어주다 ② (교통 · 주문 등이) 밀리다	cut off	잘라내다, 제거하다
black out	정신을 잃다/ 정전되다	be cut out for	~에 적합하다
boss around	(이래라 저래라) 명령하다	deal with	(문제 등을) 다루다
break down	고장 나다	dispose of	버리다, 제거하다
buckle up	안전벨트 등을 매다	doze off	졸다
bundle up	~을 다발 짓다, 묶다	dress up	옷을 차려 입다
burn out	다 타버리다	drop off	(사람 등을) 내려 주다
button up	~을 단추로 꽉 잠그다	drop out	낙오하다, 중퇴하다
call in	불러들이다	eat out	외식하다
call off	취소하다	eat up	남기지 않고 다 먹다
calm down	진정하다	fall apart	산산조각 나다, 부서지다
care for	돌보다	fall behind	진도가 뒤떨어지다, (경쟁 따위에서) ~에게 뒤지다
carry out	수행하다		
catch up with	따라잡다	feel for	~에게 동정심을 느끼다
check in	숙박 수속을 하다, 체크인하다	figure out	이해하다, 파악하다
check out	① (맡긴 물건을) 되찾다 ② (호텔 등에서) 체크 아웃하다 ③ 보다, 확인하다	fill in	(양식서 등을) 작성하다, 빈틈을 메우다
		fill in for	일을 대신해 주다
cheer up	기운이 나다	fill out	(양식서 등을) 작성하다
clean up	청소하다	fit in	(시간을) 내다, (좁은 공간에) 끼워 넣다
clear up	날씨 등이 개다	get along with	사이 좋게 지내다
clog up	막히다	get away	떠나다
come across	~와 마주치다; 우연히 발견하다	get in	(집 · 차 등의 장소에) 들어가다
come along	따라가다	get off	(버스 · 기차 등에서) 내리다, (장소를) 떠나다
come by	들르다 (= stop by = drop by)		
come down with	병에 걸리다	get over	(병 · 어려움을) 극복하다, 이기다
come over	오다	get together	모이다
come up with	의견을 내다	get through	(일을) 끝내다
confide in	비밀 등을 털어놓다	give away	(돈을 받지 않고) 주다

give up	포기하다
go against	(의견, 규칙 등에) 반대하다
go ahead	① 그렇게 하세요 ② (재촉하여) 자 어서
go through	(좋지 않은 것을) 경험하다
go with	잘 어울리다
hand in	제출하다
hand out	나누어 주다, 분배하다
hang out	어울려 놀다
head for	향하다
hit it off	사이 좋게 지내다, 뜻이 맞다
hook up	(기계 등을 서로) 연결시키다
iron out	문제를 해결하다
jot down	적다 (= write down)
keep up	계속하다, 유지하다
kick off	① 〈축구〉 처음 차다 ② 떠나다, 출발하다
lay off	임시 해고하다
laugh at	비웃다
let down	실망시키다; 배반하다
let up	(비 · 눈 따위가) 약해지다, 멎다
look after	돌봐주다
look around	① 둘러보다; 찾아 돌아다니다
look into	주의 깊게 살피다; 조사[연구]하다
look over	검토하다 (= review)
make up for	보상하다, 벌충하다
mark down	① 적어 두다 ② 값을 내리다
move in	이사 들어오다
move out	이사 나가다
narrow down	좁히다
name after	〜의 이름을 따서 이름을 짓다
pass away	죽다
pay off	① (빚 따위를) 전액 갚다, 청산[완불]하다 ② 소기의 성과가 나다, 잘 되어가다
pick out	선택하다
pick up	① 줍다, 집어 올리다 ② (배 · 차 등이) 도중에서 태우다; (차로 사람을) 마중 나가다 ③ 증가하다
polish up	숙달시키다
pop up	갑자기 나타나다
pour out	쏟아져 나오다
pull over	(차를) 길가에 붙이다
put off	연기하다

put up with	참다
rip off	바가지 씌우다
roll up	(종이 등을) 둘둘 말다
rule out	제외시키다, 배제하다
run into	우연히 만나다 (= bump into = run across = come across)
see off	배웅하다
be sold out	매진되다
set up	설치하다
settle down	정착하다
settle in	안정되다, 적응하다
shake off	(병 · 악습 따위) 고치다, 버리다.
show off	자랑하다
sort out	① 선별하다 ② 해결하다
speak out	거리낌없이 이야기하다
squeeze in	〜을 위한 짬을 내다
stick with	〜에서 떨어지지 않다
stop by	들르다
straighten out	문제를 해결하다
tag along	따라가다
take over	인수하다
throw away	던지다, 버리다
tidy up	청소하다, 정돈하다
track down	추적하다
turn down	① (오디오 · TV 등의) 볼륨을 낮추다 ② 거절하다
turn in	자러 들어가다
turn off	(기계 등을) 끄다
turn on	(기계 등을) 켜다
turn out	〈결과〉 〜이 되다
turn up	① (오디오 · TV등의) 볼륨을 높이다 ② 나타나다, 도착하다
use up	다 사용하다
wake up	잠에서 깨다
walk away	떠나다
wear out	① 닳다 ② 피곤하다
wipe out	① 닦아내다 ② 파괴하다
work out	① (계획 따위가) 효력을 내다 ② 운동하다
wrap up	① (계약을) 매듭짓다 ② (기사 등을) 요약하다
write down	적다

1   She started to _____ _____ her _____ .

2   He regularly _____ _____ the _____ I _____ .

3   The _____ would probably _____ _____ this _____ .

4   Go to bed. It's time to _____ _____ .

5   Did you _____ _____ _____ all the _____
    _____ ?

6   My _____ _____ is _____ _____ again.

7   You have plenty of time to _____ _____ .

8   I think I _____ _____ _____ a _____ .

9   I _____ _____ an _____ _____ in my _____ .

10 I can't seem to _____ _____ this _____ .

Answers

1 She started to tidy up her rooms.
   그녀는 자신의 방을 청소하기 시작했다.

2 He regularly looks over the article I write.
   그는 정기적으로 내가 쓰는 기사를 검토한다.

3 The rain would probably let up this weekend.
   비는 아마도 이번 주말에 그칠 것 같다.

4 Go to bed. It's time to turn in.
   자러 가. 이제 잠잘 시간이야.

5 Did you sign up for all the mandatory courses?
   모든 필수 과목을 수강 신청했나요?

6 My washing machine is acting up again.
   세탁기가 또 말썽이야.

7 You have plenty of time to settle in.
   적응할 시간이 충분해요.

8 I think I came down with a cold.
   감기에 걸린 것 같아.

9 I came across an old diary in my drawer.
   서랍에서 예전 일기장을 발견했어.

10 I can't seem to shake off this allergy.
   알레르기가 가실 것 같지 않아요.

1   (a)   (b)   (c)   (d)

2   (a)   (b)   (c)   (d)

3   (a)   (b)   (c)   (d)

4   (a)   (b)   (c)   (d)

5   (a)   (b)   (c)   (d)

6   (a)   (b)   (c)   (d)

7   (a)   (b)   (c)   (d)

8   (a)   (b)   (c)   (d)

9   (a)   (b)   (c)   (d)

10   (a)   (b)   (c)   (d)

Unit 06 Part 3 제대로 알기

21~30번까지의 Part 3은 Part 1, 2의 연장선상에 있는 긴 대화문이다. 대화를 듣고 여러 종류의 구체적인 질문에 답해야 하므로 대화 내용에 대한 정확한 이해가 관건이다. 전에는 대화를 2번 들려주고 질문 내용을 미리 알 수 있다는 점 때문에 이를 잘 활용할 수 있었지만 NEW TEPS에서는 대화, 질문, 보기 모두 한 번만 들려준다. 대화, 질문, 보기 모두 한 번만 들려주는 대신 대화 전에 간략한 상황 설명이 주어진다.

1 Part 3 기본 정보

- **문항 수:** 21번~30번 10문항
- **한 지문 당 길이:** 남녀가 3~4번 정도 말을 주고 받으며 주로 6~7문장, 15초에서 25초 정도의 길이
- **읽어 주는 횟수:** 대화, 질문, 보기 모두 1번만 읽어 준다.
- **읽어 주는 방법:** 상황 설명 ⇨ 대화 ⇨ 문제 ⇨ 보기

2 Part 3 문제 유형

1) 주제나 목적 묻기: 21번~23번(3문제) ⇨ 약 30%

What is the woman mainly doing in the conversation? 대화에서 여자는 주로 무엇을 하고 있는가?

What is the conversation mainly about? 대화는 무엇에 관한 것인가?

What is the main topic of the conversation? 대화의 요지는 무엇인가?

What are the man and woman mainly doing in the conversation?
대화에서 남자와 여자는 주로 무엇을 하고 있는가?

2) 세부 사항 묻기: 24번~28번(5문제) ⇨ 50%

Which is correct according to the conversation? 대화에 따르면 옳은 것은 무엇인가?

Which is correct about the man according to the conversation?
대화에 따르면 남자에 대해서 옳은 것은 무엇인가?

3) 유추하기: 29번~30번(2문제) ⇨ 20%

What can be inferred from the conversation? 대화에서 추론할 수 있는 것은 무엇인가?

3 Part 3 완전 정복 전략

1) 전체를 간결하게 포괄하는 주제를 찾자!

Part 3에서 대의 파악을 하는 문제가 3문제로 약 33%를 차지한다. 주제나 목적을 묻는 대의 파악 문제의 정답은 대화 전체를 너무 넓게 포괄해서도 안 되고 일부만을 포함하는 내용이 되어서도 안 된다. 대의 파악은 대화가 다 들렸다 하더라도 어떠한 보기가 전체를 간결하게 포괄하는지 헷갈리는 경우가 많으므로 주의하도록 한다.

2) 처음 두 문장을 잘 듣자!

대의 파악을 하는 데 있어서 첫 두 문장만큼 중요한 문장은 없다. 대화의 주제는 첫 두 문장에서 결정되는 경우가 많은데 대화가 진행되면서 주제를 잊어버리게 되므로, 반드시 첫 두 문장은 잘 기억하도록 하자.

3) 남자와 여자의 정보를 구분해서 기억해 두자!

세부 사항을 묻는 문제에서는 대화 전체 내용에 대해 옳은 내용을 묻기도 하지만 여자나 남자만을 골라서 묻기도 한다. 남자와 여자에 대한 정보의 구별이 확실하지 않다면 오답으로 이어지기 쉽다. 두 사람의 정보를 확실히 듣고 구별해 두어야 한다.

4) 말 바꾸기 표현(paraphrasing)에 강해지자!

대화문에서 나왔던 표현이 그대로 다시 선택지에 나와서 정답이 되는 경우는 거의 없다. 반드시 말 바꾸기를 하게 마련이다. 예를 들어 대화에서 'My computer broke down.'이라고 한다면 보기에는 'The man's computer is out of order.'와 같이 말 바꾸기를 할 것이다.

5) 상황별로 구어체 표현을 많이 알아 두자!

Part 3의 대화는 전문적인 내용보다는 일상에서 이루어지는 가벼운 대화가 중심이다. 텝스에 출제되는 상황이 거의 정형화되어 있으므로 반복되는 구어체 표현을 많이 알아 두면 도움이 된다.

Unit 07 상황별 Part 3 공략

Part 3에서는 Part 1, 2에 비해서 대화가 긴 만큼 다양한 대화의 상황이 등장한다. 상황별로 제시된 전략과 필수 표현을 잘 익혀 두면 도움이 된다.

1 인사/ 전화/ 예약/ 건강

- 전화 대화는 반드시 전화 건 목적을 대화 초반에서 파악하자.
- 예약은 한 번에 이루어지지 않는다. 마지막 예약 날짜를 기억하자.
- 건강에 대한 어휘는 다소 전문적일 수 있으므로 관련 어휘를 꼭 암기하자.
- 건강 문제가 나오면 해결책을 반드시 듣는다.

1) 인사

How's life treating you? 잘 지내니?

What have you been up to lately? 요즘 어떻게 지내세요?

What brought you here? 무슨 일로 여기에 오셨나요?

I can't quite place you. 당신이 누구신지 잘 생각이 나지 않네요.

I haven't seen you for ages. 오랫동안 못 봤네요.

It's been a while. 오랜만이네요.

I didn't expect to see you here. 당신을 여기서 만날 줄은 몰랐네요.

Fancy meeting you here! 당신을 이런 곳에서 만나다니 반가워요.

Not much. 별일 없어요.

Same as usual. 항상 똑같죠.

2) 전화

Can you connect me to Mr. Cook? 쿡 씨 좀 연결해주실래요?

Who's on the phone now? 전화하시는 분이 누구시죠?

Can you hold on for a second? 잠깐 기다려 주실 수 있어요?

She's just stepped out. 그녀는 방금 나갔습니다.

He's got for the day. = He left for the day. 그는 퇴근했습니다.

I'll transfer you. Please don't hang up. 전화를 돌려 드릴게요. 끊지 마세요.

3) 약속과 예약

Can I make an appointment with Dr. Brenton for today?
브렌튼 박사와 오늘 약속을 잡을 수 있을까요?

I'm calling to confirm my appointment with Dr. Hampton.
햄튼 박사와의 약속을 확인하려고 전화했습니다.

I made a reservation under the name of Janice Smith.
제니스 스미스라는 이름으로 예약했습니다.

4) 건강

anorexia	거식증	indigestion	소화 불량
diabetes	당뇨	diarrhea	설사
high blood pressure	고혈압	constipation	변비
low blood pressure	저혈압	nauseous	구역질 나는
amnesia	기억 상실증	dizzy	어지러운
asthma	천식	migraine	편두통
arthritis	관절염	a splitting headache	머리가 깨질 듯한 두통
food poisoning	식중독	act up	병이 나타나다
heart attack	심장 마비, 심근 경색	get worse	병이 악화되다
head cold	코감기	feel better(= improve)	병이 호전되다
depression	우울증	relieve(=soothe)	고통이 덜어지다
… is killing me.	~가 너무 아파요.	infection	감염
vomit(= throw up, puke)	구토하다	acupuncture	침술
insomnia	불면증	plastic surgery(= cosmetic surgery)	
puffy	부은		성형 수술
swell (up)	붓다	ointment	연고
bruise	멍	pain killer	진통제
sprain	삐다 (=twist)	cavity	충치
cut	상처 나다	checkup	검진
fever	열	prescription drug	처방전이 필요한 약
have a runny nose	콧물이 나다	over-the-counter drug	처방전 없이 살 수 있는 약
itching	간지러움	family history	가족력
allergy	알레르기	be diagnosed with	진단 받다
be allergic to	~에 알레르기가 있다	ICU (Intensive Care Unit)	중환자실
itchy	간지러운		
cramp	쥐나다		

You look in shape. 건강해 보입니다. ↔ You look out of shape. 건강하지 않아 보입니다.

You should go on a diet. 체중을 줄여야 합니다. = You should lose your weight. 체중을 줄이셔야 합니다.

You should watch your weight. 체중에 신경을 쓰셔야 합니다.

You have gained weight. 살이 찌셨네요.
= You have put on weight.

You should see a doctor. 병원에 가셔야겠네요.

Having a regular checkup every year is advisable. 매년 정기 검진을 받는 것을 권합니다.

You should get a thorough medical checkup. 당신은 정밀 검진을 받아야 합니다.

What brings you here? 어디가 아파서 오셨나요?

What seems to be the problem today? 오늘 어디가 아픈가요?

Is there a history of lung cancer in your family? 가족 중 폐암에 걸린 사람이 있나요?

You're running a temperature. 당신은 열이 있는 것 같습니다.

You have to take[run] a few tests. 몇 가지 검사를 받으셔야겠습니다.

Take this to the pharmacy and have it filled. 처방전을 약국으로 가져가서 조제 받으세요.

How often should I take this medicine? 얼마나 자주 이 약을 복용해야 하나요?

I have[caught] a cold. 감기에 걸렸어요.
= I came down with a cold.

I have a runny nose. = My nose is running. 콧물이 흘러요.

I have a stuffy nose. = My nose is stuffed up. 코가 막혔어요.

I have a sore throat. 목이 따가워요.

I have a cramp in my stomach. 위경련이 일어났어요.

My leg is asleep. 다리가 저려요.

I'm going to be sick. 토할 거 같아요.
= I'm going to throw up.
= I feel like vomiting.

I'm allergic to pork. 돼지고기 알레르기가 있어요.

He's diagnosed with diabetes. 그는 당뇨라고 진단 받았습니다.

MINI TEST

1 (a)   (b)   (c)   (d)

2 (a)   (b)   (c)   (d)

3 (a)   (b)   (c)   (d)

4 (a)   (b)   (c)   (d)

5 (a)   (b)   (c)   (d)

6 (a)   (b)   (c)   (d)

7 (a)   (b)   (c)   (d)

2 식당/ 쇼핑

- 쇼핑, 레스토랑 관련 표현을 확실히 익혀 둔다.
- 점원이 물건을 골라 주는 상황에서는 결국 손님이 어떤 제품을 선택하는지 집중한다.
- 환불/ 교환/ 반품의 상황에서는 사유를 반드시 듣고 기억한다.

1)식당 관련 표현

For here or to go? 여기서 드실 거예요, 가져가실 거예요?

Let's grab a bite. 간단히 뭘 먹자.

How many do you have in your party? 일행이 몇 명입니까?

I had reserved a table for two under the name of Martha Hudson.
마사 허드슨 이름으로 2명 자리를 예약했습니다.

Are you being helped? 서빙을 받고 계십니까? (= 주문하셨나요?)

= Are you being served? = Are you being waited on?

What is your special of the day? 오늘의 스페셜은 뭐죠?

= Do you have any recommendations? 뭘 추천하시겠어요?

= What do you specialize in? = What is your specialty? 이 레스토랑은 뭘 잘하죠?

Can you wrap this up for me? = Doggy bag, please! 남은 음식 좀 포장해 주세요.

I'm buying this time. 오늘은 제가 살게요.

= I'll treat you tonight. / Dinner is on me.

= I'll pick up the tab

= Let me pick up the tab.

Let's go Dutch. = Let's split the bill. 각자 먹은 것을 부담하죠.

Do you accept[take] credit cards? 카드 받으시나요?

Cash or charge? 현금인가요, 아님 카드로 결제하실 건가요?

2)쇼핑 관련 표현

What price range do you have in mind? 가격대를 어떻게 잡고 계신가요?

Do you carry…? ~ 물건 있나요[팔고 있나요]?

I'm just browsing. 그냥 구경하는 거예요.

What are your (business) hours? 영업시간이 언제죠?

Winter coats have been marked down. 겨울옷 가격이 내렸습니다.

How much do I owe you?/ How much all together? 얼마예요?

Can you come down a little? 할인해주실 수 있나요?

It's steep. = I got ripped off. = It's out of my price range. 너무 비싸요.

It's a good deal. = It's a good buy.= It's a real bargain. = It's a steal. 정말 싸네요.

1   (a)   (b)   (c)   (d)

2   (a)   (b)   (c)   (d)

3   (a)   (b)   (c)   (d)

4   (a)   (b)   (c)   (d)

5   (a)   (b)   (c)   (d)

6   (a)   (b)   (c)   (d)

7   (a)   (b)   (c)   (d)

3 교통/ 길 묻기/ 공항

- 교통과 관련한 문제점이 나오면 해결책을 잘 들어야 한다.
- 길 묻기 대화에서는 목적지로 가는 지시 사항을 기억해야 한다.
- 입국 심사대에서의 대화에서는 방문 목적, 체류 기간, 체류 장소를 묻는 정해진 틀을 익혀 둔다.

1) 교통

I can't get my car started. 시동이 걸리지 않아요.

= My car won't start.

Step on the gas./ Pick up the speed. 속도를 내 주세요.

The truck ran into the car. 트럭이 승용차를 박았다.

I am getting off at the next stop. 다음 정거장에서 내려요.

The traffic is backed up. 교통이 막힙니다.

= The traffic is bumper-to-bumper.

I'm caught[stuck] in traffic. 교통 체증에 걸렸어요.

I got held up traffic on the way to the appointment. 약속 장소로 가는 길에 차가 막혔어요.

Thomson gave me a ride/ lift home. 톰슨이 저를 집에 태워다 주었어요.

Buckle up./ Fasten your seat belt. 안전벨트를 매세요.

Would you like to share a ride? = Would you like to ride with me? 차를 함께 타시겠어요?

Where shall I drop you off? = Where can I take you? 어디서 내려 드릴까요?

I got into a car accident. = I got involved in a car accident. 차 사고 났어.

My car has a flat tire. 타이어에 펑크 났어.

My car was dented./ There's a dent in my car. 내 차가 움푹 패였어요.

My car is totaled. 내 차가 완전히 망가졌어.

The car was towed away. 그 차는 견인되었다.

2) 길 안내

I think we are headed in the wrong direction. 우리 잘못된 방향으로 가는 것 같아요.

This is a dead end. 막다른 길이네요.

I don't live around. 이곳에 살지 않아요.
= I'm not local. 이 지역 사람이 아닙니다.

I am not familiar with this area. 이 지역에 익숙지 않습니다.

It's just a stone's throw from here. 아주 가까워요.
= It's just around the corner. 모퉁이만 돌면 있어요.

You've gone too far. = You already passed it. 지나쳐 오셨어요.

3) 공항

I'd like a one-way[single]/ round-trip[return] ticket. 편도/ 왕복 티켓을 원합니다.

Is there a layover? 경유하나요?

How much carry-on luggage is permitted? 기내에 가지고 가는 가방은 얼마나 허용되나요?

I'm sorry, that flight is fully booked. 죄송합니다만, 그 비행기는 예약이 다 찼습니다.

Can you put me on the waiting list? 대기자 명단에 올려 주실래요?

Are you in our frequent flyer program? 마일리지를 가지고 계신 고객인가요?

I missed my connection. = I missed the connecting flight. 연결 항공편을 놓쳤습니다.

May I see your boarding pass? 탑승권을 보여 주시겠어요?

baggage claim area 화물 찾는 곳

Do you mind if I lean back? 의자 좀 젖혀도 될까요?
= Do you mind if I put my seat back?

Could you pull the shade down? 차양 좀 내려 주실래요?

Please fill out this customs declaration. 이 세관 신고서를 작성하세요.

Where do I go through customs inspection? 세관 검사는 어디서 하죠?

If you have more than 10,000 dollars, you should declare it.
만 달러 이상을 소지하시면 신고하셔야 합니다.

I've lost my customs declaration form. 세관 신고서를 잃어버렸습니다.

What's the purpose of your visit? 입국의 목적이 뭡니까?

Do you have anything to declare? 신고할 물건이 있으신가요?
→ Nothing to declare. 없습니다.
→ I have just 2 cartons of cigarettes. 담배 두 갑뿐입니다.

Check-in counter/ Ticket counter 탑승 수속대

Do you have any baggage to check (in)? 부치실 짐이 있나요?
→ No, I'll carry this on board. 아니요. 이 짐은 비행기에 가지고 갈 것입니다.

Do you have any seating preference? 앉고 싶은 자리가 있으신가요?

Would you prefer an aisle or a window seat? 통로 쪽 자리를 원하십니까, 창가 쪽 자리를 원하십니까?

1   (a)   (b)   (c)   (d)

2   (a)   (b)   (c)   (d)

3   (a)   (b)   (c)   (d)

4   (a)   (b)   (c)   (d)

5   (a)   (b)   (c)   (d)

6   (a)   (b)   (c)   (d)

7   (a)   (b)   (c)   (d)

4 학교생활

- 시험에 대한 걱정이나 문제점이 나오면 해결책이나 위로를 반드시 듣는다.
- 수업 과정이나 교수님에 대한 평가는 좋은지 나쁜지 파악한다.
- 학교를 지원하는 상황에서는 결국 어떤 학교를 선정하는지 기억한다.

alumni (pl.)	동창생들	letter of recommendation (reference)	
on-campus	학교의		추천서
bulletin board	게시판	double-major in	복수 전공하다
student union	학생회관	transcript	성적 증명서
summer job	여름 방학 중 아르바이트	report card	성적표
volunteer work	자원봉사	thesis	논문
work-study	근로 장학 제도	certificate	증명서, 졸업 증명서
pop quiz	불시에 보는 쪽지 시험	diploma	졸업장
acceptance letter	합격 통지서	syllabus	강의 계획안
admissions board	이사회	dean's list (= honor roll)	장학생 명단
take[sign up for/ register for/ enroll in]		GPA(Grade Point Average)	평점
	과목: 수강 신청하다	department office	과 사무실
drop the course	수강 철회하다	transfer	편입하다
required course	필수 과목	audit the class	청강하다
elective course	선택 과목	cram	벼락치기하다
prerequisite	선수 과목	call number	도서 정리 번호
academic advisor	지도 교수	article	논문
associate professor	부교수	bibliography	도서 목록, 참고 문헌
cheating	부정 행위	return	책을 반납하다
credit	학점 이수 단위	check out	책을 대출하다
dean	학장	circulation desk	대출 창구
dropout	중퇴, 중도 탈락	current periodicals	최신 정기 간행물
financial assistance	학비 보조	reference materials	참고 도서
ace the test	시험을 잘 치다	due date	도서 반납 일자
flunk (= get an F)	(시험 등에) 실패하다	the bachelor's degree	학사학위
graduate student	대학원생	the master's degree	석사학위
undergraduate	학부생	the doctor's degree	박사학위

Have you turned in your term paper? 학기말 보고서를 제출했습니까?

Can I start in the fall semester? 가을 학기에 시작할 수 있나요?

What are the requirements for admission? 입학 요건에 어떤 것들이 있나요?

I can't follow this class. 이 수업이 너무 어려워요.

You can't check out periodicals. 정기 간행물은 대출이 안 됩니다.

I cram for the exam. 난 벼락치기로 시험을 봐요.

I bombed the test. (=mess up/ screw up) 시험을 망쳤어요.

I flunked biology. 나는 생물 (시험)을 망쳤어요.

1   (a)   (b)   (c)   (d)

2   (a)   (b)   (c)   (d)

3   (a)   (b)   (c)   (d)

4   (a)   (b)   (c)   (d)

5   (a)   (b)   (c)   (d)

6   (a)   (b)   (c)   (d)

7   (a)   (b)   (c)   (d)

Unit 08 Part 4 제대로 알기

Part 4는 한 사람이 하나의 주제에 대해서 이야기를 전개해 나가는 담화문으로 수험생들이 가장 어려워하는 청해 파트이다. 문제 유형에 대한 이해뿐 아니라 어휘력 및 종합적인 청해력이 필요하다.

1 Part 4 기본 정보

- **문항 수**: 31번~36번 6문항
- **한 지문당 길이**: 5~8문장 정도, 22초에서 28초 정도의 길이
- **읽어 주는 횟수**: 지문과 질문 총 2번 읽어 주며, 보기는 1번만 읽어 준다.
- **읽어 주는 방법**: 지문은 남자가 한 번, 여자가 한 번 읽어 준다.

2 Part 4 담화문의 종류

1) **강의/ 강연 (lecture/ speech)**

2) **교통방송/ 일기 예보/ 뉴스 (traffic report/ weather forecast/ news report)**

3) **공지 (announcement)**

4) **광고 (advertisement)**

3 Part 4 문제 유형

1) 주제나 목적 묻기: 주로 31번~32번 2문제로 구성 ⇨ 약 33%

What is the main purpose of the advertisement? 광고의 주요 목적은 무엇인가?

What is the speaker's main point? 화자의 요점은 무엇인가?

What is mainly being advertised? 무엇이 광고되고 있는가?

What is the main idea of the talk? 담화문의 주제는 무엇인가?

What is the main topic of the lecture? 강연의 주제는 무엇인가?

2) 세부 사항 묻기: 주로 33번~35번 3문제로 구성 ⇨ 50%

Which is correct according to the announcement? 공지에 따르면 옳은 것은 무엇인가?

What is the speaker most likely to discuss next? 화자는 다음에 무엇을 토론하겠는가?

What should a person do to apply for~? ~에 지원하기 위해서는 무엇을 해야 하는가?

3) 추론하기: 36번 1문제로 구성 ⇨ 약 17%

What can be inferred from the talk? 담화문에서 추론할 수 있는 것은?

Which statement will the speaker most likely agree with? 어떤 설명이 화자가 가장 동의할 만한가?

4 Part 4 완전 정복 전략

1) 첫 두 문장은 무조건 들어라!

담화문에 두괄식 지문이 많으므로 첫 두 문장에 주제가 나오는 경우가 많다. 그러므로 첫 두 문장을 놓치지 않으려고 최대한 집중해야 한다.

2) 두 번 들려주는 점을 최대한 이용하라!

Part 4에서 지문을 두 번 들려주는 것을 최대한 활용해야 한다. 주제를 묻는 경우에는 앞 두 문장을 더 집중해서 들어보고, 33번 이후 세부 사항 문제에서는 어떤 내용을 묻는지 파악한 후 지문을 들어야 한다.

3) 독해 능력을 키운다.

Part 4는 짧은 시간에 정복하기 가장 어려운 파트이다. Part 4의 성적이 오르지 않는 것이 청해 능력의 부족이라고 생각하는 학생들도 많겠지만, 사실 청해 능력의 부족뿐만 아니라 독해 능력도 부족해서 Part 4의 성적이 오르지 않는 경우도 많다. 청해 스크립트를 성우가 읽어주는 속도로 눈으로 따라 읽었을 때 의미가 파악되지 않는다면 그것을 듣고 이해한다는 것은 쉽지 않다.

4) 보기까지 반드시 받아쓰기한다.

지문을 100% 이해했다 하더라도 보기를 이해 못한다면 절대로 정답을 맞힐 수 없다. 보기는 단문으로 빠르게 한 번만 읽어주므로 정확하게 듣는 것이 관건이다.

5) 구체적인 정보는 간단히 메모하자.

Part 4에서는 구체적인 정보를 묻는 질문이 나온다. 특정 날짜, 요일, 시간, 금액 등 특별히 집중해서 듣지 않으면 한국말로 들어도 흘려버릴 수 있는 정보들이다. 그러므로 간단히 자신만 알아볼 수 있을 정도로 필기한다. 자세히 쓰려고 하면 뒤 문장을 놓칠 수 있기 때문이다.

Unit 09 상황별 Part 4 공략

Part 4에서는 Part 3보다 지문의 상황이나 유형에 대한 철저한 파악이 필요하다. 거의 독해 수준의 지문을 들으며 내용에 대한 이해조차 쉽지 않은 상황에서 정답에 대한 빠른 판단이 요구되므로 미리 특정 종류의 지문에 등장하는 주요 표현을 익히는 것이 좋다.

1 일기 예보

- 일기 예보에 자주 쓰이는 어휘를 확실히 알아 두자.
- 갑자기 변한 날씨의 상태와 시점을 기억한다.
- 일기 예보에 따른 조언을 잘 듣는다.

weather report	일기 예보 (= weather forecast)	hail	우박
degree	(각도·온도계 따위의) 도	thunder	천둥
chilly	서늘한	lightning	번개
wet	습기가 많은	slush	녹기 시작한 눈
freezing	어는 듯한	front	기상 전선
icy	얼음이 언	high pressure system	고기압
humid	습기 찬	low pressure system	저기압
humidity	습도	sultry	무더운, 찌는 듯이 더운
misty	안개 낀	sunny	따뜻한
foggy	안개 낀	muggy	후덥지근한
hazy	흐릿한	scorcher	매우 더운 날
windy	바람이 부는	clear	맑게 갠
breeze	미풍	clear up	맑게 개다
blast	강풍	last	지속되다
storm	폭풍우	unseasonable	계절에 맞지 않은
gust	질풍	dramatically	극적으로
dew	이슬	possibility	가능성
frost	서리	reach	~에 이르다
rainy	비가 오는	move in	이동해 들어오다
(rain) shower	소나기	swoop	급습하다
scattered shower	산발적인 소나기	stay tuned	채널을 고정하다
downpour	폭우	tune in	라디오 주파수를 맞추다
drizzle	이슬비	partly	부분적으로
sprinkling	흩뿌리듯 오는 비, 가랑비	eastward	동쪽으로
flurry	(질풍을 동반한) 소나기, 눈보라	westward	서쪽으로
blizzard	눈보라	southward	남쪽으로
sleet	진눈깨비	northward	북쪽으로

MINI TEST

1   (a)   (b)   (c)   (d)

2   (a)   (b)   (c)   (d)

3   (a)   (b)   (c)   (d)

4   (a)   (b)   (c)   (d)

5   (a)   (b)   (c)   (d)

6   (a)   (b)   (c)   (d)

7   (a)   (b)   (c)   (d)

2 방송/ 공지

- 방송/ 공지의 목적을 반드시 듣는다.
- 마지막 부분의 요청 사항을 듣는다.
- 기내 방송이나 공항 안내 방송이라면 결항이나 연착의 이유를 듣는다.

review	평론 비평	be titled	~가 제목인
host	(TV · 라디오의) 사회자	be advised that	~를 알아두세요
guest	손님	make a speech	연설하다
stay tuned	주파수 고정해 주세요.	founder	설립자
financial investment	금융 투자	recipient	수상자
critic	비평가	keynote speaker	기조연설자
journalist	기자, 언론인	guest speaker	초청 연사
reporter	기자	step down	(관직에서) 물러나다
business executive	기업체 임원	dedicated	헌신적인
researcher	연구원	low visibility	낮은 가시도
entrepreneur	사업가	connecting flight	연결 항공편
financial expert	금융 전문가	airway	항로
faculty	교직원	inclement weather	악천후
renowned	저명한 (= well-known)	technical problem	기술적인 문제
celebrated	유명한, 저명한	land	착륙하다
deliver a lecture	강의를 하다	take off	이륙하다
feature	특징을 이루다	be delayed	연착되다
in detail	자세하게	be cancelled	취소되다
tune in	주파수를 맞추다	maintenance work	유지 보수 업무
commercial	광고	inconvenience	불편함
break	휴식	due to	~때문에
sponsor	(라디오 · TV) 프로그램 제공자, 광고주	branch	지점
get together	모이다	on behalf of	~을 대신하여
attention	주목하세요	reception area	접수처

MINI TEST

1   (a)   (b)   (c)   (d)

2   (a)   (b)   (c)   (d)

3   (a)   (b)   (c)   (d)

4   (a)   (b)   (c)   (d)

5   (a)   (b)   (c)   (d)

6   (a)   (b)   (c)   (d)

7   (a)   (b)   (c)   (d)

3 강의

강의는 Part 4의 유형 중 가장 어려운 유형이라고 볼 수 있다. 다소 생소한 주제들을 다루는 경우가 많아서 상대적으로 어렵게 느껴질 수 있다.

1) 전문 용어들을 꼼꼼히 익혀 두자.

다방면에 걸친 전문적인 주제로 강의를 하므로 어휘력이 중요한 지문 유형이다.

2) 독해 실력을 향상시키자.

막연히 듣기를 못해서 강의 형태의 지문을 이해하지 못한다고 생각하기 쉬우나 사실 독해가 약해서 강의를 이해하지 못하는 경우가 훨씬 많다. 청해 공부의 마지막에는 스크립트를 꼼꼼하게 분석한 후, 성우가 읽는 속도와 똑같은 속도로 매우 빠르게 훑어 읽기를 3번 하자. 놀라울 정도로 독해력과 청해력이 향상된다.

3) 강의 앞부분의 주제를 반드시 파악하자.

역사	influential	영향을 미치는; 유력한
	legendary	전설(상)의; 전설적인, 유명한
	legend	전설적인 인물; 전설
	innovative	혁신적인
	decade	10년
	dictator	독재자
	tyranny	전제 정치; 폭정, 학정
	imperialism	제국주의
	colonization	식민지화
	annals	연대기, 연사(年史)
	historian	역사가, 사학자
	chronicle	연대기
생물	hypothesis	가설, 가정
	species	〈생물〉 (분류상의) 종
	endangered	위험[위기]에 처한, (동식물이) 멸종될 위기에 이른
	extinct	(생명·생물이) 멸종된, 절멸한
	photosynthesis	광합성
	poisonous	유독한, 유해한
	vegetation	〈집합적〉 초목, 한 지방 식물
	organism	유기물, 생물, 인간, 생체
	classify	분류하다
	mammal	포유류
	amphibia	양서류
	reptile	파충류

	rodent	설치류
	warm-blooded	(동물이) 온혈(溫血)의
	invertebrate	〈동물〉 척추가 없는
	vertebrate	척추가 있는, 척추동물
	mutation	돌연변이
	breed	(동식물의) 품종, 종속, 새끼를 낳다
	prey	(잡아먹는) 먹이
	predator	포식자
	carnivore	육식 동물
	herbivore	초식 동물
	creature	창조물, 생물
	host	숙주
	parasite	기생충, 기생균
	organic	유기체[물]의, 생물의
사회	protest	항의하다, 이의를 제기하다
	anarchy	무정부 상태
	domestic violence	가정 폭력
	upper class	상류층
	lower class	하류층
	middle class	중산층
	nobility	귀족 계급
	divorce rate	이혼율
	ethnic	민족[인종]의, 민족 특유의
	civil rights	공민권, 민권
	demographic	인구 통계학의
	demography	인구 통계학
	inhumane	잔인한, 비인도적인
	racial	인종의, 종족의
	prejudice	편견 (= bias); 선입관
정치	sovereign	주권자, 독립국
	domestic	국내의
	democratic	민주주의의
	republican	공화국의
	independent	독립한, 자치적인
	political party	정당
	debate	논쟁하다, 논쟁
	Congress	의회
	the ruling party	여당
	↔ the opposition party	야당
	legislation	법률; 입법
	impeachment	탄핵, 고발
	breach	(법률, 약속 등의) 위반, 불이행 (= violation)

경제	deficit	적자, 부족액
	trade deficit	무역 적자
	cf.) in the red	적자의 (→ in the black 흑자의)
	surplus	(필요 양보다 많은) 잉여; (쓰고 남은) 나머지
	donate	(자선 단체 등에) 기증하다, 기부하다
	restoration	회복, 복구
	deplete	고갈시키다, 써버리다
	current	현재의; (화폐가) 유통되고 있는
	foreign currency	외화
	recession	경기 후퇴, 침체
	cf.) depression	불경기, 불황
	exchange rate	환율
	fluctuate	(물가 등이) 오르내리다, 변동하다
	fiscal	재정의, 회계의
환경	global warming	지구 온난화
	rain forest	열대 우림
	habitat	(동물의) 서식지, (식물의) 자생지
	destruction	파괴; 파멸, 멸망
	agriculture	농업
	endangered species	멸종 위기의 생물
	evolution	진화
	marine	해양의
	sustain	(생명을) 유지하다
	deforestation	삼림 벌채, 산림 개간
	ecology	생태계
	erode	(바닷물 · 바람 등이) 침식하다
	acid rain	산성비
	adapt	적응시키다
	earth friendly	환경 친화적인 (= eco-friendly)

MINI TEST

1   (a)   (b)   (c)   (d)

2   (a)   (b)   (c)   (d)

3   (a)   (b)   (c)   (d)

4   (a)   (b)   (c)   (d)

5   (a)   (b)   (c)   (d)

6   (a)   (b)   (c)   (d)

7   (a)   (b)   (c)   (d)

4 광고

광고는 정해진 유형이 있고 내용이 전문적이지 않아서 Part 4에서 가장 쉽게 정복할 수 있는 지문 유형이다.

- 무엇을 광고하는지 정확하게 파악한다.
- 광고하는 제품의 장점, 특징 등을 기억한다.

cost effective	비용 절감적인	high-quality	품질이 좋은
reduce	줄이다 (= cut back)	fabulous	엄청난
slash	(가격 등을) 확 낮추다	customer service	고객 서비스
mark down	가격 등이 내려가다	bargain	싸게 산 물건
be tired of	싫증이 나다	regular price	정가
(= be fed up with)		on sale	세일 중인
be known for	~로 유명하다	durability	내구성
unique	독특한, 비길 데 없는	merchandise	제품
distinctive	독특한, 특유한	take advantage of	이용하다
appliance	가전제품	anniversary	기념
sporting goods	스포츠 용품	money back guarantee	환불 보장
office supply	사무용품	consistent	변함 없는
back-to-school season	개학하는 시기	finance	돈을 대주다
clearance sale	재고 정리 세일	non-refundable deposit	환불되지 않는 보증금
going out of business sale	폐점 세일	authentic	진짜의, 진품의
20% off the retail price	소매 가격에서 20% 할인해서	genuine	진짜의, 모조품이 아닌
shipping	배송	customize	주문에 따라 만들다
more than	이상	a range of	다양한
up to	~까지	a series of	수차례의
free shipping	무료 배송	refreshment	(가벼운) 음식물, 다과
brand new	최신의	feature	제품 사양
cutting-edge	최신식의	excessive	과도한
innovative	혁신적인	be synonymous with	~와 동의어인
state-of-the-art	최신의	amenity	오락 시설

1   (a)   (b)   (c)   (d)

2   (a)   (b)   (c)   (d)

3   (a)   (b)   (c)   (d)

4   (a)   (b)   (c)   (d)

5   (a)   (b)   (c)   (d)

6   (a)   (b)   (c)   (d)

7   (a)   (b)   (c)   (d)

Unit 10 Part 5 제대로 알기 (뉴텝스 신유형)

신유형인 Part 5는 하나의 주제에 관한 긴 담화형으로 1지문 2문항으로 구성되며, 1지문에 〈중심 내용 + 세부 정보〉, 〈세부 정보 + 세부 정보〉, 〈세부 정보 + 추론〉 등으로 문제가 출제된다. 특히, 세부정보를 묻는 문제유형에서 육하원칙에 관한 내용을 묻는 문제가 새롭게 등장했으며, 신유형에 맞는 청해 학습법이 요구된다.

1 Part 5 기본 정보

- **문항 수:** 37번~40번 4문항
- **한 지문당 길이:** 10~12문장 정도, 50초에서 60초 정도의 길이
- **읽어 주는 횟수:** 지문과 질문은 총 2번 읽어 주며, 보기는 1번만 읽어 준다.
  지문의 질문을 두 번 들려주지만, Part 4 보다 지문의 내용이 길기 때문에 다소 어렵게 느껴질 수 있다. 지문을 처음 들을 때는 글의 흐름을 파악하고, 두 번째 들을 때는 질문 유형에 맞게 들어야 한다.
- **읽어 주는 방법:** 지문은 남자 성우 1번, 여자 성우 1번 총 2번 읽어 주며, 보기는 한 성우가 1번만 읽어 준다. 〈지문 ⇨ 첫 번째 질문 ⇨ 두 번째 질문 ⇨ 지문 ⇨ 첫 번째 질문 ⇨ 첫 번째 보기 ⇨ 두 번째 질문 ⇨ 두 번째 보기〉 순서이다.

2 Part 5 담화문의 종류

1) **강의/ 강연**
2) **주장/ 회의**
3) **공지**
4) **안내/ 소개/ 메시지**
5) **광고/ 뉴스/ 방송**

3 Part 5 문제 유형

1) 중심 내용: 기본적인 문제유형으로 구성 ⇨ 약 25%~50%

What is the main topic of the talk? 담화의 주제는 무엇인가?
What is the speaker mainly talking about? 화자가 주로 이야기 하는 것은 무엇인가?
What is the main purpose of the talk? 담화의 주된 목적은 무엇인가?

2) 세부정보: Correct 문제와 육하원칙 문제로 구성 ⇨ 약 50%~75%

뉴텝스는 육하원칙 문제의 출제 비중이 높은 편이다.

Which is correct according to the talk? 담화에 따르면 맞는 것은 무엇인가?

When will the policy come into effect? 새 정책이 언제 시행될 것인가?

3) 추론문제: 약 0%~25%

What can be inferred from the talk? 담화로부터 추론 할 수 있는 것은 무엇인가?

4 Part 5 완전 정복 전략

1) 전체 글의 흐름을 이해할 수 있는 연습하기

Part 5는 Part 4보다 긴 지문으로 구성되어 있어서 담화를 듣는 중 글의 흐름을 놓치기 쉽다. 따라서 평소에 기본적인 독해 실력을 향상시키면서, Shadowing(쉐도잉)을 통해 글의 흐름을 놓치지 않고, 문제유형에 맞는 정보를 파악할 수 있도록 해야 한다.

2) Paraphrasing(재진술)에 익숙해지기

Part 4 & 5는 보기가 담화에서 사용한 단어나 구를 정답에 그대로 제시하는 경우는 드물고, 같은 의미를 가진 다른 말로 바꾸어 표현하는 경우가 대부분이다. 이를 Paraphrasing(재진술)이라고 하는데, 이것은 Part 4 & 5에서 문제해결에 매우 중요한 요소이므로 비교적 정답을 고르기가 쉽지 않은 Paraphrasing 유형을 잘 익혀 두어야 한다.

3) 문제유형 파악 후 필기(note-taking)하라!

1회 청취 후, 질문을 들으면서 문제유형을 미리 파악한 후, 2회 청취에서 문제유형에 필요한 정보를 필기해야 좀 더 정확하게 정답을 고를 수 있다. 특히, 세부정보에 관한 단답형(육하원칙) 문제는 질문에서 요구하는 내용을 미리 파악 후, 2회 청취에서 정답을 체크해야 한다.

4) 긴 문장 끊어 듣기 연습!

Part 5는 긴 지문에 다양한 주제들로 이루어져 있고, 듣기가 어려운 경우가 많다. 따라서 긴 문장을 끊어 들으면서 기본적인 미국식 발음과 연음법칙에 유의하여 듣는 연습을 한다.

5) 정답과 오답 유형 익히기

Part 5의 정형화된 정답과 오답 유형들을 미리 익힌 후, 보기를 들을 때 소거할 수 있는 능력을 길러 보자.

1   (a)   (b)   (c)   (d)

2   (a)   (b)   (c)   (d)

3   (a)   (b)   (c)   (d)

4   (a)   (b)   (c)   (d)

II

NEW TEPS
실전 모의고사

Actual Test

Listening
Comprehension

DIRECTIONS

1. In the Listening Comprehension section, all content will be presented orally rather than in written form.

2. This section contains five parts. For each part, you will receive separate instructions. Listen to the instructions carefully, and choose the best answer from the options for each item.

MP3 바로 듣기
받아쓰기 테스트
모바일 단어장

Actual Test 01

⇨ 정답 P42

Part I Questions 1—10

You will now hear ten individual spoken questions or statements, each followed by four spoken responses. Choose the most appropriate response for each item.

Part II Questions 11—20

You will now hear ten short conversation fragments, each followed by four spoken responses. Choose the most appropriate response to complete each conversation.

You will now hear ten complete conversations. For each conversation, you will be asked to answer a question. Before each conversation, you will hear a short description of the situation. After listening to the description and conversation once, you will hear a question and four options. Based on the given information, choose the option that best answers the question.

L

You will now hear six short talks. After each talk, you will be asked to answer a question. Each talk and its corresponding question will be read twice. Then you will hear four options which will be read only once. Based on the given information, choose the option that best answers the question.

Part V   Questions 37—40

You will now hear two longer talks. After each talk, you will be asked to answer two questions. Each talk and its corresponding questions will be read twice. However, the four options for each question will be read only once. Based on the given information, choose the option that best answers each question.

Actual Test 02

Part I   Questions 1–10

You will now hear ten individual spoken questions or statements, each followed by four spoken responses. Choose the most appropriate response for each item.

Part II   Questions 11–20

You will now hear ten short conversation fragments, each followed by four spoken responses. Choose the most appropriate response to complete each conversation.

Part III Questions 21—30

You will now hear ten complete conversations. For each conversation, you will be asked to answer a question. Before each conversation, you will hear a short description of the situation. After listening to the description and conversation once, you will hear a question and four options. Based on the given information, choose the option that best answers the question.

Part IV Questions 31—36

You will now hear six short talks. After each talk, you will be asked to answer a question. Each talk and its corresponding question will be read twice. Then you will hear four options which will be read only once. Based on the given information, choose the option that best answers the question.

Part V Questions 37—40

You will now hear two longer talks. After each talk, you will be asked to answer two questions. Each talk and its corresponding questions will be read twice. However, the four options for each question will be read only once. Based on the given information, choose the option that best answers each question.

Actual Test 03

⇨ 정답 P71

Part I **Questions 1—10**

You will now hear ten individual spoken questions or statements, each followed by four spoken responses. Choose the most appropriate response for each item.

Part II **Questions 11—20**

You will now hear ten short conversation fragments, each followed by four spoken responses. Choose the most appropriate response to complete each conversation.

Part III **Questions 21—30**

You will now hear ten complete conversations. For each conversation, you will be asked to answer a question. Before each conversation, you will hear a short description of the situation. After listening to the description and conversation once, you will hear a question and four options. Based on the given information, choose the option that best answers the question.

L

You will now hear six short talks. After each talk, you will be asked to answer a question. Each talk and its corresponding question will be read twice. Then you will hear four options which will be read only once. Based on the given information, choose the option that best answers the question.

Part V **Questions 37—40**

You will now hear two longer talks. After each talk, you will be asked to answer two questions. Each talk and its corresponding questions will be read twice. However, the four options for each question will be read only once. Based on the given information, choose the option that best answers each question.

⇒ 정답 P87

Part I **Questions 1—10**

You will now hear ten individual spoken questions or statements, each followed by four spoken responses. Choose the most appropriate response for each item.

Part II **Questions 11—20**

You will now hear ten short conversation fragments, each followed by four spoken responses. Choose the most appropriate response to complete each conversation.

Part IV Questions 31—36

You will now hear six short talks. After each talk, you will be asked to answer a question. Each talk and its corresponding question will be read twice. Then you will hear four options which will be read only once. Based on the given information, choose the option that best answers the question.

Actual Test 05

⇒ 정답 P101

Part I Questions 1—10

You will now hear ten individual spoken questions or statements, each followed by four spoken responses. Choose the most appropriate response for each item.

Part II Questions 11—20

You will now hear ten short conversation fragments, each followed by four spoken responses. Choose the most appropriate response to complete each conversation.

Questions 21—30

You will now hear ten complete conversations. For each conversation, you will be asked to answer a question. Before each conversation, you will hear a short description of the situation. After listening to the description and conversation once, you will hear a question and four options. Based on the given information, choose the option that best answers the question.

L

Part IV **Questions 31—36**

You will now hear six short talks. After each talk, you will be asked to answer a question. Each talk and its corresponding question will be read twice. Then you will hear four options which will be read only once. Based on the given information, choose the option that best answers the question.

You will now hear two longer talks. After each talk, you will be asked to answer two questions. Each talk and its corresponding questions will be read twice. However, the four options for each question will be read only once. Based on the given information, choose the option that best answers each question.

III

NEW TEPS
실전 모의고사

Dictation Workbook

Actual Test **1**

Actual Test **2**

Actual Test **3**

Actual Test **4**

Actual Test **5**

MP3 바로 듣기
받아쓰기 테스트
모바일 단어장

PART 1

1   W   That cheese has _____ .

   M   _____

   (a) I also love _____ .
   (b) A foul cheese has _____ .
   (c) The recipe needs _____ .
   (d) I bet it has _____ .

2   M   Don't forget about _____ later.

   W   _____

   (a) It won't be _____ .
   (b) I'm so sorry that _____ .
   (c) Thank you for _____ .
   (d) Yes, the company meeting _____ .

3   M   The CEO is really _____ .

   W   _____

   (a) Tell him to _____ .
   (b) I hate it when the CEO breathes.
   (c) He just wants you to _____ .
   (d) You're not _____ do the work.

4   W   There won't be _____ to finish the project.

   M   _____

   (a) Then we can complete it _____ .
   (b) We can ask the teacher _____ .
   (c) You don't _____ now.
   (d) I'm following the instructions _____ .

5   M   I have _____ on getting that car.

   W   _____

   (a) I hope you saved _____ .
   (b) You probably will get _____ .
   (c) You are _____ .
   (d) I set eyes on them last year.

6

M When will your mother _____ in London?

W _____

(a) The plane will _____ for two hours.
(b) Go down one floor to _____.
(c) She _____ in about thirty minutes.
(d) Your mother arrived _____.

7

M I'm so exhausted I could _____.

W _____

(a) Maybe you should _____.
(b) Those pants are too small for you.
(c) We should be home _____.
(d) You look refreshed from the meal.

8

W My daughter _____ her acceptance letter to college.

M _____

(a) You must have _____.
(b) She's probably a very ticklish person.
(c) I can see that made you very _____.
(d) College was a special time for me.

9

M How crowded was the subway this afternoon?

W _____

(a) We were standing _____.
(b) I _____ the station.
(c) There's no traffic today.
(d) I forgot to _____.

10

M What was affected by _____?

W _____

(a) We have to watch for _____.
(b) _____ came from the west.
(c) A lot of rain _____ parts of downtown.
(d) The whole power system _____.

11

M Is that a brand new computer?

W Yeah, I _____ with my credit card.

M Was it necessary to use _____ ?

W _____

(a) The _____ was out of my price range.

(b) I had to since it was _____ .

(c) Charging it won't be necessary.

(d) I didn't have any cash _____ .

12

M Where is this bus _____ ?

W It's _____ for High Street.

M Is that _____ near the department store?

W _____

(a) It's the opposite _____ .

(b) I don't want to _____ .

(c) That direction is _____ .

(d) You can _____ at this stop here.

13

W The effects of _____ have affected the entire world.

M If we don't do something to help, our children's children _____ .

W I wonder what can be done _____ any further damage.

M _____

(a) We could reduce the amount of _____ we produce.

(b) There is nothing _____ to worry about.

(c) People can increase the usage of _____ .

(d) The ecosystem should _____ .

14

M Hi, how may I _____ today?

W Yes, I'm looking for _____ to Chicago.

M I have a business and economy class seat _____ .

W _____

(a) I don't mind _____ I connect at.

(b) After arriving I'll _____ .

(c) You should _____ to get a seat.

(d) Any _____ will be fine with me.

15 M _____ between eating pizza or a hamburger tonight.

    W You need to learn some _____.

    M What? What are you talking about?

    W _____

    (a) Eating those will give you _____.

    (b) You shouldn't tear into a pizza or hamburger.

    (c) We could just _____ tonight instead.

    (d) I don't want to give you _____.

16 W The President addressed _____ today.

    M There's no way he'll _____ of this one.

    W Unless he's able to _____ the information somehow.

    M _____

    (a) Maybe he'll _____ from what people are saying.

    (b) This all seems like _____ to me.

    (c) He's just trying to _____.

    (d) I wonder if he has _____ to do that.

17 W You look _____ this morning.

    M I was _____ last night.

    W Don't _____. You're the most brilliant student in class.

    M _____

    (a) Cheating on tests is a wrong thing to do.

    (b) I don't have time for _____.

    (c) The lecture yesterday was really confusing.

    (d) Thanks, but I really want a good _____.

18 M That institute is supposed to be _____.

    W It's because the instructors are _____.

    M Do you know _____ about them?

    W _____

    (a) The faculty's intellect is _____ with other places.

    (b) I was at their _____ this past weekend.

    (c) Their students end up going to _____.

    (d) _____ of the staff is a strong point.

19 W John, could you _____ a couple of bucks for the party?

M Well, seeing as that _____ , I don't think I should have to.

W We offered, but you _____ .

M _____

(a) _____ won't help you now.

(b) This is regarding something else.

(c) I _____ you offering.

(d) It's _____ that I don't get invited.

20 W I am so worried about _____ in the fall.

M There's nothing _____ . You'll do fine.

W Well, what if I _____ ?

M _____

(a) I am very worried you'll flunk out.

(b) You'll probably just have to _____ .

(c) Then you'll have to _____ .

(d) _____ have already started this fall.

PART 3

21 **Listen to a conversation between a couple.**

M This freeway has a lot of _____ today.

W Well, we can blame _____ for that.

M Then let's _____ at the next exit.

W Too many people get _____ that way.

M I hope you have better suggestions then. I'm _____ .

W There must be some way out of this.

Q **What is the man mainly doing in the conversation?**

(a) Driving into an impassable route

(b) _____ on the problem

(c) Trying to give _____

(d) Being _____

22 **Listen to a conversation between two colleagues.**

M Jackson found _____ in the security system.

W Is the problem _____ ?

M No, it has something to do with the program.

W I think they'll have to do _____ .

M   OK. I'll make sure it'll be _____ then.

W   Be sure you do. We need this _____ today.

Q **What is mainly being discussed?**

(a) Jackson being _____ anything

(b) The security people _____

(c) A _____ with a protection program

(d) Problems with the _____

23   **Listen to a conversation between an airline representative and a passenger.**

M   Welcome to Alaska Airlines. How can I help you?

W   Yes, I've _____ some difficulties while checking in my bags.

M   What are the problems that _____?

W   Well, I was told I couldn't take my pills I use for _____.

M   Let me make a call to my superiors and I'll try to _____ for you.

W   Thank you very much for all your help.

Q **What is the main topic of the conversation?**

(a) What problem the woman has at the airport

(b) Problems the man was having with _____

(c) How the man _____ the jet-lag situation

(d) The woman wanting to buy _____

24   **Listen to a conversation between two friends.**

W   In hindsight, I should have _____.

M   You can still _____.

W   Really? What do I have to do?

M   Just have a faculty member sign _____.

W   All right. I'll try to get approval today.

M   _____ by 4 PM or they won't let you in.

Q **Which is correct about the woman according to the conversation?**

(a) The woman _____ sociology class.

(b) Approval wasn't given to her.

(c) She wants to _____.

(d) The school made her part of the staff.

25   **Listen to a conversation between two friends.**

M   They have to _____ today.

W   Did something happen?

M Yeah, _____ at the school.

W Oh my god. I hope they have _____ .

M I'm sure that the school is _____ .

W If not, the kids will have to go elsewhere.

Q Which is correct according to the conversation?

(a) A disaster was _____ .

(b) A school was filled.

(c) Something awful _____ .

(d) Excessive coverage _____ .

26   Listen to a conversation between two colleagues.

W We must _____ of our customers.

M That's _____ of a task to complete.

W If we don't, they'll go to our rival instead.

M Then _____ we do?

W Everyone just has to be _____ .

M I'll work on creating a workshop for that.

Q Which is correct about the woman according to the conversation?

(a) She doesn't want to _____ .

(b) The woman is giving all her effort now.

(c) _____ is not important to her.

(d) _____ with the competition is a goal of hers.

27   Listen to a conversation between two students.

M Let's take _____ before the experiment starts.

W OK. I'll _____ the equipment then.

M I'll _____ all the solutions.

W Do you think all of this is really necessary?

M Of course. If we don't, _____ .

W We won't fail. We just have to be _____ .

Q Which is correct according to the conversation?

(a) _____ setting up of the experiment was needed.

(b) The solutions to the problem were _____ .

(c) The woman finds all the precautions necessary.

(d) The man thinks _____ is clean already.

28

Listen to a conversation between two friends.

W That was bad news with the stock market today.

M I know. I was _____ get all my money out in time.

W Unfortunately for me, I wasn't so lucky with that.

M Don't worry. The market will bounce back and you'll _____.

W I hope so. I _____ to lose my house.

M Just remember what they say — _____ .

Q What is correct about the man according to the conversation?

(a) The man was a pretty lucky guy.

(b) The market had _____ he wanted.

(c) Because of the situation, he _____ .

(d) He was able to _____ .

29

Listen to a conversation about a criminal.

W I heard the police _____ .

M That's a relief. He _____ for a long time.

W Do you think he _____ to help him?

M It would have been too difficult to do it _____ .

W Let's just hope the facts will come out.

M Our police department can _____ .

Q What can be inferred from the conversation?

(a) _____ are still looking.

(b) The police had an easy time _____ .

(c) The thief most likely had _____ .

(d) Everyone knows the whole story already.

30

Listen to a conversation about an advertising campaign.

M So far, our advertising campaign has gotten _____ .

W Well, what do you think we should do?

M I recommend that _____ .

W Then we can _____ and make the necessary changes.

M Exactly. I think this feedback can help our campaign _____ .

W I'm getting _____ about this whole idea.

Q What can be inferred from the conversation?

(a) Both of them are hopeful about _____ .

(b) _____ is a difficult business to succeed in.

(c) _____ in the future are expected.

(d) _____ they will receive won't help.

31   This is _____ of Victorian Village Apartments informing that

construction on the new parking lot will begin this coming Monday morning. The

construction will last for the next month so _____ have been

arranged for the residents here. _____ of the main building, the

empty field used for gatherings will be _____. We apologize for this

_____, but this is the _____ .

Q What is the speaker mainly talking about?

(a) New use for a field used for gatherings

(b) A building that is _____

(c) The fee for new parking arrangements

(d) _____ necessitated by construction

32   A white dwarf is a star _____ mostly electron-degenerate matter.

It is one of the _____ in the universe. As a comparison, if you

take a 1 inch cube of matter from a white dwarf and drop it on the ground, it will

_____ the Earth! The inside of a white dwarf is made of very hot

fused carbon. If you know anything about chemistry, you would know that fused carbon

is what a diamond is. So, _____, white dwarfs are very, very large

diamonds!

Q What is this lecture mainly about?

(a) The dropping of a _____ on Earth

(b) A _____ that is most similar to a white dwarf

(c) The characteristics of a white dwarf star

(d) How dense a white dwarf star really is

33   Did you know that one of our most popular drinks, coffee, was _____ ?

The myth goes that an Ethiopian _____ named Kaldi around the 9th

century noticed that when his goats ate _____ from a particular

bush, they started to _____. Excited, Kaldi took these berries to the

monastery but the holy man did not want them and _____ them into the fire. _____ erupted and they gathered the roasted beans, ground them up, put them in water and created the first cup of coffee.

Q Which is correct according to the talk?
(a) A holy man _____ the berries which created coffee.
(b) In the early 900's, a goat herder gathered some unusual berries.
(c) A sordid smell billowed when the beans _____ .
(d) The goats became _____ after eating a certain berry.

34   Have you heard of the game called, "Chess on Ice?" Yes, that's right. It's a sport called Curling. A popular sport in Europe and Canada, the objective is to slide _____ towards a target. There is a _____ between curling and Scotland. Many people believe this sport was created in Scotland in the 16th century. Also, there is evidence that it did exist there at the time because of two paintings _____ by Pieter Bruegel the Elder _____ February 1541. It has become popular enough that it is also a Winter Olympic sport.

Q Which is correct about Curling according to the talk?
(a) Chess pieces played on ice is popular in Europe.
(b) Curling was _____ in the 1600s in Canada.
(c) It became an Olympic sport in the 15th century.
(d) The origins of curling _____ old Scotland.

35   Pale Male is a male red-tail hawk who has _____ in New York City since the early 1990s. When Pale Male arrived in Central Park, he tried to make a nest in many trees but _____ by crows. So in an _____ to this tale, he made some nests on buildings _____ the traditional tree branches. The bird is also famous for starting a family dynasty of _____ . He is known to _____ at least 26 chicks, with many of those chicks having offspring _____ .

Q What is correct about Pale Male according to the talk?
(a) This bird first attempted to _____ .
(b) He has sired a large number of _____ .
(c) Crows tried to help Pale Male live in the trees.
(d) His _____ live in the country.

36   Today in local news, _____ in the Lewiston area are planning to

protest the city council's decision to _____ Garfield Park in order

to build a new shopping mall. Locals say the park is a _____

for families to meet, relax and _____ together. The city council

_____ to add businesses in order to add more jobs, visitors and

population to the community. The protest set for this weekend _____

attract more than 5,000 supporters.

Q **What can be inferred from the news report?**

(a) _____ come to Lewiston to live.

(b) Families can gather at another place in town.

(c) More jobs for the town will only _____ .

(d) The rally may only have _____ .

PART 5

37~38 Thank you for _____ of Carmen's Cafeteria. Carmen's offers

solutions for calorie-controlled diet needs, which are three choices of different main

course meals, including _____ . We have continually made efforts

to maintain existing the cafeteria's services and _____ necessary

for employees. To provide better service, we have decided to change the interior at

_____ with punch, pop, coffee and other favorites. The stations will be

designed to help employees and guests get the most out of _____ ,

like the space between the salad bar and the wall. Working closely with an interior design

team, we will try to _____ .

Q37 What is correct according to the talk?

(a) Carmen's Cafeteria serves vegetarian menus for _____ .

(b) Carmen's Cafeteria has never _____ since it started operation.

(c) All spaces of the cafeteria are _____ .

(d) The multiple beverage stations are used _____ .

Q38 What can be inferred about Carmen's Cafeteria?

(a) _____ have been forced to have a healthy diet.

(b) It will be opening right after _____ are completed.

(c) It would be willing to spend money to provide _____ .

(d) The whole space size _____ than that of other restaurants.

39~40 Today, we'll talk about antidepressants and their effects. Antidepressants are

_____ as the standard treatment of major depressive disorders

such as anxiety disorder, eating disorder and sleep disorder. But they don't work

_____. A recent study showed that antidepressant medication for

children and adolescents can _____ than good. Of course, certain

antidepressant medications have been shown _____ to those

under 19. Unfortunately, most types of antidepressants are not safe for children and

adolescents to take, and in serious cases they can cause _____.

In addition, those who take antidepressants tend to have _____

to others like their families and peers at school. Instead of taking those kinds of

antidepressants, patients should be encouraged to communicate and work with

their doctors to _____ the medication by gradually and safely

_____ when needed.

Q39 What is mainly being said about antidepressants?
(a) They are typically used for patients who have _____.
(b) Their _____ are extremely serious to every depressive patient.
(c) They should be only used for _____ of patients.
(d) They have remained popular _____.

Q40 Which is correct according to the lecture?
(a) Antidepressants are fairly _____ today.
(b) Antidepressants have _____ for children.
(c) Adolescents with depressive disorders can be aggressive to others except their
    families.
(d) Some patients are advised to _____.

PART 1

1   M What are you _____ Saturday afternoon?

     W _____

     (a) _____ from Saturday.
     (b) Weekends are time for _____.
     (c) I'm _____.
     (d) It'll be _____.

2   W I heard the meeting was _____.

     M _____

     (a) It will _____ tomorrow.
     (b) We'll have it _____.
     (c) I _____ at the meeting.
     (d) The meeting was _____.

3   M _____ do you think this skyscraper has?

     W _____

     (a) It has to be big to have _____.
     (b) Maybe 15 of them are _____.
     (c) _____ around 200 floors.
     (d) It can't be _____ yesterday.

4   M James Dean was a _____ figure.

     W _____

     (a) It was because of his ordinary _____.
     (b) That must have been _____.
     (c) He _____ for a very long time.
     (d) And he was a _____ human being.

5   W I am _____ of Jessica's new apartment.

     M _____

     (a) You _____ on your side.
     (b) It is a very nice place for me _____.
     (c) She is extremely fortunate _____.
     (d) Jessica _____ yesterday.

6

M I would like to _____ to buy a car.

W _____

(a) Sure. You have _____ .
(b) Do you have _____ with you?
(c) That _____ will require a manager's approval.
(d) Ok. What kind of _____ would you like to open?

7

M We really need _____ to give us some guidance.

W _____

(a) We'll look for _____ ASAP.
(b) Why don't you put some box thinkers on the job then?
(c) You need _____ at the moment.
(d) Let's review about what kind of thinkers you need.

8

W This morning, Shawn _____ a car accident coming to work.

M _____

(a) There are too many cars _____ the streets.
(b) He saw that accident _____ this morning.
(c) I wonder if he is _____ .
(d) The Narrows are a very tricky section of road.

9

M We've been _____ to design the new monument.

W _____

(a) Placing the light is _____ to do.
(b) Let's make sure it's _____ .
(c) Designing something new is nothing new to me.
(d) We should've _____ on the roof instead.

10

M Make sure you don't _____ the red light.

W _____

(a) There's _____ around the corner.
(b) _____ until it turns into a red light.
(c) We can't _____ too many times.
(d) You need to relax. I know _____ .

11

    M Have you seen how the clouds _____?

    W Yes, I hope you _____.

    M _____?

    W _____

    (a) Maybe we should _____.

    (b) It is probably _____ soon.

    (c) Everyone should _____.

    (d) It's a very _____ today.

12

    W I'm sorry. I _____ to hurt your feelings.

    M You made me _____ today.

    W Is there anything I can do to _____?

    M _____

    (a) You have a _____.

    (b) You'll just get _____.

    (c) Could you pretend to like me?

    (d) Just give me _____.

13

    M What is _____ for coming here to this country?

    W I plan _____ and to visit friends.

    M How long do you plan _____?

    W _____

    (a) When I finally _____.

    (b) Until my friends _____.

    (c) _____ I have friends.

    (d) Till _____.

14

    W Dad, can you make sure _____ early tomorrow?

    M OK. Is there _____ you need to do?

    W Yes, my science project is _____ and I still have things to finish.

    M _____

    (a) _____ that you get up early.

    (b) I hope you finished your science project.

    (c) Remember that it has to be _____.

    (d) _____ you didn't finish it yet.

15 M There's _____ ahead, so we can't go this way.

W So, how can we get to Aaron's house?

M We'll _____ next to the school.

W _____

(a) Don't forget to take _____.

(b) I _____ use the crosswalk.

(c) Quit being _____ all the time.

(d) Watch out for _____ on the road.

16 M Filing _____ is really stressful.

W I know. Last year I had to _____ back.

M If I owe this year, I might just _____.

W _____

(a) You should wait until someone gives it to you.

(b) If you do, you risk becoming _____.

(c) Asking for _____ can always help.

(d) It's _____ to do something like that.

17 M My students are always _____ in class.

W Do you need _____?

M Sure. What do you think _____?

W _____

(a) I told you that I can't _____ anymore.

(b) _____ rules and guidelines for the class.

(c) You should take them to a theater to act.

(d) Give them _____ to what they need.

18 W I hope the police can _____ in our neighborhood.

M Well, Congress just _____ to punish criminals with harsher consequences.

W Then hopefully they will _____ before breaking the law.

M _____

(a) I shouldn't _____ stories like that.

(b) _____ made them free.

(c) The _____ against them were unfounded.

(d) And things such as _____ will decrease.

19   M   Jane, remember to _____ my mother.

W   _____ , but I think she hates me.

M   No, she doesn't. _____ think that?

W   _____

(a) She's probably still _____ .

(b) I'm _____ her _____ .

(c) Next time we'll just go for it all.

(d) You _____ last time we met.

20   W   The mayor has fallen _____ with the people.

M   I know. I read that _____ has diminished.

W   What do you think he could do _____ ?

M   _____

(a) He was _____ the other day.

(b) Show _____ for his mistakes.

(c) What he's done is _____ now.

(d) This whole situation is _____ .

PART 3

21   **Listen to a conversation between two friends.**

W   Have you heard of the latest Tom Cruise movie?

M   Yes, I have. I've _____ since I saw the trailer last month.

W   They say his character is _____ but is unlucky in love in his own life.

M   In the newspaper, it said the movie theater will _____ for the first 200 people to come tonight.

W   I don't have _____ tonight, so I say we should go.

M   OK. I just hope they _____ . I just love him.

Q   **What is the conversation mainly about?**

(a) A person who makes matches for people

(b) How a person _____ last month

(c) An _____ of the man's favorite actor

(d) The screening event happening later today

22   **Listen to a conversation between two friends.**

W   I can't believe your brother _____ !

M He's really sorry. He didn't know it's supposed to be _____.

W You weren't supposed to _____ about this.

M I know, but accidents _____.

W When your mother finds out, she is going to _____.

M Oh no! Really? Well then, I better be surprised for my party then.

Q What are the two speakers mainly discussing?

(a) The man's surprise party _____

(b) An incident that happened _____

(c) The man's mom getting _____

(d) No clue about how a cat escaped

23   **Listen to a conversation between two friends.**

W This _____ is doing nothing to help the homeless.

M What do you expect? There are _____ to worry about.

W How can you say that? They could _____ to do something.

M They shouldn't do that. Our schools need to _____ first.

W I just guess we're going to disagree on everything, huh?

M Yeah, I think we are going to _____ on many topics.

Q What is mainly happening in the conversation?

(a) Which schools _____ the most

(b) The role the government should _____

(c) _____ on public policy issues

(d) A discussion on the plight of the homeless

24   **Listen to a conversation between a professor and a student.**

W Professor? I apologize for _____.

M If this keeps up, the university might have to _____ you.

W I'm just having _____ waking up lately.

M What's going on?

W _____ to study just isn't there anymore.

M Maybe you need to _____ then.

Q Which is correct about the woman according to the conversation?

(a) _____ is gone in the woman.

(b) School officials _____ her.

(c) She has _____ nullifying sleep.

(d) The woman hasn't shown up for classes.

25   Listen to a conversation about a fundraising event.

M   Are you coming to _____ tonight?

W   I'm not sure. I'm _____ with work right now.

M   I told you about this event over a month ago!

W   I'm sorry, but a colleague is _____ .

M   Well if you _____ , come by the convention center.

W   There's a lot here to finish, but I'll _____ .

Q   Which is correct according to the conversation?

(a) The woman is carrying some funds.

(b) Maternity leave _____ with a fund raiser.

(c) The man is _____ with a convention.

(d) The woman was _____ by other work to do.

26   Listen to a conversation between two colleagues.

W   Have you been able to _____ around the area?

M   I _____ the space around the tree earlier.

W   And did you find anything?

M   Yeah. The tree itself is _____ .

W   Ok. Let's _____ this area then.

M   The other shrubbery in the area has been _____ as well.

Q   Which is correct according to the conversation?

(a) The _____ are not dangerous right now.

(b) Groundwater is _____ .

(c) Plants _____ are at risk.

(d) Abandoning the trees is an option.

27   Listen to a conversation about a report.

M   Jessica? You didn't finish the report due today.

W   I'm sorry. It must have _____ .

M   You really have to _____ at work.

W   Could you just give me _____ until tomorrow?

M   I guess so. Just be grateful I'm _____ .

W   Trust me, I am. I won't _____ .

Q   Which is correct about Jessica according to the conversation?

(a) There's no time to finish the report.

(b) Her memory is_____ .

(c) She _____ at her job.

(d) Any _____ in her is gone.

28   **Listen to two friends discuss a film.**

W In The documentary on the Holocaust was _____.

M I'm _____ with you on that. It brought me to tears.

W Do you think you _____?

M Me? I don't know. There's a certain _____ you have to possess.

W Yeah. All the torture day in and day out had to _____.

M Be grateful that we weren't put _____.

Q What does the woman ask about?

(a) The kind of character one needed _____

(b) If the man _____ the horrible experience

(c) The _____ of being a prisoner of war

(d) How much a toll the Holocaust took on people

29   **Listen to a conversation between two colleagues.**

W Our children's test scores are _____ the national average.

M If it doesn't improve, we'll lose _____.

W I'm not sure if there's anything _____.

M We could _____ after school.

W That just might be what we need.

M Let's put this plan to the school board _____.

Q What can be inferred from the conversation?

(a) The grant money can be replaced.

(b) The students are _____.

(c) They will _____ to raise grades.

(d) Extra _____ will be held before school.

30   **Listen to a conversation about a new planet.**

M It looks like they've found _____ in our solar system.

W Really? I wonder what NASA has planned then.

M They're going to send _____ there in about a decade.

W That's _____, don't you think?

M You do have to plan for these things.

W Yeah, but I'm sure they've _____ for something like this.

Q What can be inferred from the conversation?

(a) Scientists will first send robots _____ the planet.

(b) NASA _____ on the planet in 10 years.

(c) Projects like this require _____.

(d) We know all the planets in our solar system.

31   Food photography is an important part in presenting food to _____.

How this is achieved is by using food stylists. The job of the food stylist is to make the food

look as attractive as possible in photographs. Many stylists are _____

themselves, so they know how the final photograph should look. Some techniques include

using white glue _____ and using heavy cream instead of milk in

bowls of cereal to keep the cereal from _____.

Q What is the main idea of the talk?

(a) Many food photographers have had _____.

(b) Cereal can look better if the milk is heavy cream.

(c) Food photography aims to create the most _____.

(d) A photo technique is to use glue to replace milk.

32   Health Secretary Harry Chow announced on Thursday that late last night, a 65-year-

old woman had _____ the H5N1 bird flu. The woman recently

_____ from Hong Kong after visiting family on the Chinese

mainland. With this case, the government decided to _____ to

serious. This means that there is _____ the disease. So, remember

to _____ when stepping outside and to clean and cook all foods

_____.

Q What is the talk mainly about?

(a) A deadly type of flu _____

(b) _____ needed against the bird flu

(c) A woman coming home with a sick bird

(d) The seriousness of a lady's _____

33   Rebel Trader, the novelty and costume shop, has sold its last Halloween costume. A

message on the store's website said that it was _____ and the store _____ repeated phone calls. Rebel Trader was a Northpoint City institution for the past 35 years selling _____, costumes, tickets, and other _____. The building that housed the store will be _____ and a new hotel will be built _____.

Q Which is correct according to the talk?

(a) Nothing _____ after the demolition of the store.

(b) The store's online site requested people to call their office.

(c) Rebel Trader was _____ in the community.

(d) The _____ was the reason for going under.

34   If you ever drive through the town of Coober Pedy, Australia, you might not see any people _____. The reason for that is because many of the people in Coober Pedy live _____! The average temperature is between 30-32 _____. Because it is a mining town, the residents there realized that _____ were actually cooler than above ground. So, most residents there _____ and turned them into homes. They can even _____ and other comforts of surface living.

Q What is correct about Coober Pedy in the talk?

(a) The houses underground are _____.

(b) Coober Pedy has _____.

(c) Living above ground is more convenient than in the mines.

(d) You cannot have _____ in these subterranean homes.

35   The Aurora Borealis or Northern Lights are _____ seen at night usually around the _____. Photons released into the Earth's atmosphere are the _____. Photons can come from _____ gaining an electron or losing them and returning to a ground state. The atoms are energized from solar winds from the sun coming into the Earth's _____. The lights usually come in three colors: green, red, blue and sometimes _____.

Q Which is correct about the talk?

(a) The northern lights are a _____ visual manifestation.

(b) Seeing the lights is possible anywhere in the world.

(c) Photons can _____ as well as the ground.

(d) The _____ of photons creates the color patterns.

36 The Blindside: Evolution of a Game, _____ Michael

Lewis, is about how the NFL offense has changed over the past 40 years due to

_____ such as Lawrence Taylor, who increased the importance of

the position of left tackle. The second story _____ a professional

athlete named Michael Oher and his _____ from homeless youth

to professional left tackle playing in the National Football League. This book turned into a

movie _____ Sandra Bullock.

Q What can be inferred about Michael Lewis' book?
(a) This book discusses only the career of Lawrence Taylor.
(b) Left tackles are less important due to _____ .
(c) It is critical of _____ of the urban poor.
(d) The movie will have _____ of the book in it.

PART 5

37~38 Thank you again for attending the field trip. I hope you had a wonderful time because I

did, as well. So I would like to remind you of next week's _____ for

parents and teachers. We are moving to widen participation in the upcoming conference

and to bring more parents in, as we'll be discussing _____ .

As mentioned in the letter of invitation, you should arrive at the auditorium before

we start the conference. It would be better for you to come early since we'll be

serving _____ at 6 o'clock. I really hope you enjoy the time

_____ with other parents and teachers. Moreover, two special

guests— _____ of this high school, Mr. Steve Smith, and his wife—

are expected to come. For more information, visit www. westfieldschool.hs.kr!

Q37 What is the main purpose of the talk?
(a) To urge parents to _____ in the conference.
(b) To describe _____ for participants.
(c) To explain how to _____ unfamiliar people.
(d) To provide necessary information for students.

Q38 Which is correct according to the talk?
(a) The conference is held _____ .
(b) Parents and teachers will _____ after the conference.
(c) The conference will be discussing various problems except the budget.
(d) One of the special visitors _____ .

39~40 In today's biology lecture, we're talking about ants. Many human societies around the world _____ in medicinal therapy, rituals, biological pest control and _____. Ants are often considered beneficial insects to humans as they have been widely used in life. But some species of ants _____, primarily those that are dominant in human habitats like urban areas. Let's look at two examples. First, black carpenter ants can _____ trees, infest wooden buildings, and cause damage to other structures. Another species, yellow crazy ants, _____ into northern Australia and Christmas Island in the Indian Ocean. This led to _____ in a wide range of tropical and subtropical environments. _____ of ants can have harmful effects on the environment. Therefore, we need to control ants, considering both _____.

Q39 What is mainly being said about ants?
(a) They are helpful in _____ of daily life.
(b) They _____ from metropolitan areas.
(c) They should be considered _____ despite their usefulness.
(d) They enable an ecological system to _____.

Q40 What is correct according to the lecture?
(a) People often find ants in _____.
(b) People are required to protect insects as ants are _____.
(c) The population of ants has _____ over the last few years.
(d) Ants are often used for _____.

PART 1

1   W   My throat is _____ for some reason.

    M   _____

    (a) Your face is _____ .

    (b) Maybe you have gotten _____ .

    (c) The hospital is _____ .

    (d) You should take some _____ .

2   M   We can't listen to her. She's a wolf _____ .

    W   _____

    (a) Wool looks very _____ .

    (b) I _____ her, either.

    (c) We should _____ of the sale.

    (d) You're right. It's too loud in here.

3   M   Why is Diane making _____ ?

    W   _____

    (a) She doesn't want to feel _____ .

    (b) Short faces are easier _____ .

    (c) Because getting fit is important to her.

    (d) She had a very _____ at the office.

4   M   Please take the time to stop your _____ .

    W   _____

    (a) It's part of _____ here.

    (b) I've been meaning_____ it.

    (c) It's been _____ since I quit.

    (d) The smoking lounge is in the next room.

5   W   _____ in the city is higher than in the country.

    M   _____

    (a) We get a _____ instead.

    (b) _____ are we talking about?

    (c) Paying _____ is not a good idea.

    (d) A big part of it is _____ .

6

W I'm so sorry. I heard someone _____.

M _____

(a) The buses weren't _____ this morning.
(b) I _____ left the keys inside it.
(c) My friend Rob said it was _____.
(d) I rented a nice sedan for the upcoming trip.

7

M _____ about that rice cooker?

W _____

(a) He prepares _____ in the city.
(b) That type of cuisine is _____.
(c) I haven't _____ the cook's food yet.
(d) It's too expensive _____.

8

W You need to _____ with your mother. She's worried.

M _____

(a) It's _____ how much she doesn't talk to me.
(b) My mom told me that _____ with dad.
(c) I tried already but she is _____ right now.
(d) She knows if I touch her she _____, too.

9

M Right now I'm living on a _____.

W _____

(a) Maybe it's time to buy new shoes.
(b) Everybody knows that money doesn't _____.
(c) You could _____ only wearing sandals.
(d) I think you need to get a full-time job.

10

M Integrated Phone Inc. has _____ in the cell phone market.

W _____

(a) Purchasing a new phone can be very expensive.
(b) The _____ should be to get there as soon as possible.
(c) All they have to do is repair it and it'll be fine.
(d) Their phones are supposed to be very _____.

11　　**W** _____

　　　　M Yes, I would like _____ , please.

　　　　W How do you _____ ?

　　　　M _____

　　　　(a) I'll _____ with me.

　　　　(b) That will be all, thanks.

　　　　(c) With _____ , please.

　　　　(d) I'll take a mug, _____ .

12　　**W** John, do you have your _____ today?

　　　　M Yeah, but I'm thinking about canceling it.

　　　　W I don't think that's such a good idea.

　　　　M _____

　　　　(a) He already told me I have _____ .

　　　　(b) _____ is the best idea right now.

　　　　(c) I can get the checkup at another time.

　　　　(d) _____ is not a thrill for me.

13　　**W** Hello? Could you put Stanley _____ ?

　　　　M I can't. I'm _____ .

　　　　W Well, when _____ ?

　　　　M _____

　　　　(a) _____ he gets on the line.

　　　　(b) I will be finished _____ .

　　　　(c) Sorry, but it's _____ .

　　　　(d) I won't have Stanley _____ .

14　　**W** _____ . What's for dinner?

　　　　M How about getting _____ ?

　　　　W Sounds good. Let's get some Indian.

　　　　M _____

　　　　(a) I don't want to pay _____ .

　　　　(b) OK. Let's go and _____ .

　　　　(c) My mouth's _____ already.

　　　　(d) Sure, I'll get _____ .

15

M Hi. Could you tell me how to get to the bus stop?

W Sure. It is _____ of the movie theater.

M _____ is the movie theater from here?

W _____

(a) _____ in front of it now.

(b) It's _____ in front of the theater.

(c) _____ for two blocks and turn left.

(d) _____ this block and you'll see the bus stop.

16

W Can I _____ ?

M I demand to _____ !

W What seems to be _____ ?

M _____

(a) It's showing that I _____ .

(b) The problem was _____ days ago.

(c) I wasn't allowed to _____ my gift card.

(d) The manager has the right to see someone.

17

M The new fitness center down the street is open _____ .

W Let's go down there and _____ .

M _____ . I'm eager to get a work out in.

W _____

(a) Being at the gym all night long _____ .

(b) _____ always makes me feel good.

(c) Maybe it will have _____ after all.

(d) I was just stretching a few minutes ago.

18

W Soon, the _____ won't have money for the elderly.

M That's horrible. _____ have done so much for this country.

W I hope it gets fixed _____ I'm their age.

M _____

(a) Old people will _____ the social security system.

(b) Where do you _____ they fix the age?

(c) We might have to get used to _____ .

(d) _____ is not a factor in this trend.

19 M Susan, I appreciate you finding a way to _____ in our city.

W It was all about finding an _____.

M I had no idea you could use cooking oil _____ for cars.

W _____

(a) A good note is that everything is _____.

(b) There is _____ to the air now.

(c) The consequences of this could be _____.

(d) Emissions for this will increase however.

20 W People really should _____ to help more.

M I just started volunteering at a local _____.

W That's a great idea. Do you have _____?

M _____

(a) I'll need more information from you.

(b) Let me _____.

(c) The kitchen will be closed for a time.

(d) We need _____, not more information.

PART 3

21 **Listen to a conversation between a couple.**

M Could you _____ at the department store?

W Sure. Where do I need to go?

M _____ to the sidewalk towards your left.

W OK, I see it. Here or _____?

M Go right in front of the Quickie Mart. You _____ it.

W OK, here we are. I will see you soon.

Q What is the man mainly doing in the conversation?

(a) Giving _____ on where to drop him off

(b) Heading off to _____

(c) _____ where he needs to go to

(d) Purchasing something at _____

22 **Listen to a conversation between two friends.**

W I just bought the 1st edition of the Pablo Escuela series.

M Really? Did you know that I helped _____ into English?

W Wow! You really did some _____.

M Thanks. Being _____ is a good talent to have.

W Maybe I should learn _____, too.

M It could help you out with your job as well.

Q **What is the conversation mainly about?**
(a) The _____ of being bilingual
(b) Great _____ from other countries
(c) Being able to _____ foreign literature
(d) Which Pablo Escuela edition is the best

23   **Listen to a conversation between two friends.**

M Do you mind if we _____ for lunch today?

W Sure, no problem. _____ this week?

M No, I'm starting to _____.

W I was thinking about doing that myself soon.

M It really helped me to become _____.

W You might need to teach me how to _____.

Q **What is the conversation mainly about?**
(a) Dividing _____ of the meal
(b) A way to becoming more _____
(c) The joys of doing a project together finally
(d) _____ to copy each other in everything

24   **Listen to a conversation about cancer treatment.**

M In ten years, I'll be able to _____.

W Doctor, what if the cancer cells _____ to your cure?

M I'll _____ those new strains.

W Don't you think your being just a little _____?

M Not at all. This is something I'm _____.

W Okay. I just hope you're right.

Q **Which is correct about the doctor according to the conversation?**
(a) _____ is a prominent characteristic.
(b) The cure _____ only some cancers.
(c) He is being _____.
(d) The doctor will find the cure soon.

25   **Listen to a conversation about a dissertation.**

W I'm almost done with my _____.

M You have spent _____ on that.

W _____, I see that I should have started sooner.

M Do you think that would've helped?

W Yeah. Unfortunately, I always _____ on big projects.

M That's something you're just going to have to work on.

Q **Which is correct about the woman according to the conversation?**

(a) The dissertation became _____.

(b) She _____ her mistake.

(c) The woman is very _____.

(d) _____ helps her work.

26   **Listen to a conversation between two colleagues.**

M We weren't able to _____ into its basic components.

W That might _____ a few months.

M Believe me. We're _____ day and night.

W If you fail, we'll _____.

M Relax. I'll push everyone _____ I can.

W You better or it'll be your head as well as mine.

Q **Which is correct according to the conversation?**

(a) The formula is very _____.

(b) Reaction has been positive.

(c) _____ is impossible.

(d) The man won't _____.

27   **Listen to a conversation between two colleagues.**

W Have you found _____ of the virus?

M Yes, it seems to have originated in _____.

W Will you be able to create _____?

M If I'm able to get to my lab, there might be _____.

W I'll make all the _____ for you.

M I appreciate it. Excuse me, but I need to get ahold of my assistants now.

Q **Which is correct about the man according to the conversation?**

(a) Making a cure can't be accomplished.

(b) His _____ is as a scientist.

(c) The man's lab was _____.

(d) Diagnosing diseases _____ him.

28

Listen to a conversation between two friends.

M I think it's time for me to _____ .

W You could join me. I'm an _____ runner.

M Running would be too difficult for me right now.

W Don't worry. You really should _____ .

M I'm _____ just thinking about it now.

W Good health is just a matter of _____ .

Q What can be inferred about the man from the conversation?

(a) Running is _____ to him.

(b) The man has a great constitution.

(c) He runs _____ .

(d) The idea of running seems _____ .

29

Listen to a conversation between a doctor and a patient.

M You need to start _____ soon so you can walk again.

W I know. But doctor, won't my Achilles tendon injury take a long time to heal?

M Normally yes. Fortunately, there is a new technique that will speed up the process.

W I hope it doesn't involve _____ into my ankle.

M No, it doesn't. It's a new _____ you can take to quicken the healing process.

W That sounds like a very good idea. When do we start?

Q What can be inferred from the conversation?

(a) The shot will go into the ankle.

(b) A pill for her ankle will _____ .

(c) The woman is a _____ .

(d) The healing will not proceed quickly.

30

Listen to a conversation between two colleagues.

M We must find a way to clean _____ .

W I propose _____ volunteers to come and help.

M What would be the benefit of that?

W They'll help keep some animals _____ .

M That sounds good to me. Let's do it.

W This disaster has done _____ .

Q What can be inferred from the conversation?

(a) More people working means _____ .

(b) A number of the local wildlife is _____.

(c) Volunteers have offered _____.

(d) The gulf has found a way to clean itself.

PART 4

31   I would like to inform you, our customers, _____ we have recently

made to our schools because of the _____ we received. With

the recent advances in technology, we have _____ in all of our

classrooms as well as new lighting elements that _____ to keep

students from falling asleep in class. Also, this grant has _____ to

upgrade the school cafeteria menus to more healthy ones. We hope this will make our

school better _____.

Q What is the talk mainly about?
(a) The new smart blackboards will improve classes.
(b) Students will like the new and more _____.
(c) Having brighter lights will help students _____.
(d) _____, the school has been upgraded.

32   The Quebec Winter Carnival is a wonderful place for the family to go.

The _____ is an ice palace that is built for Bonhomme, the Carnival's

guest of honor. The palace even has _____ for those who don't

_____ Bonhomme. It's obviously a joke dungeon though. Other

events at the carnival include a public auction to _____ for the

carnival, skiing, snow rafting and _____. So bring the family to the

festival for _____!

Q What is the talk mainly about?
(a) _____ of the ice palace for Bonhomme
(b) Things to do at night after the festival
(c) A _____ to visit in Canada
(d) Why Bonhomme is _____ to the festival

33   _____ can be a tricky thing, especially for bees. However, they

communicate _____ humans like to spend a lot of time doing,

dancing. The bees have 4 _____: grooming, tremble, waggle

and circle dance. They each have different functions. The grooming signals everyone to groom each other, _____ more receiver bees, and the waggle

and circle dance tell the _____ , but for different distances. Maybe

_____ , it could actually mean I love you.

Q Which is correct about bees according to the talk?

(a) Bees seem to enjoy doing their _____ .

(b) The _____ tells other bees about pollen.

(c) Getting attention is the function of the _____ .

(d) Wiggling and going around in a circle is the signal to fly out.

34   Within the next ten to twenty years, you might see farmscrapers

_____ . This is also known as _____ . By using

advanced greenhouse technology as well as hydroponics, these buildings would be able

to produce fruits and vegetables _____ . Some advantages to this

idea are that you could grow food _____ . Extreme weather such

as _____ couldn't affect the crops. Last, the controlled environment

would do away with _____ .

Q Which is correct according to the talk?

(a) Growing hydroponic food would still be _____ .

(b) Farmscrapers will float in the skies over cities.

(c) _____ won't be a problem for vertical farming.

(d) _____ will still be needed in vertical farming.

35   Lacrosse is the name given by Native Americans to the sport they created, some say,

_____ the 12th century AD. The game is played with a rubber ball

and _____ with a small mesh net on the end. In many of the Native

American tribes, lacrosse was played to _____ between tribes,

_____ , to prepare strong, _____ ,

to prepare for war, and also was just part of _____ . These

games were also long as well, starting from sunrise to sunset and lasting for two or

_____ .

Q Which is correct about lacrosse in the talk?

(a) Many of these games led to _____ .

(b) The sport was _____ around the 1100's.

(c) The matches only went on _____ .

(d) Americans were the first modern people to play it.

36   Today in local news, the Cougarton _____ has moved to shut

down _____ for their high school _____ as

the deciding factor in this unfortunate _____. A spokesperson

for the school district said that it doesn't _____ of these student

activities coming back anytime soon. _____ will affect the families

in _____ as the Cougarton sports teams are known to be one of the

best in this state and in the nation.

Q What can be inferred from this news report?
(a) In time, the entire school will _____.
(b) Everyone in town is in _____.
(c) Many students and parents will be _____.
(d) The sports teams will move to another school.

PART 5

37~38 As a representative of American aviation, I am sorry to give you bad news. I share your

loss and send you _____. A JetBlack airplane carrying more than

100 passengers and _____ crashed after taking off from runway 6,

leaving _____ in its wake. The aircraft _____

took off from Mac-tan Cebu international Airport in the Philippines yesterday evening.

Twenty minutes after _____ of 6,000 feet, contact was lost

with the aircraft. The aircraft then lost altitude at high speed until it fell to the ground

and _____. Wreckage was scattered over more than 1 km.

All passengers and crew members were killed. The cause of this serious accident is

_____. American aviation authorities announced that the pilots

might have performed _____ causing the plane to crash to the

ground.

Q37 How many crew members were on board the airplane?
(a) 20
(b) 9
(c) 15
(d) 50

Q38 Where was the flight's destination?

(a) _____

(b) Mac-tan Cebu International Airport

(c) _____

(d) America

39~40 Today, we're going to talk about the correlations between vitamin D and _____. Recently, there have been studies regarding patients with cardiovascular diseases including heart attacks, stroke, _____ and hypertensive heart disease. A study by researchers at the University of Arkansas suggests that vitamin D _____ in preventing further cardiovascular disease in people with a history of cardiovascular disease because vitamin D deficiencies _____ from cardiovascular disease. Most people commonly get vitamin D from their diet and _____. But it is hard to get enough vitamin D by eating certain kinds of food and also, vitamin D from certain foods is not _____. In fact, enzymatic conversion in the liver and kidney from _____ is required for vitamin D to be activated. Vitamin D can be _____ by exposure to sufficient sunlight, specifically ultraviolet rays, so it is essential for patients with cardiovascular diseases to _____.

Q39 What is the main topic of the talk?

(a) The _____ of sun exposure

(b) How to activate vitamin D from _____

(c) The reason why cardiovascular disease patients need to be

_____

(d) The _____ between vitamin D and ultraviolet rays

Q40 Which is correct according to the talk?

(a) Research on cardiovascular disease patients has _____ before.

(b) Vitamin D from _____ needs activating.

(c) Vitamin D is _____ to exposure to light.

(d) Those with cardiovascular problems can't be safe _____.

1   M _____ is that?

W _____

(a) The cloth is not _____.

(b) _____ of this was Andy Hong.

(c) This sweater _____ in Italy.

(d) It's _____ of suede.

2   W Is this order _____?

M _____

(a) Yes, that's _____.

(b) I'm _____, so something to drink.

(c) The minimum amount would be great.

(d) I haven't _____ yet.

3   M Could you give me _____?

W _____

(a) Money is always good to have.

(b) The bank is just _____.

(c) I could lend you _____.

(d) There's not that much left to _____.

4   W _____ during the Christmas holiday?

M _____

(a) I kept track of the number of presents.

(b) _____ Christmas dinner was tough.

(c) Maybe watching an _____ movie.

(d) Celebrating the holidays is not _____.

5   W You had better pick up _____ today!

M _____

(a) You need to tell me _____ first.

(b) The cleaner said it _____ until tomorrow.

(c) He tried to _____ but he didn't have any time.

(d) I'll _____ the basket in a minute.

6

W There's nothing I hate worse than being _____.

M _____

(a) Commuting with friends is a good way _____.

(b) We should just try _____ instead of this.

(c) If we _____, we will be free of this.

(d) _____ at this point sounds like a good idea.

7

M My house was broken into in _____ earlier today.

W _____

(a) You should _____ a security system.

(b) Then you need to _____.

(c) _____ are good for reading before bed.

(d) Your house should have _____.

8

W Remember to _____ first thing in the morning.

M _____

(a) It was _____ last night.

(b) I hate _____ smelly things.

(c) There was _____ in there.

(d) I _____ at noon yesterday.

9

W Discussing eating meat or not is like _____.

M _____

(a) Hurting animals is a very _____.

(b) We need to _____ of pigs we eat.

(c) I don't want to talk about it at all with you.

(d) Well, I'm _____ a vegetarian.

10

M We have to find _____ to progress any further.

W _____

(a) Then you need to _____ any information you have.

(b) If you _____, you can see it all around you.

(c) This was _____ today.

(d) You're excluding the _____ that we share.

11 W I need to recharge my batteries.

    M Why? Have you had a _____?

    W My boss had me working on _____ all week.

    M _____

    (a) Your schedule sounded _____.

    (b) You need an outlet to _____ your batteries.

    (c) The boss is quite _____.

    (d) If you have plenty of time to finish it.

12 M Let's go to _____ to shop.

    W I really don't like buying things from there.

    M But the stuff there is _____.

    W _____

    (a) Too many _____ items there.

    (b) I don't like wearing _____.

    (c) Nothing is ever _____ there.

    (d) All the items are not _____.

13 W I've decided to _____ of my parents' house.

    M Really? That could be very _____.

    W Oh! Do you know how much it is to _____?

    M _____

    (a) Cheap if _____ are good.

    (b) First, you need to move out.

    (c) It _____ what you want.

    (d) It _____ that much at all.

14 M Your work on this paper is _____.

    W I don't understand. This is _____.

    M Yes, but there is _____ in what you wrote.

    W _____

    (a) Maybe I need to _____ it slower.

    (b) Then _____ will have to be changed.

    (c) It was written _____ as I possibly could.

    (d) I'll look for more _____ then.

15

W The _____ has been rising this whole year.

M I know. My workplace laid off 100 people yesterday.

W What would you do if _____ to you?

M _____

(a) They _____ already.

(b) Let's call it another _____ of sorts.

(c) Look for some _____.

(d) I'm already _____ from unemployment as it is.

16

W Joshua, _____ with you?

M My son had to go to _____ this morning.

W Oh my! _____ ?

M _____

(a) Nothing will happen to Joshua in the future.

(b) He came out _____ from the incident.

(c) The medics came and _____.

(d) _____ by a speeding bus while crossing the street.

17

M That frog has just _____ to some babies.

W Frogs aren't _____. They can't do that.

M OK, genius. What do they do _____ then?

W _____

(a) They don't have a very long _____.

(b) Actually, they _____ instead.

(c) Feed off the offspring _____.

(d) They have a very high metabolism.

18

M Don't be scared when you're _____.

W Thanks, but you know I'm prone to _____.

M _____ that I drive there instead?

W _____

(a) I don't want to _____.

(b) If you _____ your seat belt, you wouldn't get hurt.

(c) It's OK. It's only a short distance to go.

(d) No, I want to _____ if possible.

19

W New York City is _____ .

M I agree. Especially _____ to other cities.

W Have you thought about _____ ?

M _____

(a) Sure, other cities are _____ .

(b) Yeah, I like _____ there.

(c) No, I _____ there a while ago.

(d) Yes, the different ethnicities are _____ .

20

W They really need to change the items _____ in the break room.

M I don't see _____ with the items they have.

W The items are _____ and bad for you.

M _____

(a) They should take out _____ .

(b) Vending machines are _____ in that way.

(c) No one said you had to _____ .

(d) That's why they changed the items.

PART 3

21

Listen to a conversation between a representative and a customer.

M May I help you?

W My laptop is _____ and I need it checked out, please.

M OK. Just give it to me, and I'll be able to _____ for you shortly.

W Thank you. By the way, how would you like _____ in?

M Paying _____ is the best option. My credit card machine is not working today.

W _____ . I'll just run to the ATM right now.

Q What is the man mainly doing in the conversation?

(a) _____ a credit card machine

(b) Getting a notebook to _____

(c) _____ a woman with her computer

(d) Buying something with paper money

22

Listen to a conversation between two friends.

W What's the matter? You look _____ today.

M It's the _____ from the cross-country flight.

146

W And your flight was _____ , too.

M I'll take _____ and get some rest.

W _____ . You have to work soon.

M I'll make sure too, thanks.

Q What is the conversation mainly about?

(a) Remedies to cure a tired body

(b) _____ the male has

(c) The cause of the man's _____

(d) Ways that a couple can _____ each other

23   Listen to a conversation between two friends.

M Janice, your father has been taken in _____ .

W What! What _____ to him?

M He had _____ and now he's in surgery.

W Have they _____ why he had the attack?

M The doctor's guessing it has to do with his diet.

W I told him that he needed to start _____ .

Q What is the conversation mainly about?

(a) The source of _____

(b) _____ to fix a heart attack

(c) A _____ of a family member

(d) If eating habits contribute to good health

24   Listen to a conversation between a doctor and a patient.

W Doctor. Is there anything you can do to _____ ?

M I can try. Are you currently _____ ?

W No. I _____ any drugs.

M I see. Well, I _____ you with some antibiotics.

W Oh, no. I _____ of needles.

M Do you have _____ with taking pills then?

Q What is correct according to the conversation?

(a) Drugs are the only way to help.

(b) The pain in the man's back is _____ .

(c) An anesthetic will _____ .

(d) The patient desires _____ .

25   **Listen to a conversation between two colleagues.**

M I need you to look at all the _____ today.

W OK. Is there a problem with them?

M This week we need to finish the _____ .

W Oh, I see. I'm sure I'll be able to _____ .

M Good. I expect them to be finished _____ .

W I'll need _____ to your office so I can get the files.

Q **Which is correct according to the conversation?**

(a) The woman volunteered for _____ .

(b) _____ is no easy task.

(c) This week is very slow at the business office.

(d) Finishing the task _____ to the woman.

26   **Listen to a conversation about a raffle.**

W Hey, look at this! It's a raffle at the SuperStop.

M What are _____ ?

W Just buy _____ of food and you can enter.

M Are the prizes_____ at all?

W There's _____ and gift certificate towards the store.

M If they throw in an espresso maker, then _____ !

Q **Which is correct according to the conversation?**

(a) SuperStop is holding _____ for prizes.

(b) The big prize is a type of _____ .

(c) You can win money if you _____ .

(d) There are _____ to enter the raffle.

27   **Listen to a conversation between a landlord and a tenant.**

M It's good to see you again, Ms. McClusky. How may I help you today?

W Yes, I would like to _____ for the upcoming year.

M OK. I do need to let you know that _____ for apartments have
   increased.

W It means I have to _____ for my place, doesn't it?

M Unfortunately, yes. I apologize for this _____ .

W I understand. _____ if I'll be able to stay then.

Q **What is correct about the woman according to the conversation?**

(a) The current apartment makes her _____ .

(b) Her new place dwarfs her old place in size.

(c) She might not have _____ for the rise.

(d) Ms. McClusky _____ in this situation.

28 **Listen to a conversation about an exhibition.**

W I've just realized that Jenny is a very _____.

M We have raised _____.

W There are so many people here _____.

M The curator said that many people here want to _____.

W This is _____ the little girl drawing with crayons a long time ago.

M Let's just enjoy this night with her.

Q **Which is correct about the man and the woman according to the conversation?**

(a) They taught Jenny how to sculpt at an early age.

(b) Both of them are _____.

(c) The man and the woman are Jenny's guardians.

(d) They see _____ at the exhibit.

29 **Listen to a conversation about an asteroid.**

M _____ that was just discovered is massive.

W I've come up with _____ while observing it.

M Let me guess. It's going to _____ with us.

W Yeah, but not before it breaks up into _____.

M That doesn't sound good at all.

W No, we must _____ to this problem fast!

Q **What can be inferred from the conversation?**

(a) An impact with the new asteroid is _____.

(b) Finding new asteroids usually _____.

(c) Breaking into clusters _____ the collision.

(d) The asteroid will pass the Earth _____.

30 **Listen to a conversation about environmental issues.**

M We have to _____ about the pollution in the world.

W I was thinking that we could create a website to _____.

M That's a great idea. Let's _____ possible pollution concerns.

W Noise pollution is a big concern in areas of high populations.

M I don't know. To me, _____ seems _____.

W Are you kidding me? We need to concentrate on problems in the cities.

Q What can be inferred from the conversation?

(a) No one seems to want to be the leader.

(b) There is a lot of _____ between them.

(c) _____ is a possible type they could use.

(d) Many forms of pollution can't be _____ .

PART 4

31   When you think about ink, naturally you think about _____ .

However, ink can be used as _____ . Cephalopod ink is used by

squids as _____ . It can be used in two different ways. First, it can

be used as a dark, diffusive cloud _____ a predator's view. The

second use is to make a pseudomorph which is ink with more mucus which allows it to

_____ . Predators mistake it for the creature and attack it, letting the

squid _____ .

Q   What is the talk mainly about?

(a) How squids _____ with ink

(b) Ways to _____ marine attackers and escape

(c) The varieties of _____ available

(d) The ways humans can use cephalopod ink

32   Police _____ student demonstrators on the campus of Northern

University today. The students were protesting _____ by a record

15% yesterday. 20 people, 10 of them students, _____ for their part

in today's activities. The police said it was _____ being aggressive.

Only one of the policemen was injured when he was hit by _____

him. He was treated for his injuries at the hospital and _____ .

Q What is the report mainly about?

(a) _____ between students and police over school costs

(b) The higher price of college attendance in recent years

(c) The number of wounded during _____

(d) The wild behavior of the _____

33   In 2003, Aron Ralston _____ in Blue John Canyon in Utah of the

United States when a _____ and crushed his forearm, pinning it

against a canyon wall. For five days he _____ and could only drink sips of water to _____. After the five days, he forcibly broke his ulna and radius and _____ just under the elbow. He then had to rappel down a 65 foot sheer wall. Eventually a family found him and _____. He says his story is not how he lost his hand, but how he _____.

Q Which is correct about Aron Ralston according to the speaker?
(a) A large rock _____ and fell on his arm.
(b) The breaking of his arm bones was _____.
(c) He said this story is about _____.
(d) Drinking lots of water helped sustain him.

34 _____ can be one of the most exciting professions as well as one of the most dangerous. _____ their jobs at a safe level, _____ is needed. One of the most basic items any storm chaser needs is an NOAA weather radio. _____ will give users current sky conditions, dew conditions, temperature, _____ and direction. Also, if there is a possibility for _____ within the next seven days, users will also _____.

Q Which is correct according to the talk?
(a) Current climate reports can be heard with _____.
(b) There is relatively little danger in _____.
(c) An NOAA weather radio is an inexpensive item for weather chasers.
(d) _____ are needed to accomplish what storm chasers do.

35 I would like to speak to your article last week about our poor school systems here. You seem to _____ the progress we have made as a school. Our students' national test scores have _____ over the past 5 years and our "No Student Left Behind" _____ has kept our worst students from _____. So in the future, if you are to write commentary again about us, please _____.

Q What is correct according to the talk?
(a) The teachers at the school are not doing their job well.
(b) The students _____ very quickly.
(c) In 5 years, no student _____ at the school.
(d) The editor wrote _____ about the school.

36 Today in world news, archaeologists in Tribecastan have _____
what could be the fossil of a new dinosaur. The fossils _____
seemed to be what you would call a mega meat eater. _____ to
a Tyrannosaurus Rex, this new discovery is _____ to a full grown
T-Rex. This would make the new find the biggest _____ during the
_____ . Tribecastan government officials have called this one of the
most _____ in its country's history.

Q What can be inferred from the news report?
(a) The new discovery is the big brother of the T-Rex.
(b) A new biggest dinosaur may have _____ .
(c) Tribecastan doesn't have _____ .
(d) The new dinosaur apparently ate _____ .

PART 5

37~38 Have you ever dreamed of seeing your ideas _____ ?
AIG Bank & NR Services will give a great opportunity to help encourage more
_____ , which is the first in a series of financial literacy workshops
offered from September 1 to November 5. Through these courses, attendees will
be provided with _____ on a variety of topics to build a solid
foundation in saving, investing, sharing, and spending. First of all, participants can
_____ of financial systems during workshops. Also, they can be
mentors to work as teams within their family and community _____
and practice this knowledge in their daily financial lives as well as those of others around
them. These courses, presented by _____ , are offered at a charge
of $3, but _____ . Unfortunately, registration for each course is on
_____ and limited to the first 50 registrants. If you have further
questions or need more information on the financial literacy workshops, visit www.
AIGBank.com.

Q37 What is the announcement mainly about?
(a) Additional ways to register for an _____
(b) Details of the first _____ workshop
(c) Information about how to become a _____
(d) Standard procedures _____ a lucrative business

Q38 Who does not need to pay registration fee?

(a) Employees

(b) _____ specialists

(c) Existing customers

(d) _____ customers

39~40 Traveling somewhere soon for the upcoming Christmas? Or dreaming of spending the holidays abroad? We spoke to renowned _____ who looked back on the places they went while traveling during the holidays. Here are their _____. As you know, Europe's Christmas Markets offer a unique experience along Europe's _____. Especially, the fabled European Christmas Markets don't get bigger or brighter than those of Germany. If you are looking for a destination where you could _____ like Christmas, this is a wonderful choice. From festive decorations to traditional cuisines, German markets are fantastic places _____ and see a different group of people like candle makers, glassblowers and other artists. _____ is Sweden, which holds Sweden's Christmas Market. When you visit Gothenburg in Sweden, you can enjoy Swedish Christmas food at _____ and visit a medieval village.

Q39 What is the main purpose of the announcement?

(a) To _____ about famous travelers

(b) To present Christmas markets in European countries

(c) To suggest how to spend _____ in America

(d) To describe Christmas foods all over the world

Q40 Which Christmas market is the biggest in Europe?

(a) Sweden

(b) Germany

(c) Gothenburg

(d) England

PART 1

1
    M What did your son do before he _____?

    W _____

    (a) He _____ and ate breakfast.
    (b) I'll _____ now.
    (c) He was going to _____.
    (d) He washed his face and _____.

2
    W I would like to _____ my bathroom.

    M _____

    (a) I love how you _____.
    (b) Let's move it _____.
    (c) You _____ a ton of money doing so.
    (d) That sounds like _____.

3
    M You don't look so well. You should go _____.

    W _____

    (a) Physics was _____ in school.
    (b) You can find them in hospitals.
    (c) The office is _____.
    (d) I think you're right. I might _____.

4
    W Kevin, where's _____ for this project?

    M _____

    (a) Sorry, I didn't mean _____.
    (b) It's upstairs _____.
    (c) They are _____ in the next room.
    (d) The project _____ for days.

5
    W You decided _____ from your position today?

    M _____

    (a) It's time for me to try _____.
    (b) I wanted to _____ at the job.
    (c) _____ wants to stay here any longer.
    (d) The new position _____ yesterday.

6

M We are expecting _____ to hit by nightfall.

W _____

(a) I opened the drawer and took out a flashlight.

(b) As weak as the storm is, I'm not _____.

(c) It will _____ many parts of town.

(d) It soaked me _____.

7

M Look at this! The _____ on this milk has passed.

W _____

(a) We _____ to buy a new one.

(b) Maybe it is _____.

(c) Let's just _____ it for a newer one.

(d) It's probably because it's _____.

8

W Does Scott have _____ to do today?

M _____

(a) Yeah. He has _____ next week.

(b) I'm going to finish _____ tomorrow.

(c) He _____ it three days ago.

(d) It was a lot of cleaning up to do.

9

M That new restaurant's popularity has _____.

W _____

(a) They _____ on the location of the restaurant.

(b) I _____ every time someone tells me that.

(c) Pretty soon, it will _____.

(d) If you do that, you could become popular, too.

10

W I heard you want to _____ in college?

M _____

(a) No, I received _____ a week ago.

(b) And religious study is _____ of mine.

(c) College is something that I haven't _____.

(d) That's not a subject you _____.

11   **W** When is the thesis _____?

       M _____. Why?

       W I don't think I'll be able to _____.

       M _____

       (a) The professor will _____.

       (b) Next week is not good for me.

       (c) You might lose _____.

       (d) Don't spoil _____ for me.

12   **M** May I help you?

       W Yes, I would like to _____ to Seoul.

       M OK. Will you have any _____?

       W _____

       (a) _____ I don't miss my flight.

       (b) Just a small laptop case.

       (c) It's in the _____.

       (d) I found it in the _____.

13   **W** I'm here to _____ the job opening.

       M Do you have _____?

       W No, I wasn't told that _____.

       M _____

       (a) I could _____ for an appointment.

       (b) Sorry, there are no _____.

       (c) Everybody here needs a job.

       (d) The job opening is downstairs.

14   **W** I just noticed that the sink has _____.

       M Really? That is so _____ right now.

       W I know. _____?

       M _____

       (a) He _____ somewhere.

       (b) We'll have to _____.

       (c) Just have to _____.

       (d) Let's just assemble it again.

15

M Good morning, this is your 7 AM _____.

W Thanks. Is breakfast _____ yet?

M Yes, ma'am. Would you like to _____ ?

W _____

(a) No thanks. _____ from last night.

(b) I'll just _____ to the banquet hall.

(c) I meant a breakfast served in the hotel.

(d) I enjoyed it a lot. it was _____.

16

M Let's go to _____ tomorrow.

W OK. I just hope they have _____ this time.

M It's a "pay in cash" place. What do you expect?

W _____

(a) _____ of selections to choose from.

(b) I expect a place a little _____.

(c) _____ not to get a good deal.

(d) _____ for a shipping charge.

17

W I have to go out and start _____.

M An easy way is to find _____.

W That's not something _____.

M _____

(a) It's a good way to _____.

(b) Just don't _____.

(c) The department store has _____.

(d) The temp agency is looking for people.

18

M Hey, I've just _____ on my computer.

W Copy the file and _____.

M What are you going to do with it?

W _____

(a) Concentrate on finding a way _____.

(b) _____ on your computer.

(c) Probably find _____ to help.

(d) Attach it to someone else _____.

19

W   I can't believe Seth _____ during the lecture!

M   Relax. I thought it was a good way to _____.

W   Well, not with the _____ of the topic.

M   _____

(a) You were just _____, that's all.

(b) He was being very _____.

(c) It's a good way to _____.

(d) In my opinion, it was _____.

20

M   People have _____ with that new TV show.

W   It's because they let viewers _____.

M   What do you think _____ if they didn't?

W   _____

(a) Viewership would drop _____.

(b) I try to vote as much as I can.

(c) _____ won't help matters.

(d) It's because people watching it really _____.

PART 3

21

Listen to a conversation between a representative and a customer.

W   Hi, how may I help you today?

M   Yes, I would like to _____ out of my account.

W   How much would you like to _____?

M   One hundred dollars sounds good.

W   OK, then. You'll see _____ on your next month's statement.

M   I appreciate your _____.

Q   What are the man and woman mainly discussing?

(a) Pulling out some cash _____

(b) Discussing the statement he will receive soon

(c) _____ all of his accounts

(d) Figuring out _____

22

Listen to a conversation between a brother and a sister.

M   Mom has been _____ lately.

W   We just have to keep _____, that's all.

M   But you know she's _____ to advice.

W I'll be relieved when all of this is over.

M I hear you. I can't take her sudden _____.

W All right, let's try it again.

Q **What are the man and woman mainly discussing?**
(a) _____ the elderly usually have
(b) Relief when the situation will pass
(c) Wishing to _____
(d) The _____ of their mother

23 Listen to a conversation between two acquaintances.

M We're going to _____ the opening of the new school today.

W What do you have planned?

M A speech will be given and then _____ hung on the wall.

W That sounds like _____. When does the event start?

M This evening at 7 in front of the school.

W I'll be a little late, but I'll _____.

Q **What is the man mainly doing in the conversation?**
(a) Conforming to _____
(b) _____ for tonight
(c) _____ his speech for later
(d) Designing a plaque to hang at the school

24 Listen to a conversation between a doctor and a mother.

W Doctor. My son here has _____ something.

M Has he lost a lot of _____?

W No, but he seems _____ all the time.

M OK, I'll _____ on him then.

W What if _____ with the results?

M Just come this way and we can start the tests.

Q **Which is correct according to the conversation?**
(a) Results from the test come back negative.
(b) The son has _____ to something.
(c) Bodily fluids are nothing _____.
(d) A patient has been feeling really _____.

25 Listen to a conversation between two acquaintances.

M I'm looking to _____ .

W Lucky for you, my company is hiring right now.

M Is that right? How are _____ ?

W One of the best in the nation. _____ are good as well.

M Can I stop by later today and _____ ?

W Yeah, just tell _____ that you're here to see me.

Q **Which is correct according to the conversation?**

(a) She was _____ to meet with him earlier.

(b) Many _____ are offered at her job.

(c) Receptionists interview possible employees.

(d) Other places have _____ .

26 Listen to a conversation between two friends.

W I'm having a hard time _____ my mother's passing.

M You just lost somebody important to you. It's a _____ thing.

W What do you _____ I should do?

M You should talk to a _____ about this.

W John, thanks for _____ .

M Of course. I'll give you my therapist's number.

Q **What does the woman ask about?**

(a) _____ by a loved one

(b) Advice on _____

(c) The life of her mother

(d) Investigating _____

27 Listen to a conversation about research findings.

M Your conclusion seems _____ .

W What are you talking about? Have you _____ my findings?

M Yes, I have. I believe the problem is with _____ .

W I don't believe so.

M Trust me. I've been doing this _____ .

W I don't agree. Look at _____ again.

Q **Which is correct according to the conversation?**

(a) The woman _____ the hypothesis.

(b) The man is presenting his findings.

(c) The woman _____ with the man.

(d) The man _____ the woman's findings.

28　Listen to a conversation about a business plan.

W　I plan on _____ next year.

M　Do you have any _____ for the line?

W　Yeah, I talked with some the other week but I don't know.

M　I'll help you since I have _____ in the trade.

W　Oh great! I was meaning to _____ for an experienced assistant.

M　I could help you with your work and also continue to _____ in the field.

Q　Which is correct about the woman according to the conversation?

(a) The woman is _____.

(b) _____ will be successful.

(c) People bought her clothes last week.

(d) She will accept _____.

29　Listen to a conversation about going to a graduate school.

M　I've been thinking about going to _____.

W　That's a big challenge. Do you think you're _____?

M　Sure. It can't be _____ than undergrad, can it?

W　Well, you can't be absent, have to write a thesis and have _____.

M　Oh. Is there anything else I should know about?

W　Yeah, plenty more. I could _____ for days.

Q　What can be inferred from the conversation?

(a) _____ is an important part of undergrad.

(b) The man has decided to go get his Master's degree.

(c) _____ of you at graduate school.

(d) The woman believes the man is _____.

30　Listen to a conversation about recycling bags.

M　Don't we need more of those _____?

W　Can't we just _____ the trash in any old bag?

M　Well, the _____ bags are environmentally friendly.

W　How is that _____ at all?

M　The bags _____ in the soil instead of staying as plastic.

W　Alright. I guess if that's _____, we better get them.

Q What can be inferred from the conversation?

(a) _____ is only done by a few people.

(b) The store has a huge selection of bags available.

(c) Helping _____ is important to the man.

(d) It's going to take the man a long time _____.

31   Hello, this is Alex Smart from HiTech Industries. I'm calling to remind you of

_____ tomorrow morning at 8 AM. Please remember to be

_____ for this interview. Also, _____ because

if you don't dress professionally, you won't be _____. We only

accept _____ at our company, so show us why we should select

you to be a part of the HiTech team. We are _____ you tomorrow.

Q What is the phone call mainly about?

(a) The types of employees HiTech is seeking to add

(b) The _____ needed tomorrow

(c) What to _____ at the interview

(d) _____ on employment interviews in general

32   For all you history buffs, _____ in Normandy, France to see the

Normandy American Cemetery and Memorial. This place _____

American soldiers that died in Europe in World War II. The cemetery itself

_____ of 9,387 American military dead. Another feature to

this place is the time capsule _____ a pink granite slab. The

time capsule contains _____ of the June 6, 1944 Normandy

landings. Although _____ open the capsule at the moment, it is

_____ to us all of the historic importance of this particular place and

time.

Q What is the talk mainly about?

(a) _____ in the European world war

(b) A place of momentous military and _____

(c) The number of _____ on a famous battlefield

(d) The contents of a time capsule dedicated to veterans

33   We are addressing all of you today _____ to the Prime Minister not
_____ yesterday. The corruption that had _____
has caused tensions not only within our own country but has spread to other countries
as well. The prime minister seeks to gain _____ over the
government to try to control the people of this great nation. I, along with my other
group members, _____ at every political gathering until he does
_____ . If he does not, our country will _____ .

Q Which is correct according to the talk?
(a) Other countries have been affected _____ in the country.
(b) The speaker is _____ of the Prime Minister not leaving office.
(c) Opposition will do nothing to _____ .
(d) The country is doing very well right now globally.

34   If you were able to go to old Giants Stadium in New Jersey, you then probably heard of the
_____ of Jimmy Hoffa. He was an American labor union leader for
many years. In July of 1975, he was _____ two men for a meeting
and _____ . Legend has it that when the stadium was being built,
_____ put Hoffa's dead body in the concrete mix and was then built
on top of by the stadium. Unfortunately, we'll never _____ because
after 34 years, Giants Stadium was _____ .

Q Which is correct according to the talk?
(a) Giants Stadium _____ in 1975 because of Hoffa.
(b) There is definitive proof Hoffa visited the stadium.
(c) Hoffa is _____ underneath the stadium.
(d) Labor unions were _____ to Hoffa's policies.

35   Halley's Comet is _____ of the short-period comets. Halley's Comet
becomes _____ to the Earth every 75 or 76 years. Composed
of water, carbon dioxide, ammonia and dust, it was first _____
in 240 BC. Other comets are more visible but _____ every
thousand years or so. The last time the comet came to the Earth was in 1986, so
_____ around the year 2061. Maybe we'll be able to get some more
information on this wonderful object the _____ .

Q What is correct about Halley's Comet according to the talk?

(a) It is a famous and relatively _____ .

(b) It was _____ by astronomers in 240 AD.

(c) _____ Earth every thousand years.

(d) It is made of rock, ice and other such metals.

36   The most important thing to help a race car driver win is not just the car, but the pit

crew team that works with the driver. The pit crew and crew chief are responsible for the

_____ and performance of the race car. Some duties of the crew

are to change the tires, clean the windshield, fill the car with gas and make any other

_____ needed. The crew chief _____ the pit

crew to make sure they work together as a team.

Q What can be inferred from the talk?

(a) Pit crews do most of the hard work.

(b) A race car driver needs a good team.

(c) _____ are done by the crew.

(d) _____ is the driver's boss.

PART 5

37~38   The Public Transportation Association in the U.S. _____

of the revision of Article 29 of the Labor Law on worker protection and

_____ by the government, but the organization's head says

the move could _____ on employers. Beginning next year, the

government will put the revision _____ throughout the United States

and violators will be punished. Tom Ashworth, deputy secretary-general of PTA, said that

his organization welcomes the revision, but the authorities need to pay more attention to

_____ that could lead to unfavorable situations. He also said that

while it's much better for worker protection, the amendment may have more widespread

social ramifications than just the financial burden. Although the request by the PTA came

to the government, Labor Minister Miller Diego said that the ministry was willing to help

workers whose employers fled without paying _____ . The Council of

Ministers also approved a draft law on the revision of the minimum wage law.

Q37 What is correct according to the talk?

(a) The government approved reforming Article 29 of the Labor Law.

(b) The revision will _____ in America next week.

(c) Tom Ashworth is a government official.

(d) The amendment doesn't help protect employees.

Q38 Why is Tom Ashworth concerned about the revision?

(a) It is harsh and unfair for violators to be _____.

(b) It could have _____ that allows people to do something that would otherwise be illegal.

(c) There are _____ of the revision than expected.

(d) The government is not particularly interested in making _____.

39~40 Good morning, everyone. I would like to let you know about _____ that is happening in the auditorium next week. Next Tuesday morning, Dr. Liam Carter, the director of psychology and head of the anxiety disorder program, will be _____ to masters and doctoral students. As you may know, his treatments _____ into anxiety disorders among psychologists and other mental health professionals, including psychiatrists. The results of his experiments are being studied in _____, so some of you are probably familiar with his work. His lecture will have a strong focus on _____. Specifically, he will be discussing how children with anxiety disorders can relieve symptoms using the anxiety disorder program, and how the therapies and treatments can lead to _____. The lecture is _____ in the course of advanced degrees. If you want to attend the event, just call us at 555-3140.

Q39 What is the main purpose of the talk?

(a) To _____ for a research assignment

(b) To inform students about _____

(c) To draw graduate students to _____

(d) To _____ of an anxiety disorder program

Q40 Which is correct according to the talk?

(a) The event will be held on the day before next Friday.

(b) Dr. Liam Carter will _____ to all students.

(c) Students who _____ have heard of Dr. Liam Carter.

(d) The lecture is free to all students except graduate students.

MEMO

MEMO

NEW TEPS 시행

국가공인영어시험 텝스가 새롭게 출발합니다!

NEW TEPS로 평가 효율성 **UP**, 응시 피로도 **DOWN**

주요 변경사항

총점	문항 수	시험시간
600점	**135문항**	**105분**

세부내용

청해 | 대화형 문항은 실제 영어생활환경을 고려하여 1회 청취
| 종합적 청해 지문 이해력 평가를 위한 1지문 2문항 출제 (4문항)

어휘/문법 | 수험자 부담 완화를 위한 어휘&문법영역 시험시간 통합

독해 | 실제 영어사용환경을 고려한 일부 실용지문 (이메일, 광고 등) 구성
| 종합적 독해 지문 이해력 평가를 위한 1지문 2문항 출제 (10문항)

· 응시료 : 39,000원(정기접수 기준)

※ 취소 및 환불규정, 시험 관련 자세한 사항은 **TEPS홈페이지**에서 확인하세요.

서울대학교 TEPS관리위원회   🏠 www.teps.or.kr   📞 02-886-3330   @teps   teps4u

How to TEPS

기본부터 실전까지, 가장 빠르게 점수를 올리는 뉴텝스 청해

NEW TEPS

실력편 실전 400+ 청해

라보혜·넥서스 TEPS연구소 지음

Listening

부가 제공 자료 www.nexusbook.com

모바일 단어장
VOCA TEST
정답 자동 채점

3가지 버전
MP3

모바일 단어장
& VOCA TEST

받아쓰기
정답 자동 채점

+

어휘 리스트
& 테스트

ACTUAL TEST
5회분 수록

정답 및 해설

NEXUS Edu

NEW TEPS

실력편 실전 400+ 청해

Listening

정답 및 해설

NEXUS Edu

UNIT 02

⇒ 본책 P 39

1 (a)	**2** (b)	**3** (c)	**4** (b)	**5** (a)
6 (c)	**7** (d)	**8** (c)	**9** (c)	**10** (b)

Part I

1

M How was your presentation yesterday?
W _____

(a) It was better than expected.
(b) I am glad you did it well.
(c) Sorry, I forgot your presentation.
(d) You will do fine next time.

번역

M 어제 당신의 프레젠테이션 어땠어요?
W _____

(a) 예상보다는 좋았어요.
(b) 잘하셨다니 다행이네요.
(c) 죄송해요, 당신의 프레젠테이션을 잊어버렸어요.
(d) 다음에는 잘하실 거예요.

해설

how와 명사 presentation을 꼭 들어야 한다. how로 의견을 물었으므로 형용사 better로 답한 (a)가 가장 적절하다.

2

W How did you like your vacation to the Philippines?
M _____

(a) You will have the opportunity.
(b) I was dying to come back home.
(c) Didn't you say you like it?
(d) It's the second time to visit there.

번역

W 필리핀으로 간 휴가는 어땠어?
M _____

(a) 네게 기회가 있을 거야.
(b) 집으로 너무 돌아오고 싶었어.
(c) 그게 좋다고 하지 않았어?
(d) 거기 가본 것이 두 번째야.

해설

여자가 휴가가 어땠냐고 묻고 있으므로 이에 대한 의견이 나와야 하는데 집으로 너무 돌아오고 싶었다는 (b)는 결국 휴가가 별로였다는 뜻이므로 가장 자연스러운 응답이 된다.

opportunity 기회 **be dying to** ~하고 싶다

3

M What price range do you have in mind?
W _____

(a) I will buy at least five.
(b) How much are you willing to pay?
(c) Between $50 and $70.
(d) I'll keep that in mind.

번역

M 가격대는 어느 정도 생각하시나요?
W _____

(a) 적어도 다섯 개는 살 겁니다.
(b) 당신은 얼마를 내실 생각이 있는데요?
(c) 50달러에서 70달러 사이요.
(d) 명심할게요.

해설

what과 명사가 함께 나올 때에는 what만 들어서는 정답을 고를 수가 없다. 이 문제에서는 what price range까지 들으면 (c)를 금방 정답으로 고를 수 있다.

price range 가격대 **at least** 적어도 **be willing to** ~할 용의가 있다 **keep that in mind** 명심하다

4

W Jake, why did you miss a seminar?
M _____

(a) It took about 3 hours.
(b) Sorry, it slipped my mind.
(c) Right. It was informative.
(d) OK. I can see you there.

번역

W 제이크, 왜 세미나에 참석하지 않았어요?
M _____

(a) 3시간 정도 걸렸어요.
(b) 죄송해요, 잊어버렸어요.
(c) 맞아요, 그것은 유용했어요.
(d) 그래요, 거기에서 봐요.

해설

질문의 핵심은 의문사 why와 동사 miss이다. 세미나에 결석한 이유를 물어보고 있으므로 잊어 버렸다고 대답한 (b)가 가장 적절하고 (a)와 (c)는 불참 이유가 되지 않으므로 어색한 응답이다.

slip one's mind 잊어버리다 **informative** 정보를 주는, 유익한

5

M Excuse me, where can I find the shampoo?
W _____

(a) You should try aisle five.
(b) Thank you for asking.
(c) Do you want a cleanser, too?
(d) Yeah. I will take a shower.

번역

M 실례지만, 샴푸 어디 있나요?

W _____

(a) 5번 통로를 찾아보세요.
(b) 물어봐 줘서 고마워요.
(c) 세안제도 찾으시나요?
(d) 네, 샤워를 할 거예요.

해설

샴푸의 위치를 묻고 있으므로 위치를 말해주는 (a)가 가장 자연스럽다.

aisle (상점·창고 따위의) 통로   **cleanser** (비누·소다 등의) 세척제, 세제

Part II

6

W Hi, what can I do for you?
M I'd like to take out one coffee.
W Which kind of coffee would you like?
M _____

(a) With cream and sugar, please.
(b) I want a dozen donuts, please.
(c) Cappuccino without cinnamon.
(d) It tastes really good.

번역

W 안녕하세요, 무엇을 도와 드릴까요?
M 커피 한 잔 포장해 주세요.
W 어떤 종류의 커피를 원하시죠?
M _____

(a) 크림과 설탕 넣어 주세요.
(b) 도넛 12개 주세요.
(c) 시나몬 뺀 카푸치노요.
(d) 정말 맛있네요.

해설

원하는 커피를 묻고 있으므로 커피의 종류를 직접 말한 (c)가 가장 자연스럽다. (a)는 How do you like your coffee?라고 하면서 커피를 어떻게 타는지를 물었을 때 할 수 있는 응답이다.

take out (음식 등을) 포장해 가다   **dozen** 12(개)의

7

M Would you mind lending me your novels?
W Not at all. You can browse them over there.
M How many books can I borrow?
W _____

(a) You should purchase at least 20.
(b) I don't need them any more. Take them.
(c) You can get it back to me next month.
(d) You can take as many as you need.

번역

M 당신의 소설 빌려 주실 수 있나요?
W 물론이죠. 저쪽에서 둘러보세요.
M 몇 권 빌릴 수 있을까요?
W _____

(a) 적어도 20개를 사셔야 합니다.
(b) 그건 더 이상 필요 없어요. 가지세요.
(c) 다음 달에 돌려주세요.
(d) 필요한 만큼 가져가세요.

해설

빌릴 수 있는 책의 수량을 물었는데 직접적으로 수량을 말할 수도 있지만, 숫자를 언급하지 않아도 얼마든지 다양한 대답이 나올 수 있으므로 (d)가 가장 자연스러운 응답이다.

browse 둘러보다   **purchase** 구매하다

8

W Excuse me, how can I get to IIC convention center?
M You can take a shuttle bus.
W Thanks, where is the nearest stop?
M _____

(a) Right. There's one around here.
(b) It runs every 20 minutes.
(c) You should ask a receptionist.
(d) I don't think you can walk there.

번역

W 저기요, IIC 컨벤션 센터에 어떻게 가나요?
M 셔틀 버스를 타세요.
W 감사합니다. 가장 가까운 정류장이 어디죠?
M _____

(a) 맞아요. 근처에 하나 있어요.
(b) 20분마다 옵니다.
(c) 접수원에게 물어보셔야 합니다.
(d) 당신이 거기까지 걸어갈 수 있을 것 같지 않네요.

해설

정류장의 위치나 정류장으로 가는 길에 대해 직접적으로 안내해줄 수도 있지만 제3자에게 물어보라는 (c)가 자연스러운 응답이 된다. (a)는 정류장이 근처에 있다고만 말했으므로 어색하다.

get to 도착하다   **convention** (대규모) 회의   **receptionist** 접수원

9

M Have you met the new boss?
W Yes, in the morning.
M What is he like?
W _____

(a) He took up his new position.
(b) I heard he likes golf and tennis.
(c) He looks nice and easygoing.
(d) You can meet him on the 2nd floor.

번역

M 새 상사 만나 봤어요?
W 네, 아침에요.
M 어떤 분인가요?
W _____

(a) 그는 새로운 직책을 맡았어요.
(b) 골프와 테니스를 좋아한다고 들었어요.
(c) 성격 좋고 느긋한 사람 같아요.
(d) 2층에서 그분을 만날 수 있어요.

해설

What is he like?는 '그 사람 어때?'라는 의미로 성격을 묻는 것이므로 (c)가 적절한 응답이다. 취향을 묻는 것이 아니므로 (b)는 어색한 응답이다.

take up (직책을) 맡다 **position** 직책 **easygoing** 태평한, 마음 편한

10

W This is S&M Books.
M Do you carry Jason Hatcher's new release?
W What's the title of the book?
M _____

(a) It's better to buy it online.
(b) Actually, it is on the tip of my tongue.
(c) I said the author's name is Jason Hatcher.
(d) I am not sure you have it.

번역

W S&M 서점입니다.
M 제이슨 해처의 신작 있나요?
W 책 제목이 뭐죠?
M _____

(a) 온라인으로 사는 것이 낫겠네요.
(b) 실은 생각이 날듯 말듯 합니다.
(c) 작가의 이름이 제이슨 해처라고 했습니다.
(d) 당신이 그걸 가지고 있는지 잘 모르겠어요.

해설

손님인 남자가 서점 점원인 여자에게 특정 작가의 책을 물어보고 있다. 여자가 구체적인 책의 제목을 다시 묻고 있는데 이에 대한 응답으로 책 제목이나 잘 모르겠다는 내용이 나올 수 있으므로 (b)가 가장 자연스럽다. (d)는 일단 책 제목을 말한 후에 할 수 있는 응답이다.

carry 소지하다 **release** 발간; 출시 **on the tip of one's tongue** (말이 입에서 맴돌 뿐) 생각이 안 나는

MINI TEST

UNIT 03   ⇒ 본책 P 43

| **1** (a) | **2** (a) | **3** (a) | **4** (c) | **5** (b) |
| **6** (d) | **7** (a) | **8** (d) | **9** (a) | **10** (a) |

Part I

1

M We'd better wrap this book as a gift.
W _____

(a) That sounds like a good idea.
(b) I already got a birthday present.
(c) I recently haven't read much.
(d) Is this the one you want?

번역

M 이 책을 선물용으로 포장하는 게 좋겠어.
W _____

(a) 좋은 생각인 것 같네.
(b) 이미 생일 선물을 받았어.
(c) 최근에 책을 많이 읽지 않았어.
(d) 이것이 네가 원하는 거야?

해설

남자는 여자에게 책을 선물용으로 포장하자고 제안하고 있으므로 상대방의 제안에 수락을 하는 전형적인 표현인 (a)가 적절한 응답이다.

wrap 포장하다 **present** 선물

2

W Can you teach me how to attach a document?
M _____

(a) With pleasure. I'll demonstrate it to you.
(b) First you should submit a document.
(c) I don't have time for the seminar.
(d) You need to sign each paper.

번역

W 문서 첨부하는 방법 좀 알려 줄 수 있어요?
M _____

(a) 그럼요. 어떻게 하는지 보여 드릴게요.
(b) 일단 서류를 제출해야 합니다.
(c) 저는 세미나에 갈 시간이 없어요.
(d) 각 서류에 서명하셔야 합니다.

해설

여자는 남자에게 문서 첨부 방법을 가르쳐 달라고 부탁하고 있으므로 기꺼이 부탁을 들어 주겠다는 (a)가 가장 자연스러운 응답이다.

attach 첨부하다 **document** 서류, 문서 **demonstrate** 시연하다, 보여주다 **submit** 제출하다

3

M Could you pick up Robbie at preschool tonight?
W _____

(a) Sorry, I don't think I can make it.
(b) Enjoy your vacation in Europe.
(c) Good, I'll drive you to the school.
(d) I'll see you at home later.

[번역]

M 오늘 밤 로비를 유치원에서 데리고 올 수 있어요?

W _____

(a) **미안해요. 못 갈 것 같아요.**
(b) 유럽에서 휴가를 즐겁게 보내세요.
(c) 좋아요. 내가 당신을 학교에 태워다 줄게요.
(d) 이따가 집에서 봐요.

[해설]

남자는 여자에게 아이를 데리고 오라고 부탁을 하고 있는데 여자는 수락하거나 이를 거절할 수 있으므로 거절을 하는 (a)가 가장 자연스러운 응답이다.

pick up ~을 데리고 오다. (차로 사람을) 마중 나가다 **preschool** 보육원, 유치원 **make it** 제 시간에 어떤 장소에 가다

4

W Can I give you a lift home?
M _____

(a) I usually take a bus home.
(b) How do you get home?
(c) **Thanks, but no thanks.**
(d) It is already 11 o'clock.

[번역]

W 집에 데려다 줄까요?
M _____

(a) 주로 버스 타고 집에 갑니다.
(b) 집에 어떻게 가십니까?
(c) **고맙지만 사양하겠어요.**
(d) 벌써 11시네요.

[해설]

여자는 남자에게 집까지 태워 주겠다고 제안했고, 제안을 받아들이지 않고 거절하는 (c)가 정답이 된다. Can I 뒤의 give you a lift를 놓치지 말아야 한다.

give a lift 차를 태워주다 **get home** 집에 가다

5

M Would you like me to come along to the parking lot?
W _____

(a) But I am not invited.
(b) **Thanks. That's very kind of you.**
(c) Sorry, I am busy now.
(d) I'll meet you in the lobby.

[번역]

M 주차장까지 함께 가 드릴까요?
W _____

(a) 그렇지만 전 초대받지 않았어요.
(b) **고마워요. 정말 친절하시네요.**
(c) 죄송해요. 지금 바빠요.
(d) 로비에서 만나요.

[해설]

남자가 여자에게 주차장까지 같이 가주겠다고 제안하고 있으므로 고마움을 표시하며 수락하는 (b)가 가장 적절한 응답이다.

come along 함께 가다 **parking lot** 주차장

Part II

6

W Hey, Alex. Do you have any plans this Saturday?
M Yeah. I am going to throw a party. Will you come?
W Why not? Do you want me to bring anything?
M _____

(a) You should definitely come to my party.
(b) Can I bring my friend?
(c) It's 7 o'clock this coming Saturday.
(d) **Just pick up a bottle of wine.**

[번역]

W 안녕, 알렉스. 이번 토요일에 무슨 계획 있어?
M 응. 파티를 열려고. 너도 올래?
W 당연하지. 뭐 좀 가지고 갈까?
M _____

(a) 꼭 내 파티에 와야 해.
(b) 친구 데리고 가도 되니?
(c) 이번 토요일 7시야.
(d) **와인 한 병만 사 가지고 와.**

[해설]

맨 마지막 여자의 말이 가장 중요하며, 여자는 남자에게 파티에 준비할 것이 있으면 가지고 가겠다고 제안하고 있다. 여자의 제안에 와인을 한 병 사 달라고 부탁하는 (d)가 적절하다.

throw a party 파티를 열다 **definitely** 분명히, 확실히

7

M Didn't you go grab some coffee?
W I did, but I don't have enough cash.
M Why don't you take out some money from the ATM?
W _____

(a) **I misplaced my debit card.**
(b) Either way is fine with me.
(c) I've been short of cash.
(d) Let's go to the coffee shop.

[번역]

M 커피 마시러 간다고 하지 않았어?
W 그랬는데 현금이 별로 없어.
M 현금 인출기에서 돈을 좀 찾지 그래?
W _____

(a) **체크 카드를 잃어 버렸어.**
(b) 어느 쪽이든 괜찮아.

(c) 현금이 계속 부족해.
(d) 커피숍에 가자.

해설

남자는 여자에게 현금 인출기에서 돈을 뽑으라고 제안하고 있다. Why don't you 뒤의 take out를 반드시 들어야 정답을 고를 수 있다. 여자는 남자의 의견을 받아들일 수 없는 이유를 설명하고 있으므로 정답은 (a)가 된다.

grab 먹다 **take out** 인출하다 **misplace** 잘못 두다; 둔 곳을 잊다 **debit card** 체크 카드 (check card) **Either way is fine with me** 어느 쪽이든 괜찮아

8

W There is a new release at the theater downtown.
M I already bought the ticket for that. I'm going this Saturday.
W Really? Would you mind if I join you?
M _____

(a) I'm sorry but I am very busy now.
(b) Sure, we can go to the picnic instead.
(c) Seeing a movie is my favorite thing to do.
(d) **Of course not. You can book it online.**

번역

W 시내 극장에 새로운 영화가 개봉했어요.
M 이미 표를 샀어요. 이번 토요일에 가려고요.
W 정말요? 같이 가도 돼요?
M _____

(a) 미안하지만 지금 바빠요.
(b) 당연하죠, 우리는 대신 피크닉을 갈 수 있어요.
(c) 영화 관람을 제일 좋아해요.
(d) **그럼요, 온라인으로 예매할 수 있어요.**

해설

여자는 남자에게 영화를 보러 함께 가도 되냐고 묻고 있다. 이에 흔쾌히 승낙하는 (d)가 정답이 된다. Would you mind로 물었을 경우 mind의 의미 때문에 답변은 헷갈리기 쉬우므로 유의해야 한다.

release (새로운 영화·음반·도서 등의) 개봉, 발매 **downtown** 시내에

9

M Are you watching TV or not?
W Oh, I fell asleep in the middle of the movie.
M Do you mind if I turn off the TV?
W _____

(a) **Certainly not. Go ahead.**
(b) Can you change the channel?
(c) It is the most popular show.
(d) Do you go to bed now?

번역

M 지금 TV를 보고 있는 거야, 아니야?
W 아, 영화 보다가 잠들었어.

M TV 꺼도 괜찮아?
W _____

(a) 응. 그렇게 해.
(b) 채널을 돌려 줄래?
(c) 이건 가장 인기 있는 프로그램이야.
(d) 지금 자러 가?

해설

마지막 남자의 말이 가장 중요하다. 남자는 TV를 꺼도 되냐고 여자에게 허락을 구하고 있다. 이에 허락을 하는 전형적인 응답인 (a)가 정답이 된다.

fell asleep 잠이 들다 **turn off** (전자 기기 등을) 끄다

10

W Hello, I am calling to ask about employment openings.
M OK. What would you like to know?
W Can I apply for more than one position?
M _____

(a) **Sorry, but it's impossible.**
(b) You should fill out the form.
(c) First come, first served.
(d) Can I have your name?

번역

W 여보세요, 공석에 대해서 여쭤 보려고 전화드렸습니다.
M 네. 무엇을 알고 싶으시죠?
W 한 직책 이상 지원할 수 있나요?
M _____

(a) **죄송합니다만, 불가능합니다.**
(b) 이 양식을 작성하세요.
(c) 선착순입니다.
(d) 성함이 어떻게 되시죠?

해설

여자는 남자에게 한 직책 이상에 지원하는 것이 가능한지 묻고 있으므로 가능하지 않다는 (a)가 적절하다. 직장에 지원을 하려면 양식서를 작성해야 하지만, (b)로 응답을 하면 한 직책 이상에 지원이 가능한지 아닌지 알 수가 없으므로 어색하다.

employment opening (직장의) 공석 **apply for** 지원하다 **fill out** (양식서 등을) 작성하다 **First come, first served** 선착순

MINI TEST

UNIT 04
⇨ 본책 P 47

1 (c)	**2** (c)	**3** (a)	**4** (b)	**5** (a)
6 (c)	**7** (b)	**8** (c)	**9** (b)	**10** (c)

Part I

1

M You took great pictures in India.
W _____

(a) I will buy a new camera online.
(b) Unfortunately, my camera broke down.
(c) Thank you. I majored in photography.
(d) Do you want to join the picture club?

번역

M 인도에서 멋진 사진을 찍으셨네요.
W _____

(a) 온라인에서 새 카메라를 구입할 거예요.
(b) 안타깝게도 제 카메라는 고장 났어요.
(c) 감사합니다. 사진을 전공했어요.
(d) 사진 클럽에 가입하고 싶으세요?

해설

사진을 잘 찍었다고 칭찬을 하고 있다. 칭찬에 대한 응답으로 고마움을
표시하며, 자신이 사진을 잘 찍는 이유가 사진학을 전공해서라는 (c)가
가장 자연스럽다. (a), (b), (d)는 모두 사진과 관련된 응답이기는 하
지만 남자의 말과 관련성이 떨어진다.

break down 고장 나다 **major in** 전공하다 **photography** 사진학

2

W Honey, you are having too much fatty food.
M _____

(a) What kind of food do you like?
(b) You are having fast food now.
(c) I know, but I'll try to reduce it.
(d) You need to go on a diet.

번역

W 여보, 당신은 기름진 음식을 너무 많이 먹어.
M _____

(a) 어떤 종류의 음식을 좋아해?
(b) 지금 패스트푸드를 먹고 있네.
(c) 알아. 줄이려고 노력할 거야.
(d) 당신은 다이어트를 해야 해.

해설

여자의 말에는 기름진 음식을 너무 많이 먹지 말라는 충고의 뜻이 들
어 있다. 그것에 대해 남자는 충고를 받아들일 수도 있고 거절할 수도

3

M I am wondering if the Jason Hahn movie is
   worth seeing.
W _____

(a) I heard that it got great reviews.
(b) Do you like thriller movies?
(c) It is the newest release.
(d) Let's meet at the theater.

번역

M 제이슨 한의 영화가 볼 만한지 궁금하네요.
W _____

(a) 아주 좋은 평을 받았대요.
(b) 스릴러 영화를 좋아하나요?
(c) 가장 최근 개봉작이에요.
(d) 극장에서 만나요.

해설

남자는 제이슨 한의 영화가 볼 만한지 아닌지 궁금하다고 했다. 그렇다
면 남자가 여자에게 원하는 정보는 여자의 의견이므로 후기가 좋으니
간접적으로 볼 만한 가치가 있다고 암시한 (a)가 가장 적절하다.

worth -ing ~할 가치가 있는 **review** 평, 후기

4

W I need a hand moving this chair.
M _____

(a) How about asking for some help?
(b) Can you give me 10 minutes?
(c) We should call a moving company.
(d) You should deal with it right away.

번역

W 이 의자를 옮기는 데 도움이 필요해.
M _____

(a) 도움을 청해 보는 게 어때?
(b) 10분만 줄 수 있어?
(c) 우리는 이삿짐 센터를 불러야 해.
(d) 너는 당장 그것을 해결해야 해.

해설

여자가 도움이 필요하다고 말하는 것은 간접적으로 남자에게 도움을
요청하고 있는 것이다. 남자는 여자의 요청에 수락을 하든지 거절을 할
수 있으므로 (b)가 적절하다. 10분을 줄 수 있냐는 말은 10분 있다가
도움을 줄 수 있다는 의미가 된다.

hand 도움 **ask for** 요청하다 **deal with** 다루다

5

M The leaves of my orchids turned brown.

W _____

(a) You might water them too much.
(b) I bought the orchid last month.
(c) I bought some flowers for you.
(d) My plants don't look healthy.

M 난의 잎이 갈색으로 변했어요.

W _____

(a) 물을 너무 많이 준 것 같아요.
(b) 지난달에 난을 구입했어요.
(c) 당신에게 드릴 꽃을 좀 샀어요.
(d) 제 화초가 싱싱해 보이지 않아요.

해설

남자의 화초가 갈색으로 변했다는 것은 문제의 발생이므로 여자는 해결책을 제시하거나 문제의 원인 등을 제시할 수 있다. 이 문제에서는 문제의 원인을 제시한 (a)가 가장 자연스럽다.

orchid 난   water 물을 주다

Part II

6

W I'm concerned about meeting the new boss.
M You don't need to. He will like you.
W But it's difficult for me to get along with new people.
M _____

(a) Don't meet people you don't like.
(b) You don't need to be there.
(c) Everything will go fine. Just relax.
(d) Let's have some time together.

번역

M 새로운 상사를 만나는 게 걱정돼요.
W 그럴 필요 없어요. 당신을 좋아할 거예요.
M 하지만 저는 새로운 사람들과 어울리는 일이 힘들어요.
W _____

(a) 당신이 좋아하지 않는 사람들과 만나지 마세요.
(b) 거기에 있을 필요 없어요.
(c) 모든 것이 잘 될 거예요. 그냥 마음을 편히 가져요.
(d) 언제 함께 만나요.

해설

여자는 새로운 사람들을 만나는 일에 어려움이 있다고 본인의 문제를 얘기했다. 남자는 이에 대해 해결책을 제시할 수도 있고 위로를 해줄 수도 있으므로 위로를 해주는 (c)가 정답이다.

be concerned about ~을 걱정하다   get along with 어울리다

7

M Do you happen to see the sewing kit?
W In the second drawer. Why do you need it?
M My coat button came off.
W _____

(a) But I don't have time.
(b) Let me fix it for you.
(c) It's your favorite coat.
(d) You'll find it for me.

번역

M 혹시 반짇고리 봤어?
W 두 번째 서랍에 있어. 그게 왜 필요한데?
M 코트 단추가 떨어졌어.
W _____

(a) 그렇지만 시간이 없어.
(b) 내가 고쳐 줄게.
(c) 자기가 제일 좋아하는 코트잖아.
(d) 찾아서 날 줘야 해.

해설

남자가 바느질 도구를 찾으며 코트 단추가 떨어졌다고 한다. 직접적으로 여자에게 단추를 달아 달라고 부탁한 것은 아니지만 단추를 달아 주겠다고 제안할 수 있으므로 (b)가 가장 적절하다. 남자가 직접적으로 단추를 달아달라고 요청하지는 않았으므로 시간이 없다는 (a)는 정답이 될 수 없다.

happen 우연히 ~하다   sewing kit 반짇고리   come off 떨어지다

8

W I'm so impressed with your piano performance.
M I'm flattered. I started to learn piano a few years ago.
W You're very gifted.
M _____

(a) No way, I was just a little kid.
(b) Do you want to go to the concert?
(c) Thanks. I just kept practicing.
(d) Can you recognize the difference?

번역

W 당신의 피아노 연주에 정말 감동을 받았어요.
M 과찬이세요. 몇 년 전부터 피아노를 배우기 시작한 걸요.
W 재능이 있으시군요.
M _____

(a) 절대 아니에요. 어린 아이였을 뿐이에요.
(b) 콘서트에 가고 싶으세요?
(c) 고마워요. 계속 연습했어요.
(d) 차이점을 알아보시겠어요?

해설

여자는 남자의 피아노 공연에 감동을 받았고 그가 재능이 있다며 칭찬하고 있으므로 이에 대해 고마움을 표현한 (c)가 정답이 된다.

be impressed with ∼에 감명을 받다   I'm flattered 과찬이세요
gifted 재능 있는   keep -ing 계속 ∼하다   recognize 알아보다

9

M My wedding anniversary is coming soon.
W You must have a great plan, right?
M Actually, I think you can give me a gift idea.
W _____

(a) Don't you think it is out of your budget?
(b) **You might get her a nice necklace.**
(c) Let's have steak in the fancy restaurant.
(d) I'll go shopping at the mall next weekend.

M 제 결혼기념일이 곧 다가오고 있어요.
W 분명 좋은 계획이 있죠, 그렇죠?
M 사실, 당신이 선물에 대한 아이디어를 줬으면 해요.
W _____

(a) 그것이 당신 예산에서 벗어난다고 생각하지 않으세요?
(b) **그녀에게 멋진 목걸이를 사주셔도 되고요.**
(c) 우리 근사한 레스토랑에서 스테이크 먹어요.
(d) 다음 주말에 쇼핑몰에 쇼핑 갈 거예요.

해설

남자는 여자에게 결혼기념일 선물에 대한 아이디어를 달라고 요청하
고 있으므로 목걸이를 사라고 제안한 (b)가 적절하다. 남자가 구입할
선물에 대한 언급을 전혀 하지 않았으므로 (a)는 정답이 될 수 없고, 남
자가 선물에 대한 아이디어를 달라고 했으므로 (c), (d)는 어색한 응답
이다.

wedding anniversary 결혼기념일   **out of budget** 예산에서 벗어난
fancy 근사한, 화려한

10

W I'm sorry, but could I bother you for some change?
M I would be my pleasure. What do you need?
W Oh, I just need some change for the parking meter.
M _____

(a) I'm sorry, I only have some coins.
(b) I could write you a check.
(c) **All I seem to have are dollar bills.**
(d) Here, will a ten-dollar bill do?

번역

W 미안한데 잔돈 문제로 폐를 끼쳐도 될까요?
M 그럼요, 뭐가 필요한가요?
W 주차 미터기 때문에 잔돈이 좀 필요해서요.
M _____

(a) 죄송한데 동전 몇 개밖에 없어요.
(b) 수표를 써 드릴 수 있어요.
(c) **지폐밖에 없는 것 같아요.**
(d) 여기요, 10달러짜리면 충분한가요?

해설

여자가 주차 미터기에 사용할 잔돈이 있냐고 남자에게 묻고 있으므로
잔돈을 여자에게 주거나 잔돈이 없다는 답변이 오는 게 자연스럽다.
따라서 남자의 응답으로 지폐밖에 없다는 (c)가 가장 적절하다.

change 잔돈   **check** 수표   **do** 충분하다

Mini Test

UNIT 05   ⇨ 본책 P 51

1 (b)	**2** (a)	**3** (b)	**4** (c)	**5** (b)
6 (a)	**7** (a)	**8** (d)	**9** (b)	**10** (c)

Part I

1

M Did you have a chance to look over my proposal?
W _____

(a) I look forward to it.
(b) **Sorry, I didn't have time.**
(c) I can't stop by now.
(d) Sure, you reviewed it.

번역

M 제 제안서를 검토해보셨나요?
W _____

(a) 기대하고 있어요.
(b) **죄송해요, 시간이 없었어요.**
(c) 지금은 들를 수가 없어요.
(d) 당연하죠, 당신이 검토했어요.

해설

남자가 여자에게 제안서를 검토해봤냐고 물었고 그것에 대한 직접적
인 대답으로 '시간이 없었다' 즉, 검토하지 못했다는 (b)가 가장 자연스
럽다. (d)는 주어가 'I'라면 검토를 해 봤다는 뜻으로 정답이 될 수 있다.

have a chance to ∼할 기회가 있다   **proposal** 제안서   **look over**
검토하다

2

W Why doesn't the cell phone turn on?
M _____

(a) You should change the batteries.
(b) I can turn it off now.
(c) I like the brand new one.
(d) Turn up the volume.

번역

W 왜 휴대 전화가 켜지지 않죠?
M _____

(a) 배터리를 바꾸세요.
(b) 제가 지금 전원을 끌 수 있어요.
(c) 저는 새것이 좋아요.
(d) 음량을 키우세요.

해설

휴대 전화가 켜지지 않는 이유를 묻고 있으므로 해결책을 제시하는 응답을 기대할 수 있다. 따라서 배터리가 방전되었을 수 있으니 배터리를 바꾸어 보라는 해결책을 제시한 (a)가 가장 적절하다.

brand new 완전 새 것인 **turn up** (오디오 · TV 등의) 음량을 키우다

3

M The snowstorm finally let up today.
W _____

(a) You'd better stay at home.
(b) It really cleared up.
(c) Nope, it is warm and sunny.
(d) How's the weather there?

번역

M 오늘 드디어 눈이 그쳤네.
W _____

(a) 너는 집에 있는 게 낫겠어.
(b) 날씨가 정말 개었네.
(c) 아니, 따뜻하고 화창해.
(d) 거기 날씨가 어때?

해설

let up은 눈이나 비 등이 약해지고 그쳤다는 의미로, 남자의 말에서 let up 구동사를 이해하지 못하고 snowstorm만 들었다면 오답을 선택할 확률이 높다. 눈이 그쳤다고 했으므로 그것에 대한 응답은 날씨가 개었다는 (b)가 정답이 된다. (c)는 날씨가 좋다는 의미가 되지만 맨 처음에 nope라고 부정을 했기 때문에 적절하지 않다.

let up (비 · 눈 따위가) 약해지다, 멎다 **clear up** 날씨가 개다

4

W Hey, Darren, do you work out regularly?
M _____

(a) Regular exercise is good for you.
(b) I'm extremely busy right now.
(c) Sure, I go to the gym every day.
(d) Do you want to go out with me?

번역

W 있잖아, 대런. 규칙적으로 운동하니?
M _____

(a) 규칙적인 운동은 네게 좋아.
(b) 지금 너무 바빠.
(c) 당연하지, 매일 헬스클럽에 가.
(d) 나랑 데이트하고 싶어?

해설

운동을 규칙적으로 하냐는 질문에 매일 운동을 한다는 (c)가 가장 적절한 응답이다. (b)는 I've been busy recently라고 대답했다면 '요즘에 바쁘다. 그래서 운동을 못 한다'라는 간접 응답이 되겠지만, '지금 바쁘다'는 (b)의 응답은 초대나 제안을 거절할 때 쓰일 수 있다.

work out 운동하다 **extremely** 매우, 심하게 **go out** 데이트하다

5

M I decided to sign up for a psychology class.
W _____

(a) I'll let you know this afternoon.
(b) I recommend Dr. Steven's class.
(c) Sorry, but it's already been occupied.
(d) I registered for the conference.

번역

M 심리학 수업을 듣기로 했어.
W _____

(a) 오늘 오후에 알려 줄게.
(b) 스티븐 박사님의 수업을 추천해.
(c) 미안하지만 이미 사용되고 있어.
(d) 저는 회의에 등록했어요.

해설

남자가 심리학 수업을 수강 신청을 하기로 했다고 말했으므로 여자가 심리학 수업 중 스티븐 박사님의 수업을 추천한 (b)가 가장 자연스럽다. 여러 개의 심리학 수업 중 특정 수업을 추천한 것이다. (d)는 남자의 말에 sign up for의 동의어인 register for를 이용해 오답을 유도한 것이다.

sign up for 등록하다 (=register for/ enroll in) **occupy** 차지하다, 사용하다

Part II

6

W I guess my laptop broke down.
M But you just got it fixed.
W I know, but it's acting up again.
M _____

(a) You really need a brand-new one.
(b) Then let's meet at the store.
(c) Yes, that's a great idea.
(d) There aren't many models to choose.

번역

W 노트북이 망가진 것 같아.
M 하지만 이제 막 고쳤잖아.
W 그러게. 그런데 또 말썽이네.
M _____

(a) 정말 새 노트북이 필요하겠다.
(b) 그럼 가게에서 만나.
(c) 응, 좋은 생각이야.
(d) 선택할 만한 모델이 많지는 않아.

해설

'병이나 문제 등이 재발했다'라는 뜻의 act up 구동사를 알고 있었다면 더 쉽게 정답에 접근할 수 있고, 몰랐다면 여자의 첫 말 중 broke down에서 act up의 의미를 유추할 수 있다. 노트북 컴퓨터를 수리했는데 또 망가졌다는 여자의 말에 대한 응답으로 (a)가 자연스럽다.

laptop 노트북 컴퓨터 **break down** (기계 등이) 고장 나다 **act up** (병·문제 등이) 다시 악화되다. 재발하다

7

M Did you check out the new office furniture?
W Yes, I really want to find out who picked that out.
M What's wrong? Don't you care for it?
W _____

(a) It doesn't go with our place.
(b) You should be responsible for it.
(c) It was delivered in the morning.
(d) I should have canceled the order.

번역

M 새로운 사무실 가구 봤어요?
W 네, 누가 골랐는지 정말 알아야겠어요.
M 왜요? 마음에 안 들어요?
W _____

(a) 우리 사무실하고 잘 어울리지 않아요.
(b) 책임을 지셔야 합니다.
(c) 오늘 아침에 배달됐어요.
(d) 주문을 취소했어야 했어요.

해설

마지막 남자의 질문이 정답을 고르는 관건인데 남자가 여자에게 가구가 마음에 들지 않냐고 물었으므로 가구가 사무실과 어울리지 않는다고 대답하는 (a)가 가장 자연스럽다.

pick out 고르다 **care for** 좋아하다 **go with** 어울리다
responsible for ~에 책임이 있는

8

W Could you pick up some milk on your way home?
M Honey, I'm totally worn out tonight. You really need it now?
W I used it up while making cakes for a dinner party.
M _____

(a) I am not sure I really need it.
(b) I know you really like cooking.
(c) What kind of cake are you making?
(d) OK. I'll drop by the store on the way.

번역

W 집에 오는 길에 우유 좀 사다 줄 수 있어?
M 여보, 오늘 밤은 정말 피곤해. 지금 꼭 필요한 거야?
W 디너파티를 위한 케이크를 만들면서 다 써 버렸어.
M _____

(a) 내가 정말 그것이 필요한지 모르겠어.
(b) 나는 당신이 요리하는 걸 정말 좋아한다는 것을 알아.
(c) 어떤 종류의 케이크를 만들고 있어?
(d) 알았어. 오는 길에 가게에 들를게.

해설

부탁을 하면 결국 부탁을 들어주거나 들어주지 않는 쪽으로 흐름이 잡힌다. 여자가 남자에게 우유를 사다 달라고 부탁하고 있으므로 남자가 부탁을 들어주고 있는 (d)가 가장 자연스럽다.

wear out 피곤하다 **use up** 다 사용하다

9

M Hello, I am George Hampton from marketing.
W Hi, I'm Izabel. I'm new here.
M Nice to meet you. Are you settling in?
W _____

(a) Of course, you are helping me a lot.
(b) Yeah, I'm getting used to every new thing.
(c) I think this neighborhood is clean and quiet.
(d) I just started my job two months ago.

번역

M 안녕하세요, 마케팅 부서의 조지 햄튼입니다.
W 안녕하세요. 이자벨이에요. 신입입니다.
M 만나서 반가워요. 적응은 되어가나요?
W _____

(a) 당연하죠, 저를 많이 도와주고 계시잖아요.
(b) 네, 새로운 모든 것에 적응 중이에요.
(c) 이 동네는 깨끗하고 조용한 것 같아요.
(d) 저는 2개월 전에 직장을 다니기 시작했어요.

해설

남자와 여자는 처음 만난 사이이다. 회사에 새로 들어온 여자에게 잘 적응하고 있냐고 묻고 있으므로 적응을 잘하고 있다는 (b)가 가장 자연스럽다.

settle in (새로운 것에) 적응하다 **get used to** ~에 익숙해지다
neighborhood 동네

10

W   You look awful today.
M   Yes, I have a headache and runny nose.
W   You might be coming down with the flu.
M   _____

(a) You should take some rest.
(b) Yes, it is hard to recognize.
(c) **Do you know a good doctor?**
(d) Can you come over tonight?

번역

W   오늘 안 좋아 보여.
M   응, 머리가 아프고 콧물도 나.
W   감기 걸린 것 같은데.
M   _____

(a) 너 좀 쉬어야 해.
(b) 응, 그것은 알아보기 어렵지.
(c) **좋은 의사 선생님 알아?**
(d) 오늘 밤 와줄 수 있어?

해설

남자가 감기 증상을 보이고 있으므로 좋은 의사를 추천해 달라는 (c)가 적절하다. (a)는 남자가 할 말이 아니라 여자가 할 말이다.

runny nose 콧물이 흐르는 코 **come down with** 병에 걸리다
recognize 알아보다 **come over** (말하는 사람 쪽으로) 오다

Part III

1

Listen to a conversation between two friends.

M   Jane, be careful when you drive today.
W   Why is that?
M   We're expecting a blizzard this afternoon.
W   Do we know when it is supposed to hit?
M   Around midday and it's not supposed to let up until tomorrow.
W   Maybe I should just call off from work today.

Q. What is the main topic of the conversation?
(a) Taking precautions while behind the wheel
(b) **An imminent storm that's approaching**
(c) How long the storm is going to last
(d) Drastic measures that need to be taken

번역

두 친구의 대화를 들으시오.
M   제인, 오늘 운전할 때 조심해.
W   왜?
M   오늘 오후에 눈보라가 예상된대.
W   언제 내리는지 알아?
M   정오쯤에 와서 내일까지 그치지 않을 거래.
W   오늘은 일을 취소해야 할지도 모르겠다.

Q. 대화의 주제는?
(a) 운전 시 예방 조치 취하기
(b) **곧 닥쳐올 폭풍**
(c) 폭풍이 얼마나 지속될 것인가
(d) 취해야만 하는 극단적인 조치

해설

눈보라가 정오부터 내일까지 계속될 예정이라고 했으므로, 근접해 오고 있는 폭풍에 대한 대화임을 알 수 있다. 따라서 답은 (b)이다.

blizzard 눈보라 **midday** 정오 **let up** 그치다
take precautions 예방책을 강구하다 **imminent** 임박한
approach 다가오다 **drastic** 극단적인 **measure** 조치

2

Listen to a conversation between two acquaintances.

W This is some party, isn't it?
M It sure is. You're Sally, right?
W That's right. What's your name?
M I'm Peter. I work on the second floor.
W Oh yeah. That's where I've seen you before.
M I just transferred to the department last month.

Q. Which is correct according to the conversation?
(a) The man and woman work on the same floor.
(b) The woman changed her department last month.
(c) The man and woman have known each other for a long time.
(d) **The man and woman recognize each other from a party.**

두 지인의 대화를 들으시오.
W 대단한 파티네요, 그렇죠?
M 정말 그러네요. 샐리 맞죠?
W 네. 성함이 어떻게 되시죠?
M 피터예요. 2층에서 일합니다.
W 맞아요. 전에 거기서 당신을 본 적 있어요.
M 네, 지난달에 그 부서로 옮겼어요.

Q. 다음 중 일치하는 것은?
(a) 남자와 여자는 같은 층에서 일한다.
(b) 여자는 지난달에 부서를 바꿨다.
(c) 남자와 여자는 서로 오랫동안 알고 있다.
(d) **남자와 여자는 파티에서 서로 알아봤다.**

서로 이름을 확인하는 것을 보아 구면이긴 하지만 친한 사이는 아닌 사람들의 대화이므로 정답은 (d)이다.

department 부(서) **transfer** 전근[전학]하다

3

Listen to a conversation between two friends.

M Whoa, Gina. You don't look so good.
W I feel terrible. My sister had the flu last week and I think I caught it.
M Do you have a fever?
W I don't know. Maybe I should go to the doctor.
M Well, you certainly shouldn't be at work.
W You're right. I'll go talk to the boss about leaving early.

Q. Which is correct about the woman according to the conversation?
(a) She has a fever.
(b) She is currently at the doctor's office.
(c) **Her sister was recently ill.**
(d) She has to be at work early.

두 친구의 대화를 들으시오.
M 지나야. 안색이 안 좋아 보여.
W 몸이 좋지 않아. 여동생이 지난주에 독감에 걸렸는데 나도 걸린 것 같아.
M 열이 나?
W 모르겠어. 병원에 가봐야지.
M 음, 절대 출근하면 안돼.
W 맞아. 오늘 조퇴한다고 상사에게 말해야겠어.

Q. 여자에 대해서 일치하는 것은?
(a) 열이 있다.
(b) 지금 병원에 있다.
(c) **동생이 최근 아팠다.**
(d) 오늘 일찍 출근해야 한다.

대화의 주제는 여자의 몸 상태이다. 여자는 동생에게 독감이 옮겨서 아픈 것 같다고 했으므로 정답은 (c)가 된다.

doctor's office 병원 **go to the doctor** 병원에 가다

4

Listen to a conversation between a representative and a customer.

W Thank you for calling O'Brien's. How may I help you?
M Hi, I'd like to order delivery, please.
W I'm sorry, our delivery man is out sick. Today we can only do take-out.
M Hmm, that's all right. I'd like two cheese pizzas, please.
W No problem. They should be ready in twenty minutes for pick-up.
M Okay, thanks. I'll be right down.

Q. Which is correct according to the conversation?
(a) The woman wants to eat at the restaurant.
(b) The woman will only have her pizzas delivered to her house.
(c) O'Brian's delivery man lost his job.
(d) **The woman suggests ordering the pizzas to go.**

직원과 고객의 대화를 들으시오.
W 오브라이언에 전화 주셔서 감사합니다. 어떻게 도와 드릴까요?
M 안녕하세요? 주문 배달하려고요.
W 죄송하지만 배달원이 아파서 출근을 못 했습니다. 오늘은 포장만 가능해요.
M 흠, 괜찮아요. 치즈 피자 두 판 주문할게요.
W 알겠습니다. 포장은 20분 후에 준비됩니다.
M 네, 감사합니다. 바로 갈게요.

Q. 다음 중 일치하는 것은?
(a) 여자는 레스토랑에서 음식을 먹고 싶다.
(b) 여자는 피자를 집으로 배달시키기만 할 것이다.

(c) 오브라이언의 배달원은 직장을 잃었다.
(d) 여자는 피자를 포장해 가기를 제안하고 있다.

해설
전화 대화는 반드시 초반에 전화를 건 목적을 파악해야 하는데 남자는 배달 주문을 하고 싶다고 목적을 밝히고 있다. 그런데 피자 가게에 배달원이 출근하지 못한 문제가 생겼고, 이에 대한 해결책을 찾아야 하는데 여자는 주문 포장을 하라고 해결책을 제시하고 있으므로 정답은 (d)가 된다.

order 주문하다 **take-out** 주문 포장

5

Listen to a conversation between two people.

M Sorry, have we met before?
W You do look familiar. Do you work in the Smith Building?
M Yes, for the law group on the third floor.
W I think I've seen you in the café. I work on the fifth floor.
M Oh yeah! For Braun Marketing, right?
W That's the one. My name is Laura. What's yours?

Q. Which is correct according to the conversation?
(a) The woman and man work together.
(b) The man recalls the woman's employer.
(c) The woman always eats on the third floor.
(d) The man works in a different building.

번역
두 사람의 대화를 들으시오.
M 실례합니다만, 전에 만난 적 있나요?
W 낯이 익네요. 스미스 빌딩에서 일하시나요?
M 네, 3층 법률 회사에서 일합니다.
W 카페에서 당신을 본 것 같네요. 저는 5층에서 일해요.
M 맞아요! 브라운 마케팅에서 일하시죠, 그렇죠?
W 그렇답니다. 저는 로라예요. 이름이 어떻게 되세요?

Q. 다음 중 일치하는 것은?
(a) 남자와 여자는 함께 일한다.
(b) 남자는 여자의 고용주를 기억해 냈다.
(c) 여자는 항상 3층에서 식사를 한다.
(d) 남자는 다른 빌딩에서 일한다.

해설
남자와 여자는 같은 건물에서 일하는 것이지 같은 회사에서 일하는 것이 아니므로 (a)와 (d)는 정답이 될 수 없다. (b)를 정답으로 고르기가 쉽지 않은데, 정답의 근거는 남자의 For Braun Marketing에서 알 수 있다. 남자가 여자의 회사 이름을 기억해 낸 것은 여자의 회사, 즉 고용주를 기억해 낸 것이므로 정답은 (b)이다.

recall 기억해 내다, 회상하다

6

Listen to a conversation between two friends.

W I've had the worst headache these past few days.
M Have you been taking anything for it?
W No, I try to stay away from pain killers.
M That's silly, they'd make you feel much better.
W I know, but they're also not very good for your body.
M It could just be stress. Maybe you should take a personal day.

Q. What is the woman mainly talking about?
(a) A serious health problem
(b) A change in her health status
(c) Her dislike of taking pain medication
(d) Her aversion to taking personal days

번역
두 친구의 대화를 들으시오.
W 지난 며칠간 지독한 두통에 시달리고 있어.
M 약은 먹었어?
W 아니, 진통제를 복용 안 하려고 노력해.
M 그건 어리석은 짓이야. 진통제를 복용하면 훨씬 편안해질 거야.
W 알지만, 몸에 매우 좋지 않잖아.
M 스트레스 때문일 수도 있어. 개인적인 시간을 보내 봐.

Q. 여자가 주로 이야기하고 있는 것은?
(a) 심각한 건강 문제
(b) 건강 상태의 변화
(c) 진통제를 복용하는 것에 대한 반감
(d) 개인적인 시간을 보내는 것에 대한 반감

해설
여자가 며칠간 두통이 있다고 하자 남자가 약을 복용하라고 했지만, 여자는 진통제 복용에 대한 반감을 드러내며 거부했으므로 정답은 (c)가 된다. 여자는 단순히 머리가 아픈 것이므로 (a)의 심각한 건강 문제라고 볼 수는 없다. 전체적인 주제는 여자가 진통제를 먹느냐 안 먹느냐이므로 (b)도 정답이 될 수 없다.

pain killer 진통제 **silly** 바보 같은, 어리석은 **status** 상태 **dislike** 반감 **aversion** 혐오, 싫음

7

Listen to a conversation between a doctor and a patient.

M Good afternoon, Dr. Sheridan.
W Hello, James. Your results have just come back from the lab.
M Oh? What's the news?
W I'm happy to report that your platelet levels have returned to normal.
M Does this mean I'm not anemic?
W It looks like your blood is as healthy as ever. We'll check again in three months.

Q. What is the conversation mainly about?
(a) The man has not seen the doctor for three months.
(b) The man wants to learn about a blood disorder.
(c) The doctor is sharing blood test results.
(d) The doctor is diagnosing the man's blood disease.

번역

의사와 환자의 대화를 들으시오.
M 안녕하세요. 쉐리던 선생님.
W 안녕하세요, 제임스. 당신의 결과가 실험실에서 막 도착했어요.
M 어떤가요?
W 혈소판 수치가 정상으로 돌아왔다고 말할 수 있어 기쁘네요.
M 그럼 저는 빈혈이 아닌가요?
W 혈액은 여전히 건강해 보입니다. 3개월 후에 다시 검사하도록 하죠.
Q. 대화의 주된 내용은?
(a) 남자는 3개월 동안 병원에 오지 못했다.
(b) 남자는 혈액 질환에 대해서 알고 싶어 한다.
(c) 의사는 혈액 검사 결과를 알리고 있다.
(d) 의사는 남자의 혈액 질환을 진단하고 있다.

해설

의사는 처음에 남자에게 결과가 도착했다고 하면서 혈액 검사 결과를 알려 주고 있으므로 정답은 (c)가 되어야 맞다. 의사는 남자의 질병을 진단하고 있는 상황이 아니므로 (d)는 정답이 될 수 없다.

platelet 혈소판 **anemic** 빈혈(증)의 **disorder** 질병 **diagnose** 진단하다

MINI TEST

UNIT 07_2   ⇒ 본책 P 59

1 (c)   **2** (d)   **3** (b)   **4** (d)   **5** (d)
6 (c)   **7** (b)

Part III

1

Listen to a conversation between a representative and a customer.

M Welcome to Macaroni House.
W Hello, we'd like a table for six, please.
M Hm, there may be a few minutes wait while we put the tables together.
W How long of a wait do you think?
M Probably about fifteen minutes.
W Okay, that's not a problem. Thanks.

Q. Which is correct according to the conversation?
(a) The woman is dining with her family.
(b) The man got the woman a table.
(c) The man will prepare a table for the woman.
(d) The woman doesn't want to wait.

번역

직원과 고객의 대화를 들으시오.
M 마카로니 하우스에 오신 것을 환영합니다.
W 안녕하세요, 6명이에요.
M 테이블을 붙이는 데 몇 분 걸립니다.
W 얼마나 기다려야 해요?
M 아마도 15분쯤요.
W 그 정도는 괜찮아요. 고맙습니다.
Q. 다음 중 일치하는 것은?
(a) 여자는 가족들과 저녁을 먹고 있다.
(b) 남자는 여자에게 테이블을 잡아 줬다.
(c) 남자는 여자를 위해 테이블을 준비할 것이다.
(d) 여자는 기다리기를 원치 않는다.

해설

여자는 6명이 앉을 테이블을 요구했고, 테이블을 세팅하는 데 15분이 걸린다고 했으므로 점원인 남자가 여자를 위해 테이블을 준비한다는 (c)가 정답이다.

put together 붙이다 **dine with** ~와 식사를 하다

2

Listen to a conversation between a couple.

W My sister says this restaurant is great. What do you think?

M Well, my steak is okay, but the French fries are cold.

W Really? Do you want me to ask the waiter to heat them up?

M No no, it's okay. I don't really like fried foods anyway.

W Next time you should ask for a side salad instead.

M Yeah. I should have thought of that when we ordered.

Q. What is the conversation mainly about?

(a) The woman's dislike of French fries

(b) How to politely make a complaint to a waiter

(c) Why the woman ordered a salad

(d) The man's dissatisfaction with part of his meal

번역

커플의 대화를 들으시오.

W 여동생이 그러는데 이 레스토랑 훌륭하대. 어때?

M 글쎄, 스테이크는 괜찮은데, 감자튀김이 식었어.

W 정말? 웨이터에게 데워 달라고 할까?

M 아니. 괜찮아. 튀긴 음식을 별로 좋아하지 않아.

W 다음엔 대신 샐러드로 달라고 해야겠다.

M 그래. 우리가 주문할 때 그 생각을 했어야 했어.

Q. 대화는 주로 무엇에 관한 것인가?

(a) 여자의 감자튀김에 대한 반감

(b) 웨이터에게 어떻게 정중하게 불평을 할 것인지

(c) 여자가 왜 샐러드를 주문했는지

(d) 일부 식사에 대한 남자의 불만

해설

음식에 대한 평가를 하며 스테이크는 맛있지만, 감자튀김이 식었다고 불평하고 있으므로 정답은 (d)가 된다. 음식 둘 다 싫은 것이 아니므로 식사 일부에 대한 불만이 정확한 정답이 된다.

heat up 데우다 **dislike** 반감, 혐오 **make a complaint** 항의를 제기하다 **dissatisfaction** 불만족

3

Listen to a conversation between a representative and a customer.

M I see you're admiring our new fall scents.

W Yes, I'm looking for something that's not too sweet.

M What about this one? It's one of our most popular perfumes.

W It's nice, but it's a bit too strong for me.

M Okay, how about this one? It's much lighter.

W That's much closer to what I'm looking for. Thanks!

Q. Which is correct about the woman according to the conversation?

(a) She wants to buy a new fall dress.

(b) She prefers a specific type of perfume.

(c) She wants a perfume that's sweet.

(d) She dislikes the store's new scents.

번역

직원과 고객의 대화를 들으시오.

M 저희의 새로운 가을 향을 감상하고 계시군요.

W 네, 너무 달콤하지 않은 향을 찾고 있어요.

M 이 제품은 어떠세요? 가장 인기 있는 향수 중 하나랍니다.

W 좋네요, 하지만 약간 너무 강하네요.

M 그렇다면 이건 어떠세요? 훨씬 약해요.

W 제가 찾고 있던 것에 가깝네요. 감사합니다.

Q. 여자에 대해 일치하는 것은?

(a) 가을 원피스를 사고 싶어한다.

(b) 특별한 종류의 향수를 선호한다.

(c) 달콤한 향의 향수를 원한다.

(d) 가게의 새로운 향을 싫어한다.

해설

점원인 남자가 향수를 추천해 주고 있는데 여자는 강하지 않으면서도 달콤하지 않은 향수를 찾고 있으므로 결국 특정한 종류의 향수를 선호한다고 볼 수 있다. 따라서 정답은 (b)이다.

admire 감탄하며[황홀하게] 보다 **scent** 향 **specific** 특정한

4

Listen to a conversation between a representative and a customer.

W Hello, I'd like to return this sweater.
M What's wrong with it, ma'am?
W I washed it according to the directions and now it's full of holes.
M Oh dear. This is the second sweater returned this week.
W Well, I was extremely disappointed by the poor quality.
M I'm very sorry, madam. We'll gladly give you a refund.

Q. What is the woman mainly doing in the conversation?
(a) She is learning how to do the laundry.
(b) She is buying a new sweater.
(c) She is asking for another sweater.
(d) She is returning a poorly made garment.

번역

직원과 고객의 대화를 들으시오.
W 안녕하세요, 이 스웨터를 반품하려고요.
M 무슨 문제죠, 손님?
W 지시 사항에 따라 세탁했더니 구멍이 많이 생겼어요.
M 이런. 이번 주에 두 번째 반품된 스웨터네요.
W 흠, 품질이 안 좋아 정말 실망이네요.
M 죄송합니다, 손님. 기꺼이 환불해 드릴게요.

Q. 여자는 주로 무엇을 하고 있는가?
(a) 세탁하는 방법을 배우고 있다.
(b) 새 스웨터를 구입하고 있다.
(c) 다른 스웨터를 요구하고 있다.
(d) 잘못 만들어진 옷을 반품하고 있다.

해설

여자가 대화의 초반에 반품을 하고 싶다고 했으므로 정답은 (d)가 된다. garment이라는 어휘를 몰라서 당황했다면 (a), (b), (c)를 소거해서 풀 수 있다.

return 환불[교환]하다 **direction** 지시 사항 **give someone a refund** 환불해 주다 **do the laundry** 빨래하다 **garment** 옷, 의복

5

Listen to a conversation between a representative and a customer.

M Welcome to Borne Brothers. Can I help you find something?
W I'm looking for some dress shoes for my husband.
M Are you looking for something in black or brown?
W Probably something in brown. Nothing too fancy.
M These are from Italy and made of very fine Italian leather. What do you think?
W They look great. Can he return them if they don't fit?

Q. Which is correct according to the conversation?
(a) The woman wants a gift for her son.
(b) The woman's husband prefers black shoes.
(c) The man only has Italian shoes.
(d) The man suggests a pair of shoes from Italy.

번역

직원과 고객의 대화를 들으시오.
M 본 브라더스에 오신 것을 환영합니다. 물건 찾는 것을 도와 드릴까요?
W 남편을 위한 정장 구두를 찾고 있어요.
M 검정색이나 갈색을 찾으십니까?
W 아마도 갈색 구두요. 너무 화려하지 않은 것으로요.
M 이것은 이태리 제품으로 고급 이태리 가죽으로 만든 것입니다. 어떠세요?
W 좋아 보이네요. 만약에 구두가 맞지 않으면 환불 가능한가요?

Q. 대화에 따르면 옳은 것은?
(a) 여자는 아들을 위한 선물을 원한다.
(b) 여자의 남편은 검정색 구두를 원한다.
(c) 남자는 이태리 구두만을 가지고 있다.
(d) 남자는 이태리 구두를 제안한다.

해설

점원인 남자는 여자의 남편을 위한 선물로 이탈리아제 신발을 권유하고 여자 역시 받아들였으므로 정답은 (d)가 된다. 남자가 이탈리아제 구두를 권한다고 그 가게에 이탈리아 구두만 있다고 볼 수는 없으므로 (c)는 정답이 될 수 없다.

dress shoes 정장 구두 **be made of** ~로 만들어지다 **leather** 가죽

6

Listen to a conversation between two friends.

W Wow, the new Smart Phone I 400. It's the best phone on the market.
M Is it? Does that price tag say $600?
W Yeah, but it has more capabilities than any other phone.
M But why not just get a computer then?
W Because it's so small and portable. I have to have it.
M Are you serious? It'll be out of date in no time!

Q. What can be inferred from the conversation?
(a) The man thinks the phone is overpriced.
(b) The woman has a keen understanding of electronics.
(c) **The man believes better phones will be released soon.**
(d) The man is also going to buy a computer.

번역

두 친구의 대화를 들으시오.

W 새로운 스마트폰 I 400네. 시중에 나온 것 중 제일 좋은 전화기잖아.
M 맞아. 가격표에 600달러라고 써 있는 거야?
W 응, 그런데 전화기 중에서 기능이 제일 많아.
M 그럼 그냥 컴퓨터를 사지 그래?
W 스마트폰은 작고 들고 다닐 수 있잖아. 꼭 사야 해.
M 진심이야? 조금 있으면 구형이 될 거라고!

Q. 대화에서 유추할 수 있는 것은?
(a) 남자는 전화가 너무 비싸다고 생각하고 있다.
(b) 여자는 전자 제품에 대한 날카로운 이해력을 지니고 있다.
(c) **남자는 금방 더 좋은 전화기가 나올 것이라 생각한다.**
(d) 남자는 컴퓨터도 살 것이다.

해설

남자는 마지막에 여자가 사려는 전화가 곧 구식이 될 것이라고 말했으므로 더 좋은 전화기가 나올 것이라 생각한다는 말로 바꾸어 말할 수 있다. 따라서 정답은 (c)가 된다.

on the market 시장[시중]에 나와 있는   **out of date** 구식의
in no time 곧, 즉시   **overprice** 실제 가격보다 높게 값을 매기다
keen (감각·지력 따위가) 날카로운, 예민한   **release** 출시하다

7

Listen to a conversation between a brother and a sister.

M What are you getting Mom for Christmas?
W I have no clue. She's impossible to shop for.
M Totally, and gift cards seem so impersonal.
W That's a shame because that way she could get something she really wanted.
M Maybe we should ask her what she thinks about it.
W Hm, maybe we should ask Dad first.

Q. What is the conversation mainly about?
(a) The high cost of Christmas shopping
(b) **The difficulty of choosing a present**
(c) The advantages of buying gift cards
(d) The best places to find gifts

번역

남매의 대화를 들으시오.

M 엄마 크리스마스 선물로 뭘 살 거야?
W 잘 모르겠어. 엄마 선물 사는 것은 어려워.
M 그래, 상품권은 너무 성의 없어 보이고.
W 상품권을 사야 엄마가 정말로 원하는 것을 사실 수 있을 텐데 난감하네.
M 엄마가 어떻게 생각하시는지 물어봐야겠다.
W 흠, 아마 우선 아빠에게 물어봐야 할 걸.

Q. 무엇에 관한 대화인가?
(a) 크리스마스 쇼핑에 드는 많은 비용
(b) **선물 선택의 어려움**
(c) 상품권 구입의 이점
(d) 선물을 찾는 데 좋은 장소

해설

크리스마스를 맞아 엄마를 위한 선물에 대해 고민하는 상황이므로 정답은 (b)가 된다. 상품권이 좋다고 했지만, 상품권을 구매하는 데 대한 이점을 토론하는 것이 아니므로 (c)는 정답이 되지 않는다.

That's a shame 안 됐구나   **impersonal** 비인간적인

UNIT 07_3
→ 본책 P 63

1 (c) **2** (c) **3** (d) **4** (d) **5** (c)
6 (d) **7** (a)

Part III

1

Listen to a conversation between an immigration officer and a traveler.

M Welcome to Korea. Passport and ID card, please.
W Here you go. Is a US driver's license okay?
M Yes, it's fine. How long are you staying in Korea?
W I'll be here for two months.
M Okay, and what is the purpose of your visit?
W I'm visiting friends in Seoul.
Q. What can be inferred from the conversation?
(a) The man works for an airline.
(b) The woman is not a US citizen.
(c) The woman will not be alone in Seoul.
(d) The man will search the woman's luggage.

번역
입국 심사관과 여행객의 대화를 들으시오.
M 한국에 오신 것을 환영합니다. 여권과 신분증을 보여 주세요.
W 여기 있습니다. 미국 면허증도 괜찮나요?
M 네, 괜찮습니다. 한국에는 얼마나 머무르실 예정입니까?
W 2개월이요.
M 알겠습니다. 방문 목적은요?
W 서울에 있는 친구들을 만날 겁니다.
Q. 대화에서 유추할 수 있는 것은?
(a) 남자는 항공사에서 일한다.
(b) 여자는 미국 시민권자가 아니다.
(c) 여자는 서울에서 혼자 지내지 않을 것이다.
(d) 남자는 여자의 짐을 수색할 것이다.

해설
남자는 입국 심사대에서 일하는 사람이지 항공사에서 일하는 것이 아니므로 (a)는 정답이 될 수 없고, 이 대화만으로는 여자는 미국 시민권자인지 아닌지 알 수가 없기 때문에 (b)도 오답이다. 마지막에 여자는 서울에서 친구를 만날 것이라고 했으므로 여자는 서울에서 혼자 지내지 않을 것이라는 (c)가 정답이다.

driver's license 면허증 **airline** 항공 회사 **citizen** (시민권을 가진) 국민

2

Listen to a conversation between two people.

W Welcome to the UK. Passport, please.
M Yes, here it is.
W I see you were in Japan. Do you have anything to declare, Mr. Smith?
M Nope, I wish I'd had time to do some shopping, but I was there for business.
W Okay, sir. The baggage claim is downstairs.
M Thanks very much.
Q. What is mainly happening in the conversation?
(a) The man is getting into Japan.
(b) The man is showing customs extra luggage.
(c) The woman is asking for customs declarations.
(d) The woman is entering the UK.

번역
두 사람의 대화를 들으시오.
W 영국에 오신 것을 환영합니다. 여권 보여 주세요.
M 네, 여기 있습니다.
W 일본에 계셨군요. 신고할 것이 있으신가요, 스미스 씨?
M 없습니다. 쇼핑할 시간이 있었으면 좋았을 텐데, 사업차 간 거라서요.
W 알겠습니다. 짐 찾는 곳은 아래층입니다.
M 정말 감사합니다.
Q. 대화에서 주로 일어나고 있는 일은?
(a) 남자가 일본으로 입국하고 있다.
(b) 남자는 세관에 추가 수하물을 보여 주고 있다.
(c) 여자는 세관 신고를 요청하고 있다.
(d) 여자는 영국으로 들어오고 있다.

해설
여자는 입국 심사대에서 일하는 사람이고, 남자는 영국으로 입국하는 상황이므로 (a), (d) 모두 정답이 되지 않는다. 여자가 신고할 물건이 있냐고 질문한 것은 세관 신고를 요청한다고 볼 수 있으므로 정답은 (c)가 된다.

declare 신고하다 **for business** 사업 차 **baggage claim** 공항에서 짐 찾는 곳

3

Listen to a conversation between an airline representative and a passenger.

M Hi, could you tell me what time flight 754 to Chicago is boarding?

W It leaves at 11 o'clock, so you should get on the plane around 10:30.

M I thought it was departing at 10:30. Why the delay?

W Inclement weather in Denver.

M I see. And how can I get to the gate?

W You have to take the airport shuttle to terminal B.

Q. Which is correct according to the conversation?

(a) The man and woman are in Denver.

(b) The woman's flight leaves at 11:00.

(c) The man's flight is delayed due to air traffic.

(d) The man must go to a different terminal.

번역

항공사 직원과 승객의 대화를 들으시오.

M 안녕하세요. 시카고로 가는 754 항공편이 몇 시에 탑승을 시작하는지 말씀해 주시겠어요?

W 11시에 떠나니 10:30분경에는 탑승하셔야 합니다.

M 10:30분에 떠나는 것으로 알고 있었는데요. 왜 연착됐나요?

W 덴버 날씨가 좋지 않아서요.

M 그렇군요. 게이트에는 어떻게 가나요?

W 터미널 B로 가는 공항 셔틀을 타셔야 합니다.

Q. 대화에 따르면 옳은 것은?

(a) 남자와 여자는 덴버에 있다.

(b) 여자의 비행기는 11시에 떠난다.

(c) 남자의 비행기는 항공 교통 때문에 연착되었다.

(d) 남자는 다른 터미널로 가야 한다.

해설

남자와 여자는 현재 어디에 있는지 알 수 없으므로 (a)는 정답이 될 수 없고, 남자의 비행기가 11시에 떠나는 것이지 여자의 비행기가 떠나는 것이 아니므로 (b)도 정답이 될 수 없다. 남자의 비행기는 날씨가 좋지 않아 연착되었으므로 (c)는 정답이 아니다. 남자는 셔틀을 타고 터미널 B로 가야 하므로 정답은 (d)가 된다.

board (차·비행기 등에) 타다 **depart** 출발하다 **delay** 지연; 지체시키다 **inclement** (날씨가) 험한, 거칠고 궂은

4

Listen to a conversation between two friends.

W Tony, you missed the turn!

M Huh? Sorry, I guess I was going a little fast.

W I'll say. Now we're really going to be late.

M It's okay, I can just make a U-turn and it'll be fine.

W You really should pay more attention to your driving.

M I know. I'll try to be more careful.

Q. Which is correct according to the conversation?

(a) The woman is driving.

(b) They have already made a U-turn.

(c) They are late for an engagement.

(d) The man is accepting her advice.

번역

두 친구의 대화를 들으시오.

W 토니, 모퉁이 도는 것을 놓쳤어!

M 어? 미안해. 조금 빨리 달렸나 봐.

W 그러게. 이제 정말 늦겠다.

M 괜찮아, 유턴을 하면 될 거야.

W 운전에 좀 더 집중해야 해.

M 알아. 조심할게.

Q. 대화에 따르면 옳은 것은?

(a) 여자는 운전을 하고 있다.

(b) 그들은 이미 유턴을 했다.

(c) 그들은 약속에 늦었다.

(d) 남자는 여자의 조언을 받아들이고 있다.

해설

운전을 빨리 하는 남자에게 여자는 조심히 운전하라고 조언을 하고 있고 남자는 여자의 조언을 받아들였으므로 정답은 (d)가 된다. 남자가 운전을 하는 것이지 여자가 운전을 하는 것이 아니므로 (a)는 정답이 될 수 없고, 남자가 유턴을 할 수 있다고 한 것이지 이미 유턴을 한 것이 아니므로 (b)도 오답이다.

make a U-turn 유턴을 하다 **pay attention to** 주의를 기울이다 **engagement** 약속

5

Listen to a conversation between two friends.

M Sally, are you okay? You look like you've been crying.

W I got a speeding ticket on I-91. I can't believe it.

M Oh no! How fast were you going?

W I was late for work. When the cop pulled me over, I was going 85 miles.

M That's fast. Isn't that the second one you've gotten this summer?

W Yeah, my dad is going to kill me. Our insurance is already so expensive.

Q. What can be inferred about Sally from the conversation?

(a) She will change insurance providers.

(b) She is nonchalant about getting the ticket.

(c) She is afraid her father will be mad at her.

(d) She usually drives above the speed limit.

번역

두 친구의 대화를 들으시오.

M 샐리, 괜찮아? 울고 있던 것 같은데.

W I-91번 고속 도로에서 과속 티켓을 받았어. 믿을 수 없어.

M 세상에! 얼마나 빨리 달린 거야?

W 회사에 늦었어. 경찰이 멈춰 세울 때 85마일로 달리고 있었어.

M 빨리 달렸네. 이번 여름에만 두 번째 티켓 아니야?

W 맞아. 아빠가 엄청나게 화내실 거야. 보험료는 이미 너무 비싼데 말야.

Q. 샐리에 대해서 유추할 수 있는 것은?

(a) 보험 회사를 바꿀 것이다.

(b) 티켓을 받는 것에 대해 무관심하다.

(c) 아빠가 화를 내실까 봐 두려워하고 있다.

(d) 보통 제한 속도를 어기며 운전한다.

해설

여자가 과속 티켓을 받은 것에 대한 대화로 여자는 보험료가 비싸다고 했지 바꾼다고 말한 적은 없으므로 (a)는 정답이 되지 않는다. 이미 보험료가 비싼데 과속을 또 해서 아빠가 화내실 거라고 걱정하는 (c)가 정답이다. 이번 여름에 과속 티켓을 두 번 받았다고 해서 평소에도 제한 속도를 어기며 운전한다고는 유추할 수 없으므로 (d)는 오답이다.

insurance provider 보험 회사 **nonchalant** 무관심한, 아랑곳하지 않는 **be mad at** ~에게 몹시 화가 나서

6

Listen to a conversation between an airline representative and a passenger.

W Excuse me. Someone is sitting in my seat.

M May I see your boarding pass, please?

W Sure, here it is. Seat 34A.

M It seems economy has been overbooked.

W What? Do you mean I have to fly standby? What if I miss my connection?

M Actually, we'd like to move you to business class free of charge.

Q. What is mainly happening in the conversation?

(a) The woman is making a flight reservation.

(b) The woman is sitting in the man's seat.

(c) The man is complaining about the crowded plane.

(d) The man is resolving an overbooking problem.

번역

항공사 직원과 승객의 대화를 들으시오.

W 저기요. 누군가가 제 자리에 앉아 있습니다.

M 손님 탑승권을 볼 수 있을까요?

W 네, 여기 있어요. 34A 좌석입니다.

M 이코노미석이 초과 예약된 것 같습니다.

W 뭐라고요? 그럼 탑승 대기해야 한단 말인가요? 연결 항공편을 놓치면요?

M 실은 무료로 비즈니스 클래스로 옮겨 드리고자 합니다.

Q. 주로 일어나고 있는 일은?

(a) 여자는 비행기 예약을 하고 있다.

(b) 여자는 남자의 자리에 앉아 있다.

(c) 남자는 비행기에 사람이 많은 것에 대해 불평을 하고 있다.

(d) 남자는 초과 예약 문제를 해결하고 있다.

해설

비행기 좌석을 초과 예약을 받아 자리가 없는 여자에게 남자는 자리를 더 비싼 자리로 옮겨서 문제를 해결하고 있으므로 정답은 (d)가 된다.

economy (비행기) 일반석 **standby** (비행기·열차의) 공석 대기 승객 **connection** 연결 항공편 **free of charge** 무료의 **resolve** 해결하다 **overbook** 예약을 정원 이상으로 받다

7

Listen to a conversation between two acquaintances.

M Sandra, is that your sedan parked outside?
W Yes, it is. Why?
M I think you may have left your lights on.
W Not again! I'd better go check it out.
M You might want to take a look at the battery, too.
W Thanks John. I'll let you know if it needs to be jumped.

Q. Which is correct according to the conversation?
(a) **The woman forgot to turn off her car's headlights.**
(b) The woman jumps into her car.
(c) The man's car needs a new battery.
(d) The woman had an accident with the man's car.

[번역]
두 지인의 대화를 들으시오.
M 샌드라, 밖에 주차되어 있는 세단이 당신 차인가요?
W 네, 그런데요. 왜요?
M 라이트를 켜 놓은 것 같아요.
W 이런 또 그랬군요! 나가서 확인해 볼게요.
M 배터리도 확인하는 게 좋을 거예요.
W 고마워요, 존. 차를 점프해야 하면 알려 줄게요.

Q. 다음 중 일치하는 것은?
(a) 여자는 차 헤드라이트를 끄는 것을 잊어버렸다.
(b) 여자는 자신의 차로 뛰어 들어갔다.
(c) 남자의 차는 새 배터리가 필요하다.
(d) 여자는 남자의 차와 교통사고가 났다.

[해설]
여자의 세단에 라이트가 켜져 있는 채로 주차되어 있는 것이 이 대화의 중심 내용이므로 정답은 (a)가 된다.

jump (차의 배터리가 방전되었을 때) 다른 차와 연결하여 배터리를 충전하다
take a look 살펴 보다   **turn off** 끄다

Part III

1

Listen to a conversation between two friends.

M Julie, are you still thinking of changing schools?
W Yes, I'm looking into programs at a few places. Why?
M I'm just worried that you're going to lose a lot of the credits you already have.
W I know it will take a little longer to finish my degree if I transfer.
M Yeah, but you're only a semester away from graduating.
W But I really want to study something different.

Q. What is the conversation mainly about?
(a) The man's advice on changing location
(b) **The woman's transferring schools**
(c) Applying for several schools
(d) Dissatisfaction with her previous school

[번역]
두 친구의 대화를 들으시오.
M 줄리, 아직도 학교 바꿀 생각이야?
W 응, 몇몇 학교의 프로그램을 자세히 살펴 보고 있어. 왜?
M 그냥 네가 이미 취득한 학점을 잃을까 봐 걱정돼서.
W 편입하면 학위를 마치는 데 시간이 좀 더 걸릴 것이라는 건 알고 있어.
M 맞아, 졸업이 한 학기밖에 안 남았잖아.
W 하지만 다른 걸 정말 공부하고 싶어.

Q. 무엇에 관한 대화인가?
(a) 장소를 바꾸는 것에 대한 남자의 조언
(b) 여자의 편입
(c) 여러 학교를 지원하는 것
(d) 여자의 이전 학교에 대한 불만족

[해설]
대화의 주제는 여자의 편입으로 단순히 장소를 바꾸는 것이 아니기 때문에 (a)는 정답이 될 수 없고, 학교를 바꾸는 것이지 여러 학교를 지원하는 것이 아니므로 (c)도 정답이 될 수 없다. 따라서 정답은 (b)이다.

look into 자세히 살펴보다   **credit** 학점   **uncertainty** 불확실성
dissatisfaction 불만족   **previous** 이전의

2

Listen to a conversation between two friends.

W How's college going these days?

M I'm actually trying to transfer to another school next semester.

W Really? Have you applied yet?

M Yeah, I sent out applications to four schools and now I just have to wait.

W Well, with your grades I'm sure you'll have no problems getting in.

M Thanks. I'll keep you posted on where I get accepted.

Q. Which is correct about the man according to the conversation?

(a) He is applying for college for the first time.

(b) He is applying for graduate school.

(c) He sent out several transfer applications.

(d) He has a poor academic record.

번역

두 친구의 대화를 들으시오.

W 요즘 학교는 어때?

M 사실 다음 학기에 다른 학교로 편입하려고 해.

W 정말? 지원은 했어?

M 응, 학교 네 곳에 지원서를 보냈고, 지금 기다리고 있어.

W 음, 네 학점이라면 분명히 문제 없을 거야.

M 고마워. 내가 합격하는지 소식 전해 줄게.

Q. 다음 중 남자에 대해 일치하는 것은?

(a) 처음으로 대학에 지원하고 있다.

(b) 대학원에 지원하고 있다.

(c) 편입 지원서를 몇 통 보냈다.

(d) 학점이 좋지 않다.

해설

대화의 주제는 남자의 편입이다. 대학에 처음 지원하는 것이 아니라 (a) 는 정답이 될 수 없고, 대학원인지 알 수 없으므로 (b)도 정답이 아니다. 여자가 남자는 학점이 좋아서 합격할 거라 확신했으므로 (d)도 오답이 다. 학교 네 군데에 지원서를 보냈다고 했으므로 정답은 (c)이다.

transfer 전학[편입]하다 **get accepted** 합격하다 **keep you posted** 소식을 알리다 **apply for** 지원하다 **graduate school** 대학원 **application** 지원서 **academic record** 학점

3

Listen to a conversation between two friends.

M How did the GRE go yesterday?

W It was really hard, the math was okay but the vocabulary was tough.

M Yeah, those analogies killed me when I took it.

W It's difficult because the words they use are totally archaic.

M Well, that's why they use them. You have to have done a lot of reading to understand them.

W I know. I should have built up my vocabulary more before I took it.

Q. What can be inferred from the conversation?

(a) The woman is taking the GRE tomorrow.

(b) The woman believes she was more successful in math.

(c) The man has never taken the GRE.

(d) The man offers the woman tutoring for GRE vocabulary.

번역

두 친구의 대화를 들으시오.

M 어제 GRE 시험은 어땠어?

W 정말 어려웠어, 수학은 괜찮았는데 어휘가 진짜 어렵더라.

M 맞아, 나도 시험을 봤을 때 유추 시험 때문에 힘들었어.

W 시험에 나오는 어휘가 완전 옛날 말투라 어려워.

M 흠, 그래서 그런 어휘를 출제하는 거야. 그런 어휘를 이해하려면 독서를 많이 해야 하잖아.

W 알아. 시험 보기 전에 어휘 실력을 많이 쌓았어야 했는데.

Q. 대화에서 유추할 수 있는 것은?

(a) 여자는 내일 GRE 시험을 본다.

(b) 여자는 자신이 수학을 더 잘 봤다고 생각한다.

(c) 남자는 GRE 시험을 본 적이 없다.

(d) 남자는 여자에게 GRE 어휘 과외를 받으라고 제안하고 있다.

해설

여자의 GRE 시험에 대해서 얘기하고 있다. 여자는 유추 시험은 잘 못 봤지만 수학은 괜찮다고 했기 때문에 여자는 수학 시험을 더 잘 봤다 고 생각한다고 유추할 수 있으므로 정답은 (b)가 된다. 남자도 GRE 시험을 본 적이 있다고 했기 때문에 (c)는 정답이 될 수 없다.

GRE 미국 대학원 입학 자격 시험 **analogy** 유추 시험 **archaic** 옛 말 투의, 고 문체의

4

Listen to a conversation between a professor and a student.

W Can I talk to you before class?
M Sure, Professor Chase. What's up?
W I just read your critical diary and I noticed that you're missing six questions.
M Really? But I have all twenty on my computer.
W I don't know, but you have to submit them by Friday for full credit.
M No problem. I must have just forgotten to print them out.
W You can put them in my mailbox if I'm not in the office.

Q. What can be inferred from the conversation?
(a) Professor Chase is the man's academic advisor.
(b) The man had asked for an extension on a paper.
(c) **The man has finished twenty questions.**
(d) The man's critical diary is not yet complete.

번역

교수와 학생의 대화를 들으시오.
W 수업 전에 얘기할 수 있을까?
M 네, 체이스 교수님. 무슨 일이세요?
W 네가 쓴 비평을 읽어 봤는데 질문 6개에 답변하지 않은 것을 알게 됐어.
M 정말요? 그렇지만 제 컴퓨터에는 20문제가 다 있는데요.
W 난 모르겠다만 학점을 채우려면 이번 금요일까지 제출해야 한다.
M 알겠습니다. 출력하는 것을 잊어버렸나 봐요.
W 내가 교수실에 없으면 우편함에 넣어 둬.

Q. 대화에서 유추할 수 있는 것은?
(a) 체이스 교수님은 남자의 지도 교수이다.
(b) 남자는 보고서 제출 기한 연장을 요청하고 있다.
(c) **남자는 질문 20개를 다 끝냈다.**
(d) 남자는 비평을 다 끝내지 않았다.

해설

체이스 교수님이 남자의 교수인 것은 맞지만 지도 교수인지는 유추할 수 없으므로 (a)는 맞지 않다. 교수님이 금요일까지 제출하라고 했지 남자는 기한 연장을 요청한 적이 없으므로 (b)도 오답이다. 남자는 본인 컴퓨터에 20개의 질문을 완성 했지만, 출력만 하지 않은 것이므로 (c)가 정답이 된다.

credit 학점 **academic advisor** 지도 교수 **extension** 연장

5

Listen to a conversation between two students.

M I'm curious as to why you don't speak up in class.
W Sometimes I feel intimidated by other people debating.
M But you have great ideas, and I'm sure you could support them in debate.
W Do you really think so?
M Definitely. I think your ideas could lead to some very interesting discussions.
W Thanks, James. I'll see if I can be a bit more outspoken.

Q. What can be inferred from the conversation?
(a) **The woman tries to avoid arguing with others.**
(b) The woman is new to the class.
(c) The woman talks a lot in class discussions.
(d) The man is the woman's teacher.

번역

두 학생의 대화를 들으시오.
M 네가 왜 수업 시간에 말을 하지 않는지 궁금하더라.
W 때때로 다른 사람들의 토론 때문에 겁이 나서 그래.
M 그렇지만 너는 아이디어도 좋아서 토론에서 아이디어를 잘 뒷받침 할 수 있을 거라 확신하는데.
W 정말 그렇게 생각해?
M 물론이야. 네 아이디어가 굉장히 흥미로운 토론을 이끌어 갈 거라 생각해.
W 고마워, 제임스. 내가 좀 더 거침없이 말할 수 있는지 해 볼게.

Q. 대화에서 유추할 수 있는 것은?
(a) **여자는 다른 사람들과 논쟁하는 것을 피하려고 노력한다.**
(b) 여자는 이 수업에 처음 들어왔다.
(c) 여자는 토론 수업에서 말을 많이 한다.
(d) 남자는 여자의 선생님이다.

해설

여자는 다른 사람과의 토론이 두렵다고 했으므로 (a)가 정답이다. 여자가 말을 잘 안 한다고 해서 수업에 처음 들어왔는지 알 수 없으므로 (b)는 정답이 되지 않고, 남자가 여자의 선생님일 수도 있지만, 조언은 선생님뿐 아니라 친구도 할 수 있는 것이므로 (d)도 오답이다.

as to ~에 대하여 **intimidated** 겁먹은, 위축된 **debate** 토의, 토론 **outspoken** 거리낌 없는, 솔직한

6

Listen to a conversation between two friends.

W I am so swamped. I can't believe it's midterms already.

M I hear you. I have two novels to read by Wednesday.

W That sounds impossible. How are you going to manage?

M A few all-nighters should do the trick. I can sleep on the weekend.

W You sure are dedicated. I would ask for an extension.

M It's my own fault for procrastinating this long.

Q. What are the man and woman mainly talking about?

(a) The amount of work they have for final exams

(b) The difficulty of finishing assignments on time

(c) **Methods the man uses to get through midterms**

(d) Problems they are having at work

번역

두 친구의 대화를 들으시오.

W 일이 너무 많아. 벌써 중간고사라니 믿을 수가 없어.

M 그러게. 수요일까지 소설 두 권을 읽어야 해.

W 불가능할 것 같은데. 어떻게 그렇게 할 수가 있었어?

M 밤새면 해결되지. 잠은 주말에 자고.

W 정말 몰두해서 공부하는구나. 나라면 기한 연장을 요청할 텐데.

M 이렇게 미뤄 둔 것이 내 잘못이지.

Q. 남자와 여자가 주로 말하고 있는 것은?

(a) 기말고사를 치르기 위해 해야 하는 공부의 양

(b) 제 시간에 숙제를 끝내야 하는 어려움

(c) **중간고사를 끝내기 위해 남자가 사용하는 방법**

(d) 직장에서의 문제점

해설

중간고사를 위해 해야 하는 공부에 대해서 말하고 있는데, 남자와 여자 모두 공부가 밀려 있는 상황이다. 특히, 남자가 중간고사를 위해 밤새서 공부하겠다는 것이 주제이므로 정답은 (c)가 된다. (a)는 중간고사가 아닌 기말고사를 대비하는 공부이므로 오답이다.

be swamped (일·곤란 등이) 쇄도하다, 꼼짝달싹 못 하게 하다 **I hear you** 나도 동의해 **an all-nighter** 밤샘; 밤새는 사람 **do the trick** 문제를 해결하다 **dedicated** 전념하는 **procrastinate** 미루다, 연기하다 **get through** ~을 끝내다, 마무리 짓다

7

Listen to two friends discuss a novel.

M Have you finished reading *Jane Eyre* yet?

W Yes. I think Charlotte Bronte's analysis of marriage is still relevant today.

M You didn't find it boring? It was tough to get through the flowery language.

W It was a tad verbose, but I especially liked her commentary on women and madness.

M True, timid Jane next to the violent Mrs. Rochester is pretty striking.

W I agree. Rivals are often represented as opposites in literature.

Q. Which is correct about the novel *Jane Eyre* according to the conversation?

(a) The woman said its message is outdated.

(b) The man appreciated its diction.

(c) **It uses a common plot device.**

(d) It is solely read by women.

번역

두 친구가 소설에 대해 의논하는 것을 들으시오.

M 〈제인 에어〉 다 읽었니?

W 응. 나는 샬롯 브론테의 결혼에 대한 분석이 여전히 오늘날에도 관련 있다고 생각해.

M 그 책 지겹지 않았어? 미사여구가 많아서 끝까지 다 읽기 힘들었어.

W 조금 장황하긴 하지만, 여자와 광기에 대한 그녀의 해석이 특히 마음에 들어.

M 맞아. 난폭한 로체스터 부인 옆의 수줍은 제인은 정말 인상적이야.

W 그래. 문학에서 라이벌이 종종 상반된 인물로 표현되곤 하지.

Q. 소설 〈제인 에어〉에 대해서 일치하는 것은?

(a) 여자는 소설의 메시지가 진부하다고 말했다.

(b) 남자는 소설의 어법을 높이 평가한다.

(c) **소설은 흔한 줄거리 장치를 사용했다.**

(d) 이 소설은 여자들만 읽는다.

해설

대화의 주제는 〈제인 에어〉에 대한 남녀의 생각이다. 남자가 마지막에 난폭한 로체스터 부인 옆의 수줍은 제인의 대비가 놀랍다고 하자, 여자가 문학에서 라이벌이 상반된 인물로 자주 표현된다고 한다. 문학에서 이러한 이야기 장치를 자주 사용한다는 것을 알 수 있으므로 정답은 (c)가 된다.

relevant 관련된 **flowery** 미사여구를 쓴 **tad** 조금 **verbose** (사람·진술·문체 따위가) 장황한 **commentary** 해설, 해석 **timid** 마음이 약한, 소심한 **striking** 인상적인 **outdated** 시대에 뒤진, 구식의 **appreciate** ~의 가치를 인정하다. **diction** 어법, 말씨 **plot** (연극·시·소설 따위의) 줄거리, 구상 **solely** 혼자서, 단독으로

Part IV

1

It looks like it's going to be a wet, icy holiday weekend. Travelers should get to where they are going well before this evening, as heavy rains this afternoon will turn to slush and ice tonight when the temperature drops to a low of minus six. We can expect very low visibility and dangerous driving conditions until the cold front passes tomorrow afternoon. This severe weather is sure to worsen the already terrible traffic in the New York area during the Thanksgiving holiday.

Q. Which is correct according to the forecast?
(a) Snow will begin this afternoon.
(b) Temperatures are likely to increase.
(c) The weather will make driving dangerous.
(d) Low visibility will last until the weekend.

번역

비가 오고 얼음이 어는 휴일 주말이 될 것 같습니다. 여행객은 오늘 저녁 이전에 목적지에 도착해야겠습니다. 온도가 영하 6도까지 떨어짐에 따라 오늘 오후에 내린 폭우가 오늘 밤 질척한 눈과 얼음으로 변할 것이기 때문입니다. 한랭 전선이 내일 오후 지나갈 때까지는 매우 낮은 가시도와 운전하기에 위험한 상태가 예상됩니다. 혹독한 날씨로 추수 감사절 휴일 기간 동안 안 그래도 나쁜 뉴욕 지역의 교통을 더 악화시킬 것입니다.

Q. 일기 예보와 일치하는 것은?
(a) 눈은 오늘 오후에 내릴 것이다.
(b) 온도가 상승할 것이다.
(c) 날씨 때문에 운전하기 위험할 것이다.
(d) 낮은 가시도가 이번 주말까지 지속될 것이다.

해설

눈은 오늘 오후에 오는 것이 아니라 오후에 내린 비가 오늘 밤에 기온이 떨어지면서 얼음으로 변하는 것이므로 (a)는 정답이 될 수 없고, 온도는 영하 6도까지 떨어질 것이므로 (b)도 정답이 아니다. 낮은 가시도는 내일 오후까지 지속되므로 (d)도 오답이다. 따라서 정답은 (c)이다.

icy 얼음으로 된　**slush** 녹기 시작한 눈　**visibility** 눈에 보이는 상태; 가시성　**cold front** 한랭 전선　**be likely to** ~일 것 같다

2

And now for the weather forecast. A low pressure system is pushing southward this week, and the southeast coast is likely to see cold, fog and misty rain from Monday morning until Tuesday night. The southern coast of New South Wales will take most of this nasty weather. However, drier, colder temperatures can be expected further inland. Radar reports show the humidity lessening little by little as we head north, and clear sunshine for most of Queensland throughout the week.

Q. Which region will have wet weather according to the weather report?
(a) An inland area
(b) Southern Australia
(c) Queensland
(d) Coastal New South Wales

번역

일기 예보입니다. 이번 주 저기압이 남쪽으로 내려오면서 동남 해안은 월요일 아침부터 화요일 밤까지 춥고 안개가 끼며 비가 내리겠습니다. 뉴 사우스 웨일즈의 남쪽 해안은 대부분 이런 궂은 날씨가 예상됩니다. 그러나 내륙 지방은 더욱 건조하고 쌀쌀한 날씨가 예상됩니다. 레이더 분석에 따르면 북쪽으로 갈수록 습도가 점점 줄어들겠으며 이번 주 내내 퀸즈랜드 대부분의 지역은 맑겠습니다.

Q. 일기 예보에 따르면 습기가 많은 곳은 어느 지역인가?
(a) 내륙 지역
(b) 호주 남부
(c) 퀸스랜드
(d) 뉴사우스 웨일즈 해변

해설

여러 지역의 날씨가 한꺼번에 쏟아지는 보도로 어떤 날씨가 어느 지방과 연결되는지 놓치기 쉽지만 질문을 잘 기억했다가 두 번째 들을 때 더욱 큰 도움을 받을 수 있다. 초반에 동남 해안과 뉴 사우스 웨일즈 남쪽 해안은 안개가 끼며 비가 내리겠다고 했으므로 정답은 (d)가 된다.

weather forecast 일기 예보　**low pressure system** 저기압
nasty (날씨 따위가) 궂은　**southward** 남(쪽)의　**coast** 해안　**misty** 안개 낀　**inland** 내륙의　**humidity** 습도　**lessen** 감소하다　**little by little** 조금씩, 점점　**throughout the week** 일주일 내내

3

And now we move to our Channel 6 weather desk. After a wet rainy weekend, Orange County can expect a cold, cloudy few days until a low pressure system moves in on Wednesday bringing some serious rain. On Thursday you can expect fog and scattered showers until Friday afternoon when we should finally get some much needed sunshine. Let's hope for a clear weekend as the temperatures should be up in the 60s on Saturday.

Q. Which is correct according to the weather report?
(a) Next weekend will be rainy.
(b) A low pressure system will bring cold weather.
(c) **Temperatures are expected to increase next weekend.**
(d) Friday will be foggy.

번역

채널 6 일기 예보입니다. 비가 오는 눅눅한 주말 이후, 수요일에 폭우를 동반한 저기압 세력이 다가올 때까지 오렌지 카운티에는 춥고 흐린 날이 예상됩니다. 목요일에는 안개와 산발적인 소나기가 금요일 오후까지 계속될 것으로 예상되며 금요일 오후에는 애타게 기다리는 햇빛을 마침내 얻게 될 것입니다. 토요일에는 60도대까지 기온이 오르는 맑은 주말을 기대해 봅시다.

Q. 일기 예보와 일치하는 것은?
(a) 다음 주말에는 비가 올 것이다.
(b) 저기압 때문에 날씨가 추워질 것이다.
(c) **다음 주말에는 기온이 상승할 것이 예상된다.**
(d) 금요일은 안개가 낄 것이다.

해설

요일별로 구체적인 날씨가 언급되어 있으므로 요일별로 날씨를 잘 기억하는 것이 중요하다. 수요일에는 춥고 흐린 날, 목요일에는 안개와 산발적인 비, 금요일에는 햇빛이 비치며 주말에는 기온이 60도까지 올라간다고 했으므로 정답은 (c)가 된다. 저기압이 올 때까지 추운 날씨가 계속된다고 했지 저기압 때문에 날씨가 추워지는 것이 아니므로 (b)는 정답이 되지 않는다.

scattered 흩뿌려진 **shower** 소나기 **foggy** (짙은) 안개가 낀

4

And now for your weekend weather report. Satellite photos have shown a system of high barometric pressure blowing in from the west coast this week. This high pressure will translate into very hot, dry air with highs all the way up to 95 degrees. It's looking to be fairly clear all the way through into early next week, so for all you gardeners out there, make sure you've got the sprinklers ready!

Q. Which is correct according to the weather forecast?
(a) It will get cooler over the next few days.
(b) The high pressure will bring rain.
(c) **The weather will be dry.**
(d) The dry weather is good for gardening.

번역

이제 주말 일기 예보입니다. 위성 사진이 이번 주에 서쪽 해안에서 들어오는 고기압을 보여 주고 있습니다. 고기압이 덥고 건조한 공기로 변해 최고 기온이 95도까지 오르겠습니다. 다음 주 초에는 맑은 날씨가 예상되니 밖에서 정원을 가꾸고자 하는 분들은 반드시 스프링클러를 준비해 놓으세요.

Q. 일기 예보에 따르면 옳은 것은?
(a) 며칠 동안 더 추워질 것이다.
(b) 고기압이 비를 몰고 올 것이다.
(c) **날씨가 건조할 것이다.**
(d) 건조한 날씨는 정원 가꾸기에 좋다.

해설

일기 예보의 요지는 고기압으로 인한 덥고 건조한 날씨 때문에 식물이 마를 수 있으므로 스프링클러 작동을 준비해 놓으라는 것이다. 따라서 정답은 (c)가 된다.

satellite 위성 **barometric** 기압계의 **translate** [상태·성질 따위]을 바꾸다 **up to** ~까지 **gardening** 정원 가꾸기

5

It's looking like we're in for a gorgeous weekend. After a week of grey skies and drizzle, the sky should clear overnight on Friday and stay that way through to early next week. Saturday will still be a little on the chilly side with temperatures ranging from the lower 40s, but Sunday is looking almost spring-like with highs in the upper 50s Fahrenheit. The sunshine should stay with us until Tuesday afternoon when it looks like we may be in for some very nasty weather.

Q. Which is correct according to the weather report?
(a) **The weekend will be sunny.**
(b) It will be overcast on Saturday.
(c) The temperatures will drop below 40 degrees on Sunday.
(d) The nice weather will continue until Wednesday.

번역

멋진 주말이 될 것 같습니다. 먹구름이 끼고 비가 내리는 한 주를 보낸 후, 금요일 밤사이 하늘은 맑아지고 다음 주 초까지 맑은 날씨가 이어지겠습니다. 토요일에는 낮은 40도 대를 유지하며 약간 쌀쌀하겠습니다. 그러나 일요일에는 최고 기온이 화씨 50도 후반까지 오르며 거의 봄 같은 날씨가 예상됩니다. 날씨가 좋지 않은 화요일 오후까지 맑은 날씨가 계속되겠습니다.

Q. 일기 예보에 따르면 옳은 것은?
(a) **주말은 날씨가 맑을 것이다.**
(b) 토요일에는 날씨가 흐려질 것이다.
(c) 일요일에는 기온이 40도 이하로 떨어질 것이다.
(d) 맑은 날씨는 수요일까지 계속될 것이다.

해설

이번 주말 날씨를 예보하고 있다. 처음에 전체적인 주말 날씨를 멋지다고 표현했으므로 주말 날씨가 맑을 것이 예상되므로 정답은 (a)가 된다. 토요일 날씨가 쌀쌀하다고는 했지만 흐리다고 한 것은 아니므로 (b)는 정답이 되지 않는다. 일요일에는 50도 후반까지 기온이 오른다고 했으므로 (c)는 정답이 아니고, 좋은 날씨는 화요일까지 이어진다고 했으므로 (d)도 오답이다.

gorgeous 멋진, 좋은 **drizzle** 이슬비[안개비]가 내리다 **range from** ~에서 (…까지) 걸치다 **overnight** 하룻밤 동안, 밤새도록 **Fahrenheit** 화씨의 **overcast** 흐린

6

We're in for a serious cold spell this week with predicted high temperatures starting off around zero degrees Celsius on Monday. By Wednesday, the temperature will drop as low as minus twelve degrees with the wind chill. We can expect a few flurries on Monday night and the possibility of at least 5cm of accumulated snow on Tuesday. This accumulation will make for great ski conditions on Tuesday. But if you plan to hit the mountain on Wednesday, please remember to bundle up to avoid frostbite.

Q. Which is correct according to the weather forecast?
(a) It will become milder later in the week.
(b) 5cm of snow will fall on Monday.
(c) **Tuesday's weather will be good for skiing.**
(d) It will rain on Wednesday.

번역

이번 주에는 월요일 낮 최고 기온이 섭씨 0도 부근에서 시작되는 몹시 추운 날씨가 예상됩니다. 수요일까지 매서운 바람과 함께 기온은 영하 12도까지 떨어질 것으로 보입니다. 월요일 밤에는 소나기가 예상되며, 화요일에는 적어도 눈이 5cm 쌓일 확률이 있습니다. 화요일에는 스키 타기에 매우 좋은 적설량이 될 것입니다. 그렇지만 수요일에 등산 계획이 있다면, 동상을 피하기 위해 따뜻하게 입으세요.

Q. 일기 예보와 일치하는 것은?
(a) 이번 주 후반에는 날씨가 따뜻해질 것이다.
(b) 월요일에 5cm의 눈이 내릴 것이다.
(c) **화요일 날씨는 스키타기에 좋을 것이다.**
(d) 수요일에 비가 올 것이다.

해설

이번 주 전반적인 날씨는 매우 춥다는 것이다. 그러므로 (a)는 정답이 되지 않으며, 눈이 5cm 내리는 것은 화요일이므로 (b)도 오답이다. 화요일에 직접적으로 스키타기에 좋은 적설량이 된다고 했으므로 정답은 (c)이다.

spell (날씨 등이 계속되는) 기간 **flurry** (질풍을 동반한) 소나기, 눈보라 **accumulate** 쌓이다 **bundle up** 따뜻하게 몸을 감싸다 **frostbite** 동상 **mild** (기후 등이) 포근한

7

It was another hot, muggy summer day here in Centerport with humidity reaching above 90 percent. Spring Harbor saw the area's hottest temperatures today, with highs reaching almost to 100 degrees Fahrenheit. Tomorrow we'll be seeing a bit of cloud cover that should taper off by mid-afternoon, but fair skies should continue until Friday morning. For all you astronomers out there hoping to catch a glimpse of Mars, which will be closer to Earth on Thursday night than any other night of the year, the clear skies should make for some great star gazing.

Q. Which is correct according to the weather forecast?
(a) It was previously humid in Centerport.
(b) Mars is currently invisible from Earth.
(c) Tomorrow will be cloudy all day.
(d) Spring Harbor will reach 100 degrees tomorrow.

번역

여기 센터포트 습도가 90퍼센트까지 올라가는 몹시 덥고 습한 여름 날씨가 계속 되겠습니다. 스프링 하버는 오늘 최고 기온이 거의 화씨 100도까지 오르며 가장 더운 날씨를 기록했습니다. 내일 오후 중반까지 엷어지는 구름을 보게 되겠으며 금요일 아침까지 맑은 하늘이 계속 되겠습니다. 화성 관측을 기다리는 모든 천문학자들을 위한 날로 일 년 중 그 어떤 날보다 화성이 지구와 가까워지는 날인 목요일 밤은 맑은 하늘로 별 관측이 쉬울 것입니다.

Q. 일기 예보와 일치하는 것은?
(a) 센터포트는 이전에 습도가 높았다.
(b) 현재 화성은 지구에서 보이지 않는다.
(c) 내일은 하루 종일 구름이 낄 것이다.
(d) 스프링 하버는 내일 100도에 다다를 것이다.

해설

another라는 표현을 쓰며 또 더운 여름 날이 된다고 했으므로 센터포트는 이전에도 더웠다는 것을 유추할 수 있으므로 정답은 (a)가 된다. 목요일은 화성을 관측하기 좋은 날이라고 했지, 현재 아예 안 보인다고 한 것은 아니므로 (b)는 정답이 될 수 없고, 내일은 오후 중반에 구름이 걷힐 것이므로 (c)도 오답이다.

muggy 찌는 듯이 덥고 습한 **reach** (기온 등이) 다다르다 **highs** 최고 기온 **taper off** ~을 차츰 가늘게 하다 **astronomer** 천문학자 **glimpse** 힐끗 보기 **Mars** 화성 **gaze** 응시하다, 보다 **humid** 습기 찬, 습한 **invisible** 눈에 보이지 않는

Mini Test

UNIT 09_2   ⇒ 본책 P 71

| 1 (c) | 2 (d) | 3 (d) | 4 (c) | 5 (a) |
| 6 (d) | 7 (d) | | | |

Part IV

1

Attention students and faculty. The School of Journalism and the Department of Political Science are pleased to announce that celebrated investigative journalist Amy Goodman will be speaking in the Waterman Auditorium this Friday at 3 PM. The presentation is titled, "How Investigative Journalism Shapes Policy." This exciting lecture will feature images from Goodman's recent trips to Afghanistan and will be followed by a coffee hour and casual discussion in the Atrium of the same building.

Q. Which is correct about Goodman according to the announcement?
(a) She will deliver her lecture in the Atrium.
(b) She lives in Afghanistan.
(c) She is a famous reporter.
(d) She will leave immediately after the lecture.

번역

학생들과 교직원께 알려 드립니다. 언론학부와 정치학과에서는 부정 폭로 보도로 유명한 기자인 에이미 굿맨이 이번 금요일 오후 3시에 워터맨 강당에서 강연을 한다는 것을 알리게 되어 기쁩니다. 프레젠테이션의 제목은 '독자적 조사를 행하는 언론이 어떻게 정책을 형성하는가' 입니다. 흥미로운 강의에는 최근 아프가니스탄으로 여행을 다녀온 굿맨의 사진도 등장 할 예정입니다. 그리고 이어서 같은 빌딩의 아트리움에서 커피 타임과 자유 토론이 있습니다.

Q. 공지에 따르면 굿맨에 대해 일치하는 것은?
(a) 아트리움에서 강의를 할 것이다.
(b) 아프가니스탄에 산다.
(c) 유명한 기자이다.
(d) 강연이 끝나고 바로 떠날 것이다.

해설

굿맨이라는 기자는 저명한 기자이니 정답은 (c)가 된다. 그녀는 강당에서 강연을 하고 아트리움에서는 자유 토론이 있을 것이라고 하니 (a)는 정답이 될 수 없다. 아프가니스탄에 사는 것이 아니라 여행을 다녀 왔으므로 (b)도 오답이다.

faculty 교직원 **celebrated** 유명한 **investigative** (언론·보도 등) 부정[독직] 따위를 철저히 파헤치는 **journalist** 저널리스트, 기자 **feature** ~의 특색을 이루다 **deliver a lecture** 강연을 하다

2

May I have your attention, please? Passengers on flight IA727 to Bangalore, please be advised that our flight today is delayed due to bad weather conditions and low visibility. The plane has left Hong Kong and should be arriving in Shanghai within the next thirty minutes. The flight will board as soon as it lands, so please remain at the gate. If you have a connecting flight in Bangalore, please speak to a representative at the service desk. We apologize for any inconvenience and thank you for your cooperation.

Q. Which is correct according to the airport announcement?
(a) The plane is currently in Shanghai.
(b) Boarding will be completed in thirty minutes.
(c) Flight IA727 has been canceled.
(d) **The plane was delayed because of poor weather.**

번역

안내 말씀 드립니다. 방갈로르로 가는 IA727편 탑승객 여러분. 기상 악화와 낮은 가시도로 인해 오늘 비행이 연착되었습니다. 비행기는 홍콩을 떠났고, 30분 후에 상하이에 도착합니다. 착륙하자마자 탑승을 시작하겠습니다. 그러니 게이트에 머물러 주세요. 방갈로르에서 연결 항공편이 있다면 서비스 데스크 직원에게 알려 주십시오. 불편을 끼쳐 드려서 죄송하고, 협조해 주셔서 감사합니다.

Q. 공항 공지와 일치하는 것은?
(a) 비행기는 현재 상하이에 있다.
(b) 탑승은 30분 안에 완료될 것이다.
(c) IA727 항공편은 취소되었다.
(d) **궂은 날씨 때문에 비행기가 연착되었다.**

해설

공지의 주제는 기상 악화와 낮은 가시도 때문에 비행기가 연착되었다는 것이므로 정답은 (d)가 된다. 비행기는 홍콩을 떠나 상하이로 향하고 있으므로 (a)는 정답이 되지 않으며, 비행기가 상하이에 30분 후에 도착한다고 했지 30분 안에 탑승이 완료될 것이 아니므로 (b) 역시 정답이 아니다. 비행기는 연착된 것이지 완전히 취소된 것이 아니므로 (c)도 오답이다.

be advised that ~를 알아 두세요   **land** 착륙하다   **inconvenience** 불편함   **cooperation** 협조   **connecting flight** 연결 항공편

3

Attention passengers, the train will arrive in Sheffield in approximately ten minutes. All passengers must exit the train at this time. For those passengers continuing on to another destination, please consult the schedule on the platform when you leave the train, or feel free to ask train personnel for assistance. Passengers who plan to remain in Sheffield, please have your tickets ready for collection as you leave the train. We wish you a pleasant stay in Sheffield.

Q. Which is correct according to the announcement?
(a) The train is about to depart from Sheffield.
(b) Train personnel will be selling tickets as you leave the train.
(c) Passengers staying in Sheffield should consult the schedule.
(d) **No passengers are permitted to remain on the train past Sheffield.**

번역

승객 여러분께 알려 드립니다. 열차가 약 10분 후에 쉐필드에 도착합니다. 모든 승객들은 이번에 하차하십시오. 다른 목적지로 계속 여행을 하실 분들은 열차에서 내려 플랫폼의 시간표를 참조하시거나, 승무원에게 도움을 요청하세요. 쉐필드에 머무실 계획인 승객들은 열차에서 내리실 때 티켓 회수를 위해 티켓을 준비해 주십시오. 쉐필드에서 즐거운 여행이 되시기를 바랍니다.

Q. 공지와 일치하는 것은?
(a) 열차가 쉐필드에서 막 떠나려고 한다.
(b) 승무원이 기차에서 내릴 때 티켓을 팔 것이다.
(c) 쉐필드에 머무를 승객들은 시간표를 봐야 한다.
(d) **승객들은 쉐필드를 지나는 기차에 남아 있으면 안 된다.**

해설

기차 안에서 들을 수 있는 공지사항이다. 열차는 10분 후에 쉐필드에 도착할 것이고 모든 승객들은 하차해야 하므로 정답은 (d)이다. 열차가 쉐필드에 도착할 것이므로 (a)는 정답이 되지 않고, 티켓을 판다고 하지 않았으므로 (b)는 정답이 아니다. 쉐필드에서 다른 목적지로 가는 사람들이 시간표를 확인해야 하므로 (c)도 오답이다.

be about to 막 ~하려 하다   **depart** 출발하다   **be permitted to** ~하는 것이 허락되다   **past** 지나서

4

The New York Postal Service is pleased to announce its new automated shipping service. This service is ideal for busy New Yorkers who are unable to get to the post office during business hours. Simply place your package on the scale and enter its destination zip code. You can select priority, regular, or air mail and pay by credit card or cash. After your payment is accepted, just print your postage, attach it to your package, and put it in the drop box for the next pick up.

Q. Which is correct about automated shipping according to the announcement?

(a) The service provides door to door delivery.
(b) The service only operates during business hours.
(c) The service is available in New York.
(d) The service is free.

번역

뉴욕 우체국은 새로운 자동화 배송 서비스를 발표하게 되어 기쁩니다. 이 서비스는 영업시간에 우체국에 올 수 없는 바쁜 뉴요커들에게 적합합니다. 그냥 소포를 저울에 달고 목적지의 우편 번호만 기재하시면 됩니다. 특급, 보통, 항공 우편을 선택하실 수 있고, 신용 카드나 현금으로 결제하실 수 있습니다. 결제 후, 우표를 출력하여 소포에 붙인 다음, 다음 수거를 위해 상자에 넣어 주세요.

Q. 공지에 따르면 자동 배송 서비스와 일치하는 것은?

(a) 집 앞 배송 서비스를 제공한다.
(b) 영업시간에만 운영된다.
(c) 뉴욕에서 이용 가능하다.
(d) 무료이다.

해설

자동 배송 서비스를 소개하며 이용하는 방법을 얘기하고 있다. 우체국 영업시간에 올 수 없는 사람들을 위한 서비스이므로 (b)는 정답이 되지 않는다. 공지 첫 부분을 들어보면 뉴욕 우체국에서 하는 서비스라고 했으므로 (c)를 유추할 수 있다.

automated 자동의, 자동화된   **business hour** 영업시간   **priority** 우선(권), 특급

5

Today's episode of Home Space is all about do-it-yourself, or DIY projects. This brown wooden bookshelf is covered with ugly dents that expose the tan wood underneath the dark paint. Instead of repainting the whole thing, I can cover the dents easily using a surprising ingredient. First, clean any dust out of the dents in the wood with a cloth. Second, mix ground coffee with enough water to make a paste. Third, with a damp cloth, work the coffee mixture into the wood and then wipe away the excess coffee. Suddenly the nicks are invisible and the shelf looks good as new.

Q. Which is correct according to the speaker?

(a) A coffee paste is a good material to repair chipped paint.
(b) All dust should be vacuumed from the surface thoroughly.
(c) Making coffee is important for DIY projects.
(d) Repainting the bookshelf would be the easiest solution.

번역

오늘 홈스페이스 에피소드는 '스스로 만들기' 혹은 DIY 프로젝트에 대한 것입니다. 이 갈색 나무 책장은 어두운 페인트 아래에 있는 갈색 나무를 드러나게 하는 보기 흉한 흠집으로 덮여 있습니다. 전체를 다시 칠하지 않고, 놀라운 성분을 사용하여 쉽게 흠집을 가릴 수 있습니다. 첫 번째, 나무 흠집에 있는 먼지를 천으로 깨끗하게 닦아 주세요. 둘째, 반죽을 만들기 위해 충분한 물과 가루 커피를 섞어 주세요. 세 번째, 물기 있는 천으로 커피 혼합물을 나무에 바르고 난 후 남은 커피를 닦아 주세요. 갑자기 흠집은 보이지 않고, 책장은 새 것처럼 보일 것입니다.

Q. 화자에 따르면 옳은 것은?

(a) 커피 반죽은 흠집 있는 페인트를 수리하기에 좋은 물질이다.
(b) 먼지는 표면에서 완전히 진공청소기로 빨아 들여야 한다.
(c) 커피를 만드는 것은 DIY 프로젝트에서 중요하다.
(d) 책장을 다시 칠하는 것이 가장 쉬운 해결책이다.

해설

방송의 주제는 책장을 전체적으로 칠하지 않고 흠집만 메우는 것이다. 해결책으로 제시한 것은 커피 반죽을 잘 발라 주는 것이므로 (a)가 정답이다. 먼지를 천으로 잘 닦아 주라고 했지 진공청소기를 꼭 이용하라고 하지 않았으므로 (b)는 답이 되지 않는다.

dent 흠집   **tan** 황갈색의   **ingredient** (혼합물의) 성분, 요소   **paste** 반죽   **damp** 습기 찬, 축축한   **ground** 가루로 만든   **wipe away** ~을 씻다, 닦다   **excess** 초과, 과잉   **nick** (도자기 따위의) 이 빠진 곳, 흠집   **invisible** 눈에 보이지 않는   **chipped** 깨진

6

Today down at the Stewart Universal University student union, there will be a job fair for graduating seniors. Representatives from companies such as LoTech Industries, TG Electronics, Oriental Empress Cruise Lines and our very own Houston Comets will be there to conduct mini-interviews and give out information about their companies. The job fair starts at 10 this morning and ends tonight at 5. So, come on down and get some information on some great companies.

Q. What is the news report mainly about?
(a) The purpose of the businesses coming
(b) The importance of this year's event
(c) The list of corporations attending
(d) An event for graduating students

번역

오늘 스튜어트 유니버설 대학교 학생회관으로 가면 졸업을 앞둔 4학년을 위한 취업 설명회가 있을 것입니다. 로텍 인더스트리즈, 티지 일렉트로닉스, 오리엔탈 엠프레스 크루즈 라인즈, 본교 소유의 휴스턴 코메츠와 같은 회사의 대표들이 그곳에서 간단히 면담을 하고 자사에 대한 정보를 줄 것입니다. 취업 설명회는 오늘 아침 10시에서 오후 5시까지입니다. 오셔서 이 훌륭한 회사들에 대한 정보를 얻으십시오.

Q. 주로 무엇에 관한 뉴스 보도인가?
(a) 곧 착수할 사업의 목적
(b) 올해 행사의 중요성
(c) 참가할 회사의 목록
(d) 졸업하는 학생들을 위한 행사

해설

졸업을 앞둔 대학교 4학년을 위한 취업 설명회가 학생회관에서 있다는 것을 알리는 내용이다. 따라서 정답은 (d)이다.

student union 학생회관 **job fair** 취업 설명회 **senior** 대학교 4학년 **representative** 대표 **conduct** 수행하다 **give out** 나누어 주다 **corporation** 기업[회사]

7

Good morning, Middletown Students! In conjunction with Middletown Hospital, our school will be hosting a blood drive next Tuesday. If you are interested in donating, please sign up at the athletic office before Friday. The blood drive will take place in the gym from noon to 4PM on Tuesday. If you're unable to donate but would like to volunteer at the reception table, please talk to Nurse Johnson in the health office as soon as possible.

Q. Which is correct according to the announcement?
(a) Middletown Hospital is looking for volunteers.
(b) The drive will be conducted at the hospital.
(c) The event will be held the following Friday.
(d) Middletown School is looking for blood donations.

번역

안녕하세요, 미들타운 학생 여러분! 미들타운 병원과 연계하여 우리 학교에서는 다음 주 화요일에 헌혈을 할 예정입니다. 헌혈에 관심이 있으면 금요일 전에 체육실에 신청해주세요. 헌혈은 화요일 정오에서 4시까지 체육관에서 이루어집니다. 헌혈은 할 수 없지만, 접수 테이블에서 자원봉사하고 싶으면, 가능한 빨리 양호실 존슨 간호사에게 이야기하십시오.

Q. 공지에 따르면 옳은 것은?
(a) 미들타운 병원은 자원봉사자를 찾고 있다.
(b) 헌혈은 병원에서 시행될 것이다.
(c) 이벤트는 오는 금요일에 열릴 것이다.
(d) 미들타운 학교는 헌혈할 사람을 찾고 있다.

해설

학생들에게 학교에서 헌혈을 할 것이니, 헌혈을 하라고 권고하고 있으므로 정답은 (d)가 된다. 헌혈은 학교 체육관에서 이루어지므로 (b)는 정답이 되지 않고, 헌혈은 화요일에 시행될 것이므로 (c)도 오답이다.

donate 기증하다 **in conjunction with** ~와 연합[연계]하여 **blood drive** 헌혈 캠페인 **conduct** 실시하다, 시행하다

MINI TEST

UNIT 09_3
⇨ 본책 P 75

1 (d)	**2** (c)	**3** (b)	**4** (c)	**5** (a)
6 (b)	**7** (a)			

Part IV

1

The United States Department of Agriculture, also called the USDA, is a branch of the US government that regulates and oversees food production. One of the tasks of this department is making sure that large-scale animal farming operations adhere to standards of cleanliness, efficiency, and production. However, with food corporations becoming increasingly powerful, the USDA has become more and more lenient in these standards, sacrificing sanitation and humane animal treatment in the process. As a result, industrial animal farms are creating huge problems in waste treatment, water pollution, and even disease.

Q. What is the main topic of the lecture?
(a) Food corporations dealing with the USDA
(b) The USDA's standards on food production
(c) Developing stricter guidelines on animal farming
(d) Problems associated with slackening USDA standards

【번역】
USDA라고도 불리는 미국 농무부는 식품 생산을 조절하고 감독하는 미국 정부 기관의 한 부서이다. 이 부서의 업무 중 하나는 대규모 동물 농장이 청결, 효율성, 생산에 관한 법규를 잘 지키도록 하는 것이다. 그러나 식품 회사가 점점 막강해지면서 USDA는 과정에서 위생과 인도적인 동물 관리를 희생시키면서 이러한 법규를 어기는 것에 점점 더 관대해지고 있다. 그 결과, 산업적인 동물 농장들은 폐기물 처리, 수질 오염, 심지어는 질병 같은 큰 문제점을 낳고 있다.

Q. 강의의 요점은?
(a) 식품 회사가 USDA를 상대하는 태도
(b) 식품 생산에 관한 USDA의 법규
(c) 동물 농장의 엄격한 지침을 개발하기
(d) **USDA 법규를 느슨하게 한 것과 관련된 문제점**

【해설】
USDA라 불리는 미국 농무부가 무엇을 하는 곳인지 소개하며 농무부의 중요한 역할은 식품 회사가 관련 법규를 지키도록 하는 것이라고 말한다. However 뒤에 화자가 진짜로 하고 싶은 말인 미국 농무부가 역할을 제대로 수행하지 못하고 있다는 내용이 등장하므로 정답은 (d)가 된다.

regulate 조절하다   oversee 감독하다   adhere to (법규 등을) 지키다   lenient (사람 일에) 인자한, 관대한   sacrifice 희생시키다   sanitation 위생   humane 인간[인도]적인   slacken 완화시키다

2

In order to write a successful academic paper, the writer must think critically about the question he is trying to answer well before setting pen to paper. Developing a strong central statement, or thesis, is essential to crafting a strong paper. The thesis must make an argument that is narrow, clear and concise and it should be apparent towards the very beginning of the paper. The remainder of your writing should be in support of this essential thesis statement and should convince the reader that your argument is correct.

Q. What is the main topic of the lecture?
(a) Various writing methods used in academic papers
(b) Arguing against someone else's thesis
(c) The importance of strong thesis statements
(d) The use of academic papers to correct people

【번역】
성공적인 논문을 쓰기 위해서 글 쓰는 이는 쓰기 시작하기 전에 자신이 대답하려고 하는 질문에 대해 비판적으로 생각해 봐야 합니다. 우수한 주제문 혹은 논제를 전개하는 것이 좋은 논문을 쓰는 데 가장 중요합니다. 논제는 범위가 좁고 명료하며 간결해야 하고, 논문 처음부터 분명해야 합니다. 논문의 나머지는 논제를 잘 지지해 주어야 하며 자신의 주장이 옳다는 것을 읽는 사람에게 납득시켜야 합니다.

Q. 강연의 주제는?
(a) 논문을 쓰는 데 사용되는 다양한 글쓰기 방법
(b) 다른 사람의 논문에 대해 논쟁하기
(c) **좋은 논제를 쓰는 것에 대한 중요성**
(d) 사람들을 교화하기 위한 논문의 사용

【해설】
성공적인 논문을 쓰기 위한 방법을 소개하면서 논제를 잘 쓰고 논제를 잘 뒷받침하는 것이 중요하다고 했다. 따라서 강연의 주제는 논제를 잘 쓰는 것이라 할 수 있으므로 정답은 (c)가 된다.

critically 비평[비판]적으로   set pen to paper 쓰기 시작하다, 집필하다   thesis 논제, 의제   statement 주장   craft [정성 들여] 만들다   argument 논의, 토론   concise (말·문체 따위가) 간결한   apparent 분명한   remainder 나머지 (것)   convince 확신[납득]시키다

3

Today we will be discussing a very common gum disease called gingivitis. Gingivitis is a periodontal disease in which the gums react to plaque on the teeth. The plaque irritates the gums and often leads to swelling, red or purple gums that are painful to the touch. Gums infected with gingivitis often bleed easily even during gentle brushing, and especially during flossing. If left untreated, gingivitis can develop into a more serious disease that could lead to tooth loss.

Q. Which is correct about gingivitis according to the lecture?
(a) It is a disease caused by fatal viruses.
(b) It involves the interaction of plaque and the gums.
(c) It will definitely lead to tooth loss.
(d) Infected gums will only bleed during brushing.

번역

오늘 우리는 치은염이라고 하는 아주 흔한 잇몸 질환에 대해서 이야기할 것입니다. 치은염은 잇몸이 치아에 붙은 치석에 반응하는 치주 질환입니다. 치석은 잇몸에 염증을 일으키고, 부종, 붉은색이나 자주색 잇몸, 건들기만 해도 아픈 잇몸의 원인이 됩니다. 치은염이 있는 잇몸은 부드러운 칫솔질에도 자주 피가 나고, 특히 치실 사용 시 출혈이 있습니다. 치료하지 않고 놔두면, 치은염은 치아 소실의 원인이 되는 심각한 질병으로 발전할 수 있습니다.

Q. 강의에 따르면 치은염에 대해 일치하는 것은?
(a) 치명적인 바이러스에 의한 질병이다.
(b) 치석과 잇몸의 상호 작용을 포함한다.
(c) 확실히 치아 소실로 이어진다.
(d) 염증이 생긴 잇몸은 양치질하는 동안에만 출혈이 있다.

해설

치은염은 잇몸이 치석에 반응하여 생기는 질병이라고 했으므로 정답은 (b)가 된다. 치은염을 방치하면 치아를 잃을 수 있다고 경고한 것이지 무조건 치아 소실로 이어지는 것은 아니므로 (c)는 오답이다.

gum 잇몸 **gingivitis** 치은염 **periodontal disease** 치주 질환 **plaque** 치석, 플라그 **irritate** ~에 염증을 일으키게 하다 **swelling** 부기, 부종 **floss** 치실로 청소하다

4

Class, today we'll be taking a look at a little state in the northeast region of the US called Vermont. It is the second least-populated state in the country and also one of the smallest. Vermont shares borders with several other states as well as the Canadian province of Quebec. Along with Texas and California, Vermont is one of the seventeen US states that once existed with its own sovereign government. It joined the United States in 1791.

Q. Which is correct about Vermont according to the lecture?
(a) It is the smallest state in the US.
(b) It shares borders with several countries.
(c) It once existed as an independent country.
(d) It has almost no one living there.

번역

여러분, 오늘은 버몬트라고 불리는 미국의 동북 지역의 작은 주에 대해서 알아 볼 것입니다. 버몬트는 미국에서 두 번째로 인구가 적은 주이자 가장 작은 주 중 하나입니다. 버몬트는 캐나다 지역인 퀘벡뿐만 아니라 여러 다른 주와 접하고 있습니다. 텍사스, 캘리포니아와 더불어 버몬트 주는 한때 독립 국가로 존재했던 17개 주 중 하나입니다. 1791년에 미합중국으로 편입되었습니다.

Q. 강의에 따르면 버몬트 주에 대해서 옳은 것은?
(a) 미국에서 가장 작은 주이다.
(b) 여러 나라와 국경을 접하고 있다.
(c) 한때 독립 국가로 존재했다.
(d) 사람이 거의 살지 않는다.

해설

강의의 주제는 버몬트 주다. 미국에서 가장 작은 주 중 하나라고 했지, 가장 작은 주는 아니므로 (a)는 틀린 내용이다. 여러 주가 경계를 접하고 있으므로 (b)도 맞지 않고, 한때 독립 국가로 존재했던 17개의 주 중 하나였으므로 (c)가 정답이 되며, 사람이 적게 산다고 했지, 거의 살지 않는 것은 아니므로 (d)도 오답이다.

province (광역 행정 구역으로서의) 주 **sovereign** 주권 단체; 독립[주권] 국가

Today we'll be discussing the early development of the sewing machine. The sewing machine was first patented in the UK in 1791 but the machine was not built at that time. Then, in the early nineteenth century, tailors across Europe began to design and patent machines to sew faster and more efficiently than traditional hand sewing methods. In the 1830s, a French tailor put together 80 sewing machines in a factory to make uniforms for the French army. Unfortunately for him, the factory was destroyed in a riot by other tailors afraid of losing their livelihood.

Q. What is the lecture mainly about?
(a) **The early history of the sewing machines**
(b) The best way to manufacture military uniforms
(c) Examples of different kinds of sewing machines
(d) Advances in modern sewing machines

[번역]

오늘은 재봉틀의 초기 발전에 대해서 이야기해 보도록 하겠습니다. 재봉틀은 1791년에 영국에서 처음 특허를 받았지만, 그 당시에는 재봉틀이 만들어지지 않았습니다. 그 후 19세기 초반에 유럽 전역의 재단사들은 손으로 바느질하는 전통 방법보다 더 빠르고 효율적인 새로운 기계를 고안하여 특허를 받기 시작했습니다. 1830년대에는 한 프랑스 재단사가 프랑스 군대에 군복을 제작해 주기 위해 공장에 재봉틀 80대를 들여왔습니다. 불행히도 생계를 잃을까 두려워하는 다른 재단사들의 폭동으로 그 공장은 파괴되었습니다.

Q. 강의는 주로 무엇에 관한 것인가?
(a) 재봉틀의 초기 역사
(b) 군복을 만들기 위한 가장 좋은 방법
(c) 다른 종류의 재봉틀의 예
(d) 현대 재봉틀의 진보

[해설]

처음에 재봉틀의 초기 발전에 대해서 이야기한다고 했으므로 주제는 (a)가 된다.

sewing machine 재봉틀 **patent** ~의 (전매) 특허를 얻다 **tailor** 재봉사, 재단사 **put together** 조립하다 **riot** 폭동, 소동 **livelihood** 생계

To summarize what I've been saying about public speaking, it's important to be clear, focused, and convincing. Make your main argument concise, as a vague or overly broad argument will leave more room for audiences to form counter arguments and disagree with you. In support of your argument, be sure that you give plenty of logically sound examples and not merely popular opinions and rumors. Be confident in your speaking and know your argument back to front so that you're prepared to answer any questions that might arise.

Q. What is the speaker's main point about public speaking?
(a) Answering all questions properly is critical to public speaking.
(b) **The main argument requires rational points to support it.**
(c) It is important to make sure audiences are having fun.
(d) Use of popular opinion generally wins over skeptical listeners.

[번역]

연설에 대해서 제가 말씀 드렸던 것을 요약하자면, 명료하고 요지 있으며 설득력 있게 하는 것이 중요합니다. 자신의 주장을 간결하게 하세요, 왜냐하면 애매모호하고 너무 광범위한 주장은 듣는 사람으로 하여금 반대 의견을 형성하거나 당신의 의견에 반대할 여지를 주기 때문입니다. 자신의 주장을 지지할 때에도 논리적으로 합당하고 풍부한 예를 제시하고 단순히 떠도는 의견이나 풍문을 제시하면 안 된다는 것을 명심하세요. 연설을 할 때 자신감을 갖고 자신의 주장에 대해 철저히 알아야 합니다. 그래야 어떠한 질문에도 답변할 준비를 할 수 있습니다.

Q. 연설에 대한 화자의 주요 요지는?
(a) 모든 질문에 적절하게 응답하는 것이 연설에서 중요하다.
(b) 요지에는 그것을 지지하기 위한 합리적인 요점이 있어야 한다.
(c) 청중을 재미있게 하는 것이 중요하다.
(d) 대중적인 의견 사용은 대체로 회의를 느끼는 청중을 끌어들인다.

[해설]

연설을 할 때 중요한 점을 정리해 주는 강의로 주장을 간결하게 만들고 주장을 할 때 주장을 지지하는 논리적으로 합당한 예를 제시해야 한다는 것이 화자의 요점이므로 정답은 (b)이다.

convincing 설득력 있는 **concise** (말, 문체 따위가) 간결한 **vague** 막연한, 애매한 **counter** 반대의 **front** ~에 직면하다[맞서다] **rational** 합리적인 **win over** (자기 주장에) 끌어들이다

7

As the president of the American Caregiver's Association, I would like to speak today about a common disease that is particularly difficult for nurses and family members. Alzheimer's disease, also known as senile dementia, generally affects people above 65 years of age and leads to memory loss, loss of body function, mood swings, and aggression. There is no known cure for Alzheimer's, though some doctors say that avoiding stress and keeping the brain active are simple methods of prevention. Let's take a look at some ways we can prevent or at least manage this debilitating disease.

Q. What can be inferred from the lecture?
(a) Stress can result in Alzheimer's disease.
(b) Doctors have some cures for Alzheimer's.
(c) Alzheimer's is a rare and confusing disease.
(d) It is easy to prevent Alzheimer's.

> 번역

미국 간병인 연합회의 회장으로서, 특히 간호사와 가족들에게 특히 힘든 흔한 질병에 대해서 이야기하고 싶습니다. 치매라고도 알려진 알츠하이머병은 대체로 65세 이상의 사람들이 걸리며, 기억 손실, 신체 기능 손실, 감정 변화와 공격성이 나타납니다. 몇몇 의사들은 스트레스를 피하고 뇌를 활발하게 유지하는 것이 간단한 예방 방법이라고 하지만, 알츠하이머의 치료제는 알려진 바가 없습니다. 우리가 예방할 수 있는 몇몇 방법과 몸과 마음이 약해지게 하는 이러한 질병을 적어도 어떻게 관리할 것인지 알아봅시다.

Q. 강연에서 유추할 수 있는 것은?
(a) 스트레스가 알츠하이머를 야기할 수 있다.
(b) 의사들은 알츠하이머의 치료제를 가지고 있다.
(c) 알츠하이머는 매우 드물며 어려운 질병이다.
(d) 알츠하이머는 예방하기 쉽다.

> 해설

알츠하이머를 예방하기 위한 의사들의 조언은 스트레스를 피하고 뇌를 활발하게 유지하는 것이라고 했다. 그렇다면 반대로 스트레스를 받고, 뇌를 사용하지 않으면 알츠하이머에 걸릴 수 있다는 추론이 가능하므로 (a)가 정답이 된다.

caregiver (병자·불구자·아이들을) 돌보는 사람 senile 고령의, 노쇠한 dementia 치매 swing 흔들림, 동요 aggression 공격성 debilitate 쇠약[허약]하게 하다

Part IV

1

It's that time of year again! With gas heating costs at an all time high, isn't it time you thought about alternative ways to warm up this winter? The Super Hot Space Heater is the most practical, cost-effective way to keep you cozy when it's cold outside. Instead of gas or electric heat, this totally portable space heater operates on a rechargeable ion battery. Perfect for the office, the patio, doing work in the garage, or just to slash your heating bills at home. Don't freeze this winter, get Super Hot Space Heater!

Q. Which is a claim made about the Super Hot Space Heater in the advertisement?
(a) It cannot be moved once installed somewhere.
(b) It operates on electricity.
(c) It can be used in many locations.
(d) It is more expensive than other heating methods.

> 번역

일 년 중 이 시기가 또 왔습니다! 일 년 중 가스 난방비가 제일 높은 때로 이번 겨울에는 집안을 따뜻하게 할 대안을 생각해 봐야 할 때가 아닐까요? 슈퍼 핫 스페이스 히터는 밖이 추울 때 당신을 아늑하게 해줄 실용적이면서 비용 절감적인 방법입니다. 전적으로 휴대할 수 있는 이 히터는 가스나 전기 대신, 충전 가능한 이온 배터리로 작동합니다. 사무실, 테라스, 차고에서 일할 때 적격이며, 가정 난방비를 크게 줄일 수 있습니다. 이번 겨울 추위에 떨지 말고, 슈퍼 핫 스페이스 히터를 구매하세요!

Q. 광고에 따르면 슈퍼 핫 스페이스 히터에 대한 설명은?
(a) 한 번 설치되면 이동할 수 없다.
(b) 전기로 작동한다.
(c) 여러 장소에서 사용 가능하다.
(d) 다른 난방법보다 비용이 많이 든다.

> 해설

광고에서의 세부 사항은 주로 제품의 장점을 묻는데 광고하는 히터의 장점은 비용이 적게 들며, 가스나 전기 대신 이온 배터리를 사용한다는 점이다. 또한 설치를 하는 것이 아니라 이동 가능하므로 정답은 (c)가 된다.

alternative 대안의, 대신의 cost-effective 비용 절감적인 rechargeable 충전되는 slash 크게 깎다, 크게 삭감하다

2

News from Rocket Clean! Our brand new Rocket Clean for Colors has all the stain-removing power of the original Rocket Clean, but keeps bright and dark clothing looking vivid and new. Compared with our competitors, Rocket Clean for Colors keeps clothes looking fresher, cleaner and less faded wash after wash. From red wine to grass stains, Rocket Clean for Colors keeps stains out and color in.

Q. Which is correct about Rocket Clean for Colors according to the advertisement?
(a) It is intended for use on surfaces.
(b) It decreases the vividness of some colors.
(c) It is less effective than the original Rocket Clean.
(d) **It can be used to treat different kinds of stains.**

번역

로켓 클린 소식입니다! 신제품 '색깔 있는 옷을 위한 로켓 클린'은 기존 로켓 클린의 탁월한 얼룩 제거력을 다 갖추고 있으면서 밝은 색 혹은 어두운 색을 선명하고 새것처럼 보이도록 해줍니다. 타사 제품과 비교해 봤을 때 색깔 있는 옷을 위한 저희의 로켓 클린은 옷을 더 새 옷 같고 더 깨끗하게 보이며 여러 차례 세탁 후 색이 덜 바래 보입니다. 붉은 와인 얼룩부터 풀로 생긴 얼룩까지 색깔 있는 옷을 위한 로켓 클린은 얼룩은 빼고 색은 선명하게 유지해 드립니다.

Q. 광고에 따르면 색깔 있는 옷을 위한 로켓 클린에 대해서 옳은 것은?
(a) 표면에 사용하도록 고안되었다.
(b) 몇몇 색깔의 선명도를 낮춘다.
(c) 기존의 로켓 클린보다 덜 효과적이다.
(d) 다른 종류의 얼룩에 사용될 수 있다.

해설

기존 제품에 장점을 더한 새로운 제품의 세제 출시를 알리면서 신제품의 장점을 부각시키고 있다. 신제품이 와인 얼룩부터 풀로 생긴 얼룩까지 다양한 얼룩 제거에 탁월하다고 광고하고 있으므로 정답은 (d)가 된다.

stain 얼룩 **vivid** 선명한 **compared with** ~비교해 봤을 때 **fade** (색깔이) 바래다 **be intended for~** ~로 의도 되다, ~할 작정이다

3

The Helios notebook computer was recently lauded as "Best Laptop of the Year" by *Technical Consumer* magazine for the third year in a row. Our new product, which comes with a superior processing power, sleek design, and user-friendly operating system is more affordable than ever. For a limited time only, you can own this powerful machine with 0% financing and no money down. Choose from the Original laptop, the Mini-Note, or the lightning fast Helios Pro. Go to your local Helios Store for details.

Q. What is the main purpose of the advertisement?
(a) To direct buyers to a new computer store
(b) To advertise a newly released portable music player
(c) **To promote a special offer on a laptop**
(d) To inform people about *Technical Consumer magazine*

번역

헬리오스 노트북 컴퓨터는 최근 〈테크니컬 컨슈머〉 잡지로부터 3년 연속 올해의 최고 노트북으로 선정되었습니다. 우수한 처리 능력, 매끈한 디자인과 사용자 중심의 운영 체계를 갖춘 저희 신제품은 여느 노트북보다도 합리적입니다. 한정된 기간 동안만 무이자 할부와 선납금 없이 강력한 노트북을 구매하실 수 있습니다. 오리지널 노트북, 미니 노트북 혹은 빠른 헬리오스 중에서 선택하세요. 자세한 사항은 지역 헬리오스 판매점을 방문하십시오.

Q. 광고의 목적은?
(a) 구매자들을 새로운 컴퓨터 가게로 인도하기 위해
(b) 새롭게 출시된 휴대 가능한 뮤직 플레이어를 광고하기 위해
(c) **노트북 컴퓨터에 대한 특매를 홍보하기 위해**
(d) 사람들에게 〈테크니컬 컨슈머〉 잡지를 알리기 위해

해설

특정 브랜드 컴퓨터의 우수성을 광고하고 특매 기회를 홍보하는 것이 광고의 목적이므로 정답은 (c)가 된다.

laud 칭송하다, 찬미하다 **in a row** 연속으로 **sleek** 매끄러운 **user-friendly** 사용자 중심의 **affordable** (가격이) 알맞은

4

DADD, or Dads Against Drunk Driving, will be awarding grants of up to $10,000 to selected grassroots organizations that are working hard in the fight against drunk driving. The grants will be awarded based on the broadness of the groups' campaigns, their potential for growth, and educational outreach efforts. DADD will also work in partnership with recipient groups by providing training, networking events, and fundraising help. Call us at 687-9823 for more information.

Q. Which is correct about DADD according to the advertisement?

(a) They work in partnership with drunk drivers.

(b) They offer fundraising assistance to selected organizations.

(c) They are looking to reward groups campaigning abroad.

(d) They award educational grants to students.

번역

DADD 혹은 '음주 운전을 반대하는 아빠들' 단체에서 음주 운전과 싸우며 열심히 일하는 선택된 일반 단체에게 만 달러까지 보조금을 지급할 것입니다. 보조금은 그룹 캠페인의 폭넓음, 성장 잠재력, 교육적인 봉사 노력에 기반을 두어 수여할 것입니다. 또한 DADD는 트레이닝, 이벤트 조직, 기금 모금 원조를 제공함으로써 보조금을 수령한 그룹과 함께 일할 것입니다. 더 많은 정보를 원하시면 687-9823으로 전화주세요.

Q. 광고에 따르면 DADD에 대해 옳은 것은?

(a) 술에 취한 운전자들과 함께 일한다.

(b) 선택된 단체에게 기금 마련 원조를 해준다.

(c) 해외에서 캠페인을 하는 그룹에게 보상을 해준다.

(d) 학생들에게 학자금을 수여한다.

해설

DADD는 선택된 단체들에게 자신들의 기준에 따라 보조금을 지급할 것이라는 광고이므로 정답은 (b)가 된다.

grassroots 민중의, 대중의 **organization** 단체 **grant** 보조금, 기부금 **based on** 기반을 두어 **potential** 잠재력, 가능성 **outreach** (지역 사회에 대한) 봉사[복지·구제] 활동 **fundraising** 기금 모금

5

Tired of unsightly dark under-eye circles? Then try this amazing new moisturizer from La Peau Cosmetics. This rich facial cream is specially formulated with salmon extract to minimize dark circles and under-eye puffiness. We're confident that your skin will look smooth and healthy. Also, we're offering a 10 day money back guarantee. If you aren't completely satisfied with the balanced, supple, and fresh look of your skin after ten days, just send it back with your receipt and we'll give you a full refund.

Q. What is the advertisement mainly about?

(a) The effectiveness of La Peau's new cream

(b) How salmon extract reacts with your skin

(c) The facial creams used by rich people

(d) How smooth and healthy skin can get damaged

번역

보기 흉한 눈 아래 다크 서클이 지긋지긋하신가요? 그렇다면 라 포 화장품에서 나온 놀라운 보습제를 사용해 보세요. 풍부한 페이셜 크림은 다크 서클과 눈밑 붓기를 최소화시키기 위해 연어 추출물을 사용해 특별 제작되었습니다. 당신의 피부가 매끈하고 건강하게 보일 것이라 자신합니다. 또한 10일간의 환불 보장 서비스를 제공합니다. 10일 후 균형 잡히고 촉촉하며 새로운 모습으로 만족하지 못하셨다면, 영수증과 함께 제품을 돌려보내 주세요. 100% 환불해 드립니다.

Q. 광고는 무엇에 관한 것인가?

(a) 라 포 신상품 크림의 효과

(b) 어떻게 연어 추출물이 피부에 반응하는가

(c) 부유층이 사용하는 얼굴 크림

(d) 어떻게 매끈하고 건강한 피부가 망가지는가

해설

새로 나온 다크 서클을 없애주는 크림 광고로 맨 처음에 다크 서클이 지겹지 않냐고 반문하고 있으므로 화장품 광고가 될 것이라고 유추할 수 있다. 화장품의 효능을 광고하고 있으므로 정답은 (a)가 된다.

unsightly 좋지 않게 보이는, 보기 흉한 **facial** 얼굴의; 얼굴에 사용하는 **moisturizer** 보습제 **formulate** (방법 따위를) 고안해 내다 **minimize** 최소화하다 **puffiness** 붓기 **supple** 유연한; 촉촉한

6

The Department of Continuing Education is happy to announce a series of workshops for business people titled "Protecting your Investments." This exciting four-part seminar will cover a range of topics all the way from real estate investing to reading the warning signs in current events. Don't miss this chance to improve your finance skills, impress your boss, and make your investments grow.

Q. What is the advertisement mainly about?
(a) Investing in real estate
(b) Improving investment knowledge and skills
(c) Managing education investments and loans
(d) Becoming wealthy through investing

번역

평생 교육부는 '당신의 투자 지키기'라는 주제로 사업가들을 위한 일련의 워크숍을 열게 된 것을 기쁘게 발표하는 바입니다. 네 파트로 이루어진 흥미로운 세미나는 부동산 투자에서부터 현 상황에서 경고 조짐을 읽는 것까지 다양한 주제를 다룰 것입니다. 여러분의 재정 기술을 향상시키고, 상사를 만족시키며, 투자를 늘게 할 기회를 놓치지 마세요.

Q. 광고는 무엇에 관한 것인가?
(a) 부동산 투자하기
(b) 투자 지식과 기술 향상시키기
(c) 교육 투자와 대출 관리하기
(d) 투자를 통해 부자 되기

해설

광고의 목적은 세미나에 참석을 독려하는 것이므로 세미나의 주제를 들어야 정답을 고를 수 있다. 투자를 지키고 재정 기술을 향상시키며 투자를 늘게 기회를 놓치지 말라고 했으므로 결국 투자 지식과 기술을 향상시키는 것이 광고의 주제이다. 따라서 정답은 (b)이다.

a series of 일련의 **a range of** 다양한 **real estate** 부동산

7

Paradise Island Tours is Key West's number one private boat tour. Come aboard and let us guide you through the crystal blue waters to hidden white sand beaches, coral reef explorations, and many other exciting tropical adventures. Our professional onboard videographer also makes a personalized DVD video of your island expedition so you can take your experience with you when you leave the Keys. Get away from the tourists and book your own Paradise Island tour today!

Q. What is the advertisement mainly about?
(a) A travel package to Key West.
(b) A tour company that operates a cruise ship.
(c) A boat tour that gives clients a personalized souvenir.
(d) A professional videographer for hire in Key West.

번역

파라다이스 아일랜드 투어는 키 웨스트의 넘버원 개인 보트 투어입니다. 보트 투어에 오셔서 여러분을 수정처럼 맑고 푸른 바다와 숨겨진 백사장, 산호초 탐험, 또 다른 신나는 열대 지방의 모험으로 안내하도록 해주세요. 키 웨스트를 떠나실 때 추억을 가지고 돌아가실 수 있도록 상주하는 저희 전문 비디오카메라 기술자가 여러분의 아일랜드 여행 개인 DVD를 만들어 드립니다. 관광객들로부터 벗어나서 여러분만의 파라다이스 아일랜드 투어를 오늘 예약하세요.

Q. 광고는 주로 무엇에 관한 것인가?
(a) 키 웨스트로 가는 여행 패키지
(b) 크루즈 선박을 운영하는 여행사
(c) 개인 기념물을 고객에게 제공하는 보트 투어
(d) 키 웨스트에서 전문 비디오 촬영 기사 고용

해설

키 웨스트에서 보트 투어를 하라는 광고이므로 (a)의 키 웨스트로 가는 여행 패키지가 아니다. 또한 크루즈 선박을 운영하는 여행사 광고도 아니므로 (b)도 정답이 될 수 없다. DVD도 만들어 주는 보트 투어 광고이므로 (c)가 정답이 된다. 전문 비디오 촬영기사를 고용한다는 내용이 아니므로 (d)도 틀린 내용이다.

aboard 배를 타고 **coral reef** 산호초 **onboard** 배 안에, 배 위에
videographer 비디오카메라 촬영 기술자 **personalize** ~을 개인화하다
expedition 여행, 유람 **souvenir** 기념품

Part V

1~2

Good morning, everyone. Today, we'll be sharing some informative tips on the best ways to apply sunscreen. Most people are aware of needing to apply sunscreen while they're lying out on the beach. However, dermatologists encourage people to use sunscreen any time they stay outdoors for more than 20 minutes, even in winter. Why? By putting on sunscreen correctly, you'll not only help keep your skin healthy, but it will also have an anti-aging effect. Another point to consider is the SPF number, which refers to how effectively it blocks UVB rays and it reflects the amount of time it takes to sunburn wearing the sunscreen. Of course, it can be tricky to figure out how effective sunscreen is because the level of protection doesn't increase proportionally with SPF values. Specifically, SPF 60 is not twice as good as SPF 30. Also, SPF 15 prevents about 94% from UVB rays, SPF 30 blocks about 97%, and SPF 45 blocks about 98%. Now let's take a look at a few exemplary cases.

Q1. What is the main purpose of the talk?
(a) To argue against the existing opinions about sunscreen
(b) To introduce a newly developed sunscreen to consumers
(c) To explain the terms relevant to sunscreen
(d) To encourage people to apply sunscreen more effectively.

Q2. What is correct according to the talk?
(a) Most people commonly consider using sunscreen only for lying on the beach in the hot sun.
(b) It is much better not to wear sunblock in wintertime.
(c) Sunscreen can't be used to maintain healthy skin.
(d) SPF 60 is exactly double SPF 30.

번역

안녕하세요, 여러분, 오늘 올바르게 자외선 차단제를 바르는 가장 좋은 방법들에 대한 유익한 정보를 공유할 것입니다. 대부분의 사람들은 해변에 있는 동안에만 자외선 차단제를 바를 필요가 있다고 인식하고 있습니다. 그러나 피부과 의사들은 20분 이상 밖에서 있을 때 심지어 겨울철에도 자외선 차단제를 바를 것을 권고합니다. 왜 일까요? 자외선 차단제를 올바르게 바르면 여러분은 피부를 건강하게 유지할 뿐만 아니라 노화방지 효과도 볼 수 있습니다. 또 다른 하나는 자외선 차단지수를 고려하는 것인데, 자외선 차단지수는 얼마나 효과적으로 자외선을 막을 지를 나타내며, 자외선 차단제를 바르고 화상을 입게 되는 시간을 보여줍니다. 물론, 차단지수가 비례적으로 증가하지 않기 때문에 자외선 차단제가 얼마나 효과적인지를 파악하기에는 까다로울 수 있습니다. 구체적으로, SPF 60이 SPF 30의 두 배만큼 효과가 있지 않습니다. 또한, SPF 15가 자외선을 94%정도 막고, SPF 30은 97%정도를 막으며, SPF 45는 약 98%를 막습니다. 이제 몇 가지 모범사례를 보겠습니다.

Q1. 담화의 주된 목적은 무엇인가?
(a) 자외선 차단제에 대한 기존의 의견들에 반대하기 위해서
(b) 고객들에게 새로 개발된 자외선 차단제를 소개하기 위해서
(c) 자외선 차단제와 관련된 용어들을 설명하기 위해서
(d) 사람들이 더 효과적으로 자외선 차단제를 사용하도록 권고하기 위해서

해설
화자는 올바르게 자외선 차단제를 바르는 가장 좋은 방법들에 대한 유익한 정보를 공유할 것이라고 말하면서, 자외선 차단제를 올바르게 사용하는 구체적인 방법을 제시하면서 그 효과에 대해서 언급했으므로 정답은 (d)이다.

Q2. 담화에 따르면 옳은 것은?
(a) 대부분의 사람들은 일반적으로 뜨거운 태양 아래 해변에서 누워있을 때만 선크림을 바르는 것을 고려한다.
(b) 겨울철에는 선크림을 사용하지 않는 것이 훨씬 낫다.
(c) 선크림은 건강한 피부를 유지하기 위해서 사용될 수 없다.
(d) SPF 60은 정확하게 SPF 30의 두 배이다.

해설
화자는 단락의 처음부분에 대부분의 사람들이 해변에 있는 동안에만 자외선 차단제를 바를 필요가 있다고 생각한다고 언급하고 있으므로 정답은 (a)이다.

informative 유익한 **sunscreen** 자외선차단제 **dermatologist** 피부과 의사 **anti-aging effect** 노화방지효과 **SPF number** 자외선차단지수 **tricky** 까다로운 **proportionally** 비례적으로 **block** 막다 **exemplary** 모범적인 **existing** 기존의 **relevant** 관련된 **wintertime** 겨울철 **representative** 대표자, 직원

Let's talk about tornadoes and how scientists measure their strength. Tornadoes come in many shapes and sizes, and cause damage to property and infrastructure facilities in some areas of the world. Moreover, tornadoes can cause loss of life. Especially, over 100 deaths and 2,000 injuries are associated with tornadoes in the United States each year. Accordingly, tornadoes are a social issue in the country. Various studies are still being done to prevent damage from tornadoes and develop a technology and to predict different types of tornadoes. The Enhanced Fujita Scale used by analysts classifies tornado strength from weakest (an EF0 tornado) to strongest (an EF5 tornado). It is based on the damage a tornado inflicts on vegetation and man-made structures. Other factors determining the grade of a tornado are eyewitness reports, ground-swirl patterns and an aerial view of the damaged area. More recently, Doppler radar allows analysts to more accurately gauge the strength of a tornado than any other measurements.

Q3. How many people are injured by tornadoes in America every year?
(a) 100
(b) 200
(c) 1000
(d) 2000

Q4. What can be inferred from the lecture?
(a) There are several ways to measure tornadoes.
(b) The fatal human damage inflicted by tornadoes has never been reported.
(c) Tornadoes have never been a social issue in America.
(d) Doppler radar is the only way to measure the strength of tornadoes.

Q3. 미국에서 매년 토네이도로 부상을 입은 사람은 몇 명인가?
(a) 100
(b) 200
(c) 1000
(d) 2000

해설
매년 미국에서 토네이도와 관련하여 100명이 넘는 사망자와 2000명 이상의 부상자들이 있다고 했으므로 정답은 (d)이다.

Q4. 강의로부터 추론할 수 있는 것은 무엇인가?
(a) 토네이도를 측정하는 몇 가지 방법이 있다.
(b) 토네이도에 의한 인적피해는 보고된 적이 없다.
(c) 토네이도는 미국에서 사회적 문제가 된 적이 없다.
(d) 도플러 레이더는 토네이도를 측정할 수 있는 유일한 방법이다.

해설
지문 후반부에서 초목과 인공 구조물의 피해 정도에 따라 토네이도의 세기를 정하는 개량 후지타 스케일, 도플러 레이더를 이용한 방법 등 다양한 토네이도 측정 방법이 소개되고 있으므로 정답은 (a)이다.

informative 유익한 **sunscreen** 자외선차단제 **measure** 측정하다 **strength** 강도 **property** 건물 **infrastructure facility** 기반 구조 시설 **be associated with** ~와 관련이 되다 **the Enhanced Fujita Scale** 개량 후지타 스케일 **classify** 분류하다 **vegetation** 초목 **manmade structure** 인공구조물 **eyewitness** 증인, 목격자 **aerial** 항공기에 의한 **Doppler radar** 도플러 레이더 **accurate** 정확한 **measurement** 측정 **inflict** 가하다

번역
토네이도와 어떻게 과학자들이 토네이도의 강도를 측정하는지 이야기 해 봅시다. 토네이도는 많은 형태와 크기로 오고, 세계 일부 지역에 건물과 기반구조시설들에 피해를 입힙니다. 게다가, 토네이도는 인명 피해를 발생시키기도 합니다. 특히, 미국에서는 100명이 넘는 사망자와 2000명 이상의 부상자들이 매년 토네이도와 관련이 있습니다. 그에 따라 토네이도는 그 나라의 사회적 문제입니다. 토네이도로 인한 피해를 막고, 기술을 개발하고 다양한 형태의 토네이도를 예측하기 위해서 다양한 연구가 여전히 행해지고 있습니다. 분석가들에 의한 개량후지타스케일은 토네이도 강도를 가장 약한 EF0 토네이도부터 가장 강한 EF5 토네이도까지로 분류합니다. 그것은 토네이도가 초목과 인공구조물에 가하는 피해를 토대로 합니다. 토네이도의 등급을 결정하는 다른 요소들은 목격자 보고, 땅의 패턴과 피해지역의 항공기에서 본 광경입니다. 최근에는 도플러 레이더가 분석가들이 다른 측정장치들보다 토네이도의 강도를 더 정확하게 측정할 수 있도록 합니다.

ACTUAL TEST 01

Part I

⇨ 본책 P 84

1 (d)	**2** (c)	**3** (c)	**4** (b)	**5** (a)
6 (c)	**7** (c)	**8** (a)	**9** (a)	**10** (d)

Part II

11 (d)	**12** (a)	**13** (a)	**14** (d)	**15** (a)
16 (d)	**17** (d)	**18** (c)	**19** (c)	**20** (c)

Part III

21 (c)	**22** (c)	**23** (a)	**24** (c)	**25** (c)
26 (a)	**27** (a)	**28** (d)	**29** (c)	**30** (a)

Part IV

31 (d)	**32** (c)	**33** (d)	**34** (d)	**35** (b)
36 (a)				

Part V

37 (a)	**38** (c)	**39** (c)	**40** (d)

Part I

1

W That cheese has a foul smell.
M _____

(a) I also love the smell of cheese.
(b) A foul cheese has no scent.
(c) The recipe needs to be modified.
(d) I bet it has a savory flavor.

번역

W 그 치즈에서 악취가 나요.
M _____

(a) 저도 치즈 냄새가 좋아요.
(b) 악취 나는 치즈는 냄새가 없어요.
(c) 조리법을 바꿔야 해요.
(d) 분명히 맛 좋은 치즈일 거예요.

해설

치즈 냄새가 고약하다고 하자 먹어 보면 맛있을 거라는 (d)가 적절하다. (a)는 이미 여자가 악취가 난다고 했으므로 맞지 않고, (c)는 대상이 직접 조리한 음식일 경우에 답이 될 수 있다.

foul 악취 나는 **scent** 냄새 **modify** 수정하다 **savory** 맛 좋은
flavor 풍미

2

M Don't forget about the company meeting later.
W _____

(a) It won't be so boring.
(b) I'm so sorry that I missed it.
(c) Thank you for reminding me.
(d) Yes, the company meeting needs you.

번역

M 이따가 회의 있는 거 잊으면 안 돼요.
W _____

(a) 그렇게 지루하지는 않을 거예요.
(b) 참석하지 못해서 정말 미안해요.
(c) 상기시켜 줘서 고마워요.
(d) 네, 회의에 당신이 필요해요.

해설

남자는 여자에게 나중에 있을 회의를 잊지 않도록 상기시켜 주고 있으므로 이에 대한 고마움을 표현하는 (c)가 적절하다. (a)는 회의가 어떤지 의견을 물었을 때 적절한 응답이고, (b)는 과거의 일로 시제가 맞지 않다.

miss 놓치다 **remind** 상기시키다

3

M The CEO is really breathing down my neck.
W _____

(a) Tell him to step away from you.
(b) I hate it when the CEO breathes.
(c) He just wants you to meet the deadline.
(d) You're not qualified to do the work.

번역

M CEO가 너무 깐깐하게 굴며 저를 몰아 붙여요.
W _____

(a) 그에게 좀 떨어지라고 얘기하세요.
(b) 저는 CEO가 숨 쉴 때 싫더라고요.
(c) 그는 단지 당신이 마감일을 맞췄으면 해요.
(d) 당신은 그 일을 할 자격이 없어요.

해설

breath down one's neck이란 '바로 앞에서 지켜보며 재촉하다'는 뜻으로 다른 사람이 하는 일을 못미더워하며 재촉할 때 쓰는 표현이다. 그러므로 이런 행동에 대한 이유를 설명한 (c)가 적절한 응답이다.

deadline 마감 일자 **qualify** 자격을 얻다

4

W There won't be enough time to finish the project.

M _____

(a) Then we can complete it on time.
(b) **We can ask the teacher for an extension.**
(c) You don't need the time now.
(d) I'm following the instructions to the letter.

번역

W 과제를 끝낼 수 있는 시간이 충분하지 않을 거야.

M _____

(a) 그럼 시간 맞춰서 끝낼 수 있어.
(b) **선생님에게 기한을 연장해 달라고 요청할 수 있어.**
(c) 너는 지금 시간이 필요 없어.
(d) 나는 지침을 철저히 따르고 있어.

해설

과제를 완성하기에 시간이 부족하다는 여자의 말에 선생님에게 기한 연장을 요청할 수 있다는 (b)가 적절한 응답이다.

project 과제 **extension** 연장 **instruction** 지시
to the letter 문자 그대로

5

M I have set my eyes on getting that car.

W _____

(a) **I hope you saved enough money.**
(b) You probably will get a flat tire.
(c) You are in the same boat.
(d) I set eyes on them last year.

번역

M 저 차에 눈독을 들이고 있어요.

W _____

(a) **돈을 충분히 모아 놨기를 바라요.**
(b) 아마 타이어가 터질 거예요.
(c) 당신도 같은 처지에 있어요.
(d) 작년에 그것들을 봤어요.

해설

대화에서 set one's eyes on은 '눈독을 들여 놨다'는 의미로 남자는 그 차를 갖고 싶다고 말하고 있다. 차를 구입하기 위해서는 돈이 필요하므로 충분한 돈을 모아 놨기를 바란다는 (a)가 적절한 응답이다.

flat tire 바람 빠진 타이어 **be in the same boat** 같은 처지이다

6

M When will your mother arrive in London?

W _____

(a) The plane will be delayed for two hours.
(b) Go down one floor to claim your baggage.
(c) **She will land in about thirty minutes.**
(d) Your mother arrived yesterday morning.

번역

M 어머니는 언제 런던에 도착하시나요?

W _____

(a) 비행기가 두 시간 연착될 거예요.
(b) 한 층 내려가셔서 짐을 찾으세요.
(c) **약 30분 후에 도착하실 거예요.**
(d) 당신 어머니는 어제 아침에 도착하셨어요.

해설

어머니가 언제 도착하시냐는 물음에 구체적으로 약 30분 후에 도착할 것이라고 답하는 (c)가 가장 적절하다. (a)는 여자의 어머니가 아닌 비행기에 대한 응답으로 맞지 않고, (b)는 수하물에 대한 응답으로 대화의 흐름과 맞지 않다.

claim 요청하다 **baggage** 수하물 **land** (비행기 등이) 착륙하다

7

M I'm so exhausted I could collapse right here.

W _____

(a) Maybe you should rest less.
(b) Those pants are too small for you.
(c) **We should be home in roughly ten minutes.**
(d) You look refreshed from the meal.

번역

M 너무 피곤해서 여기서 쓰러질 것 같아.

W _____

(a) 넌 조금 덜 쉬어야 할 것 같아.
(b) 그 바지는 너한테 너무 작아.
(c) **10분 정도 뒤면 집에 도착할 거야.**
(d) 식사하고 나니 생기가 돌아온 것 같구나.

해설

너무 피곤하다는 남자의 말에 곧 집에 도착할 것이라고 위로하는 (c)가 가장 적절하다. 조금 덜 쉬어야 한다는 (a)와 음식을 먹고 생기를 되찾은 것으로 보인다는 (d)는 남자의 피곤하다는 말과 맞지 않다.

burst at the seams 터질 듯하다 **roughly** 대략 **refreshed** 기운을 회복한

8

W My daughter was tickled pink with her acceptance letter to college.

M _____

(a) You must have been overjoyed with the news.
(b) She's probably a very ticklish person.
(c) I can see that made you very indifferent.
(d) College was a special time for me.

번역

W 딸아이가 대학교 합격 통지서를 받고 굉장히 기뻐했어요.

M _____

(a) 그 소식에 당신도 정말 기뻤겠네요.
(b) 딸이 간지러움을 매우 잘 타나 봐요.
(c) 그것 때문에 무척 무관심해진 것 같네요.
(d) 대학 시절은 저에게 특별한 시간이었죠.

해설

딸이 대학 합격 소식에 아주 기뻐했다는 내용이다. 딸이 대학에 합격했으므로 어머니도 매우 기뻤겠다고 하는 (a)가 가장 자연스러운 응답이다. (b)의 ticklish는 여자의 말 tickle을 이용한 함정이다.

be tickled pink 굉장히 기뻐하다 **acceptance letter** 합격 통지서
overjoy 매우 기쁘게 하다 **ticklish** 간지럼 타는

9

M How crowded was the subway this afternoon?

W _____

(a) We were standing shoulder to shoulder.
(b) I muddled through the station.
(c) There's no traffic today.
(d) I forgot to charge my subway card.

번역

M 오늘 오후에 지하철이 얼마나 붐비던가요?

W _____

(a) 어깨를 맞대고 서 있을 정도였어요.
(b) 역을 어떻게든 헤쳐 나왔어요.
(c) 오늘은 교통 체증이 없네요.
(d) 교통 카드 충전하는 것을 잊었어요.

해설

지하철이 어느 정도 붐볐는지 묻는 말에 서로 어깨를 맞대고 있을 정도로 사람이 많았다는 (a)가 적절한 응답이다. (b)의 station은 subway에서 유추할 수 있는 어휘를 이용한 함정이고, (c)는 교통 상황에 대한 질문의 응답으로 적절하다.

crowded 붐비는 **shoulder to shoulder** 어깨를 맞대고; 밀집하여
muddle through 그럭저럭 해내다 **traffic** 교통량 **charge** 충전하다

10

M What was affected by the thunderstorm?

W _____

(a) We have to watch for lightning.
(b) A cool front came from the west.
(c) A lot of rain hit parts of downtown.
(d) The whole power system shut down.

번역

M 뇌우로 어떤 피해를 입었나요?

W _____

(a) 번개를 조심해야 해요.
(b) 한랭 전선이 서쪽에서 왔어요.
(c) 시내에 부분적으로 많은 비가 내렸어요.
(d) 모든 발전 장치가 멈춰 버렸어요.

해설

뇌우가 어떤 영향을 주었는지 묻고 있으므로 모든 발전 장치가 멈춰 버렸다고 구체적으로 밝히고 있는 (d)가 가장 자연스럽다. 나머지 보기는 모두 날씨와 관계된 내용이지만 질문과 직접적인 관계는 없다.

affect 영향을 미치다 **thunderstorm** 뇌우 **lightning** 번개
cool front 한랭 전선 **power system** 발전

Part II

11

M Is that a brand new computer?
W Yeah, I bought it with my credit card.
M Was it necessary to use plastic?
W _____

(a) The price tag was out of my price range.
(b) I had to since it was brand new.
(c) Charging it won't be necessary.
(d) I didn't have any cash on hand.

번역

M 그거 새로운 컴퓨터야?
W 응, 신용 카드로 샀어.
M 신용 카드를 써야 했어?
W _____

(a) 내가 살 수 있는 가격대를 넘었어.
(b) 신상품이라 그래야 했어.
(c) 요금을 청구할 필요 없을 거야.
(d) 수중에 현금이 없었거든.

해설

대화에서 plastic은 신용 카드를 말한다. 남자는 여자에게 컴퓨터를 사는 데 신용 카드를 써야 했던 이유를 묻고 있으므로 수중에 현금이 없었기 때문이라고 대답한 (d)가 가장 자연스럽다.

plastic 신용 카드 **range** 범위 **brand new** 아주 새로운 **charge** (요금을) 청구하다 **on hand** 수중에

12

M Where is this bus heading?
W It's bound for High Street.
M Is that located near the department store?
W _____

(a) It's the opposite the way I'm going.
(b) I don't want to change my route.
(c) That direction is jammed with cars.
(d) You can transfer at this stop here.

M 이 버스는 어디로 가는 거죠?
W 하이 스트리트 행입니다.
M 거기가 백화점 근처인가요?
W _____

(a) 지금 가는 길 정반대 방향이에요.
(b) 제가 가는 길을 바꾸고 싶지 않아요.
(c) 그쪽 방향은 교통이 정체되어 있어요.
(d) 여기 이 정거장에서 환승할 수 있어요.

버스 행선지에 관한 대화이다. 버스의 목적지가 백화점 근처인지를 묻고 있으므로 위치나 방향을 알려주는 내용이 응답으로 와야 한다. 따라서 남자의 행선지는 버스가 가는 방향의 정반대에 있다고 설명한 (a)가 적절하다.

head ~의 방향으로 가다　**bound for** ~행의　**opposite** 정반대의
transfer 갈아타다

13

W The effects of global warming have affected the entire world.
M If we don't do something to help, our children's children could be affected.
W I wonder what can be done to prevent any further damage.
M _____

(a) We could reduce the amount of emission gases we produce.
(b) There is nothing life-threatening to worry about.
(c) People can increase the usage of natural resources.
(d) The ecosystem should take care of itself.

W 지구 온난화가 전 세계에 영향을 미쳤어요.
M 우리가 뭔가 조치를 취하지 않는다면, 우리 아이들의 아이들이 영향을 받을 수 있죠.
W 더 이상의 피해를 막기 위해서 할 수 있는 일이 뭐가 있을지 궁금하네요.
M _____
(a) 우리가 생산하는 가스 배출량을 줄일 수 있죠.

(b) 걱정할 정도로 생명을 위협하는 건 없어요.
(c) 사람들이 천연자원을 더 많이 사용할 수 있겠죠.
(d) 생태계 스스로 해결해야 해요.

지구 온난화가 다음다음 세대까지 영향을 줄 수 있다는 남자의 말에 여자는 더 이상의 피해를 막기 위해 무엇을 할 수 있을지 묻고 있다. 여기에 우리가 할 수 있는 일로 가스 배출량을 줄이자는 (a)가 가장 적절하다.

global warming 지구 온난화　**entire** 전체의　**prevent** 막다
emission 배출　**life-threatening** 생명을 위협하는　**natural**
resource 천연자원　**ecosystem** 생태계

14

M Hi, how may I help you today?
W Yes, I'm looking for a direct flight to Chicago.
M I have a business and economy class seat open.
W _____

(a) I don't mind whichever city I connect at.
(b) After arriving I'll choose one.
(c) You should get in line to get a seat.
(d) Any vacancies will be fine with me.

M 안녕하세요. 무엇을 도와 드릴까요?
W 네, 시카고로 가는 직행 항공편을 찾고 있는데요.
M 비즈니스와 이코노미 클래스 좌석이 있습니다.
W _____

(a) 어느 도시를 경유하든 상관없어요.
(b) 도착한 다음에 하나를 고를게요.
(c) 좌석을 잡으려면 줄을 서세요.
(d) 빈 좌석이 있다면 어느 것이든 좋아요.

시카고로 가는 직행 항공편을 문의하는 여자에게 남자는 비즈니스와 이코노미 클래스 좌석이 있다고 알려준다. 여기에 이어질 여자의 응답으로 둘 중 어느 좌석이든 상관없다는 (d)가 가장 적절하다. 여자가 직행 항공편을 문의했기 때문에 (a)는 적절하지 않다.

direct flight 직행 항공편　**whichever** 어느 것이든　**connect** (교통편이) 연결되다　**get in line** 줄을 서다　**vacancy** 빈 자리

15

M I'm torn between eating pizza or a hamburger tonight.
W You need to learn some self-control.
M What? What are you talking about?
W _____

(a) Eating those will give you heartburn.
(b) You shouldn't tear into a pizza or hamburger.
(c) We could just stay in tonight instead.
(d) I don't want to give you a false sense of hope.

[번역]

M 오늘 저녁에 피자를 먹을지 햄버거를 먹을지 고민이야.

W 넌 자제력을 좀 배워야 해.

M 뭐라고? 무슨 소리 하는 거야?

W _____

(a) 그런 음식 먹으면 속 쓰릴 거야.

(b) 피자나 햄버거를 먹으면 안 돼.

(c) 대신 오늘 저녁은 밖에 나가지 않을 수 있어.

(d) 너에게 헛된 희망을 주고 싶지 않아.

[해설]

피자를 먹을까 햄버거를 먹을까 고민한다는 남자에게 여자가 자제력을 배워야 한다고 말한다. 이에 발끈하며 무슨 소리냐고 되묻는 남자의 말에 이어질 여자의 응답으로 가장 적절한 것은 (a)이다.

be torn between ~사이에서 망설이는 **self-control** 자제력 **heartburn** (소화 불량에 의한) 속 쓰림 **tear into** 맹렬히 ~하기 시작하다 **stay in** 나가지 않다

16

W The President addressed the allegations today.

M There's no way he'll get out of this one.

W Unless he's able to suppress the information somehow.

M _____

(a) Maybe he'll escape from what people are saying.

(b) This all seems like an intervention to me.

(c) He's just trying to allay our concerns.

(d) I wonder if he has the authority to do that.

[번역]

W 대통령이 오늘 그 혐의에 대해 언급했어요.

M 이번 건은 빠져나갈 방법이 없어요.

W 어떻게든 정보를 숨길 수 있는 경우를 제외하면 그렇지요.

M _____

(a) 어쩌면 그는 사람들이 하는 말에서 빠져나갈지도 몰라요.

(b) 저는 이 모든 게 개입처럼 보여요.

(c) 그는 단지 우리의 걱정을 가라앉히려고 하는 거예요.

(d) 그가 그렇게 할 수 있는 권한이나 있는지 모르겠어요.

[해설]

부정 혐의를 받고 있는 대통령에 관한 대화이다. 대통령이 정보를 숨기면 혐의를 부인할 수 있다고 하자 빠져나갈 방법이 없어 보이는 그에게 그런 권한이 있는지 궁금하다고 한 (d)가 가장 자연스럽다.

address 다루다, 제기하다 **allegation** 혐의 **suppress** 숨기다 **intervention** 개입 **allay** 진정시키다 **authority** 권한

17

W You look horrible this morning.

M I was burning the midnight oil last night.

W Don't stress out. You're the most brilliant student in class.

M _____

(a) Cheating on tests is a wrong thing to do.

(b) I don't have time for extracurricular activities.

(c) The lecture yesterday was really confusing.

(d) Thanks, but I really want a good midterm score.

[번역]

W 오늘 아침 몰골이 말이 아니네.

M 어제 밤늦게까지 공부했거든.

W 스트레스 받지 마. 넌 반에서 가장 명석한 학생이잖아.

M _____

(a) 시험에서 부정행위는 잘못된 행동이야.

(b) 과외 활동을 할 시간이 없어.

(c) 어제 강의는 정말 헷갈리더라.

(d) 고마워, 그래도 중간고사 성적 정말 잘 받고 싶어.

[해설]

어제 밤늦도록 공부했다는 남자의 말에 여자는 반에서 가장 우수한 학생이니 스트레스 받지 말라고 격려하고 있다. 이에 그래도 공부를 열심히 해서 중간고사에서 좋은 성적을 내고 싶다는 (d)가 적절하다.

burn the midnight oil 밤늦게까지 공부하다 **stress out** 스트레스 받다 **cheat on a test** 시험에서 부정행위를 하다 **extracurricular activity** 과외 활동

18

M That institute is supposed to be the best.

W It's because the instructors are highly educated.

M Do you know anything else about them?

W _____

(a) The faculty's intellect is up to par with other places.

(b) I was at their main facility this past weekend.

(c) Their students end up going to prestigious schools.

(d) The incompetence of the staff is a strong point.

[번역]

M 그 교육 기관이 최고라고 하더군요.

W 강사들이 수준 높은 교육을 받았기 때문이에요.

M 그들에 대해서 또 알고 있는 게 있나요?

W _____

(a) 교수진의 지적인 수준은 다른 곳과 비슷해요.

(b) 지난 주말에 전 그들의 주요 시설에 가봤어요.

(c) 그들의 학생들은 결국에는 일류 학교에 진학해요.

(d) 직원의 무능함이 강점이에요.

최고로 평가받는 교육 기관의 강사들이 높은 교육 수준을 지닌 것 외에 어떠한 특성이 있는지를 묻고 있다. 따라서 그 교육 기관의 강사에게 배운 학생들이 일류 학교에 진학하게 된다는 (c)가 응답으로 가장 적절하다.

institute 교육 기관 **faculty** 교수진 **up to par** 수준에 달하다 **end up** 마침내는 ~으로 되다 **prestigious** 일류의 **incompetence** 무능

19

W John, could you chip in a couple of bucks for the party?
M Well, seeing as that I wasn't invited, I don't think I should have to.
W We offered, but you never responded.
M _____

(a) Sympathy won't help you now.
(b) This is regarding something else.
(c) **I don't recollect you offering.**
(d) It's typical that I don't get invited.

번역

W 존, 파티 비용으로 몇 달러 낼래요?
M 글쎄, 나는 초대받지 않았으니까 그럴 필요 없을 것 같은데요.
W 우리가 초대했는데 당신이 대답을 안 했잖아요.
M _____

(a) 동정은 지금 도움이 되지 않아요.
(b) 이것은 뭔가 다른 것에 관한 거예요.
(c) **당신이 초대한 기억이 없는데요.**
(d) 제가 초대받지 못한 것은 흔한 일이죠.

해설

여자가 남자에게 파티 비용을 조금씩 내자고 하자 남자는 자기는 초대받지 않아 낼 필요가 없을 것 같다고 말한다. 뒤이어 남자에게도 제안을 했지만 대답을 하지 않았다고 말하는 여자의 말에 제안이 기억나지 않는다고 하는 (c)가 가장 적절한 응답이다.

chip in (비용을) 각출하다 **seeing as** ~이기 때문에 **sympathy** 동정 **regarding** ~에 관한 **recollect** 기억해 내다 **typical** 일반적인

20

W I am so worried about starting university in the fall.
M There's nothing to be worried about. You'll do fine.
W Well, what if I flunk out?
M _____

(a) I am very worried you'll flunk out.
(b) You'll probably just have to pay a fine.
(c) **Then you'll have to get a job.**
(d) University classes have already started this fall.

번역

W 가을에 대학교 시작하는 거 너무 걱정돼.
M 걱정할 거 없어. 넌 잘 해낼 거야.
W 낙제하면 어떡하지?
M _____

(a) 나는 네가 낙제할까 봐 정말 걱정돼.
(b) 넌 아마 벌금을 물어야 할 거야.
(c) **그럼 취직해야 할걸.**
(d) 대학 수업이 이미 가을에 시작했어.

해설

여자가 대학에서 시작하는 새 학기를 걱정하며 낙제하면 어떻게 해야 할지 묻고 있다. 여기에 이어질 남자의 응답으로 가장 적절한 것은 (c)이다.

flunk out 낙제하다 **fine** 벌금 **get a job** 취직하다

Part III

21

Listen to a conversation between a couple.

M This freeway has a lot of heavy traffic today.
W Well, we can blame the rock concert for that.
M Then let's take the shortcut at the next exit.
W Too many people get speeding tickets that way.
M I hope you have better suggestions then. I'm out of ideas.
W There must be some way out of this.

Q. What is the man mainly doing in the conversation?
(a) Driving into an impassable route
(b) Jumping the gun on the problem
(c) **Trying to give an alternate solution**
(d) Being a backseat driver

번역

커플의 대화를 들으시오.

M 오늘 고속 도로가 많이 막히네.
W 음, 록 콘서트 때문일 수 있어.
M 그럼 다음 출구에서 지름길로 가자.
W 그렇게 해서 속도 위반 딱지 떼는 사람이 엄청 많은데.
M 너한테 더 좋은 생각이 있으면 좋겠다. 난 모르겠어.
W 여기서 나갈 방법이 분명히 있을 거야.

Q. 남자의 주된 행동은?
(a) 통행이 금지된 길로 운전하기
(b) 문제에 대해 섣불리 행동하기
(c) **대안을 제시하려고 노력하기**
(d) 뒷좌석에 앉아 운전자에게 잔소리 하기

해설

고속 도로가 많이 막히는 상황에서 남자가 다음 출구에서 지름길로 가자고 제안하고 있다. 따라서 남자가 하고 있는 행동으로 옳은 것은 (c)이다. (a)는 지름길이 통행 금지라는 것을 대화를 통해 알 수 없고, (b)는 남자가 제안은 하지만 섣불리 행동으로 옮기고 있지 않으므로 옳지 않다. 남자가 운전석에 있는지는 알 수 없지만 뒷좌석에서 잔소리 하는 것으로는 볼 수 없으므로 (d)도 답이 될 수 없다.

take a shortcut 지름길로 가다   speeding ticket 속도 위반 딱지
impassable 통행이 금지된   jump the gun 섣불리 행동하다
alternate solution 대안   backseat driver 운전자에게 계속 잔소리
를 하는 사람

22

Listen to a conversation between two colleagues.

M Jackson found a glitch in the security system.
W Is the problem something mechanical?
M No, it has something to do with the program.
W I think they'll have to do a firmware update.
M OK. I'll make sure it'll be taken care of then.
W Be sure you do. We need this up and running today.

Q. What is mainly being discussed?
(a) Jackson being unable to do anything
(b) The security people not being cared for
(c) **A malfunction with a protection program**
(d) Problems with the motorized security system

[번역]
두 동료의 대화를 들으시오.
M 잭슨이 보안 시스템에서 결함을 발견했대요.
W 기계적인 문제인가요?
M 아니요, 프로그램과 관련 있는 문제예요.
W 펌웨어를 업데이트해야 할 것 같네요.
M 네. 그럼 그렇게 처리되도록 하겠습니다.
W 꼭 그렇게 해야 돼요. 오늘 작동되어야 하니까요.

Q. 주로 논의되고 있는 것은?
(a) 아무것도 할 수 없는 잭슨
(b) 관리되고 있지 않은 보안 요원들
(c) **보안 프로그램의 고장**
(d) 동력화 보안 시스템의 문제

[해설]
두 사람은 잭슨이 발견한 보안 시스템 프로그램상의 결함에 관해 이야
기하며 펌웨어 업데이트를 제안하고 있다. 따라서 대화에서 주로 논의
되고 있는 사항으로 옳은 것은 (c)이다.

glitch 결함   security system 보안 시스템   mechanical 기계적인
up and running 작동되는   malfunction 고장   motorize 동력화하다

23

Listen to a conversation between an airline representative and a passenger.

M Welcome to Alaska Airlines. How can I help you?
W Yes, I've come across some difficulties while checking in my bags.
M What are the problems that I can help you with?
W Well, I was told I couldn't take my pills I use for jet lag.
M Let me make a call to my superiors and I'll try to fix this problem for you.
W Thank you very much for all your help.

Q. What is the main topic of the conversation?
(a) **What problem the woman has at the airport**
(b) Problems the man was having with his superiors
(c) How the man alleviated the jet-lag situation
(d) The woman wanting to buy some medicine

[번역]
항공사 직원과 승객의 대화를 들으시오.
M 알래스카 항공에 오신 것을 환영합니다. 무엇을 도와 드릴까요?
W 네, 가방을 부치려고 하는데 몇 가지 뜻밖에 문제가 생겼어요.
M 어떤 문제를 도와 드리면 될까요?
W 그게, 시차 적응 때문에 먹는 알약을 가져갈 수 없다고 하더라고요.
M 상부에 전화해서 문제를 해결해 드리도록 할게요.
W 도와주셔서 정말 감사합니다.

Q. 대화의 주된 화제는?
(a) **공항에서 여자가 가진 문제**
(b) 남자가 상사들과 겪던 문제
(c) 남자가 시차 적응 문제를 해결한 방법
(d) 약을 구입하고 싶어하는 여자

[해설]
알래스카 항공을 이용하는 여자가 알약을 가져갈 수 없다고 하자 직원
인 남자가 문제를 해결해 주고자 하는 상황이므로 대화의 주된 화제로
적절한 것은 (a)이다.

come across ~을 (뜻밖에) 만나다   check in ~을 부치다
jet lag 시차로 인한 피로   superior 상사   alleviate 완화하다

24

Listen to a conversation between two friends.

W In hindsight, I should have joined the sociology class.
M You can still enroll for the class.
W Really? What do I have to do?
M Just have a faculty member sign the permission slip.
W All right. I'll try to get approval today.
M Have it filled out by 4 PM or they won't let you in.

Q. Which is correct about the woman according to the conversation?
(a) The woman flunked sociology class.
(b) Approval wasn't given to her.
(c) **She wants to register for a class.**
(d) The school made her part of the staff.

번역

두 친구의 대화를 들으시오.
W 지나고 나서 보니, 사회학 수업을 들었어야 했는데.
M 그 수업 아직 등록할 수 있어.
W 정말? 어떻게 하면 되는데?
M 교수 한 분이 허가서에 서명만 해 주면 돼.
W 알았어. 오늘 승인을 받도록 해볼게.
M 오후 4시까지 못 받으면 등록시켜 주지 않을 거야.

Q. 다음 중 여자에 대해 옳은 것은?
(a) 사회학 수업에서 낙제했다.
(b) 승인을 받지 못했다.
(c) **어떤 수업을 등록하고 싶어 한다.**
(d) 학교는 그녀를 교직원의 일원으로 만들었다.

해설

사회학 수업을 등록했어야 했다는 여자의 말에 남자가 지금도 등록할 수 있다며 허가서에 교수님 서명만 받으면 된다고 알려주고 있다. 여자는 수업 등록을 원하고 있으므로 여자에 관해 옳은 것은 (c)이다.

in hindsight 지나고 나서 보니 **sociology** 사회학 **enroll** 등록하다 **faculty member** 교수단 **approval** 승인 **flunk** 낙제하다

25

Listen to a conversation between two friends.

M They have to evacuate the school today.
W Did something happen?
M Yeah, there was a fire at the school.
W Oh my god. I hope they have insurance.
M I'm sure that the school is covered.
W If not, the kids will have to go elsewhere.

Q. Which is correct according to the conversation?
(a) A disaster was averted.
(b) A school was filled.
(c) **Something awful occurred.**
(d) Excessive coverage ensued.

번역

두 친구의 대화를 들으시오.
M 오늘 학교에서 대피를 해야 했대.
W 무슨 일 있었어?
M 응, 학교에 불이 났거든.
W 이런! 보험을 들었어야 할 텐데.
M 분명히 들었을 거야.
W 안 들었으면 아이들이 다른 곳으로 가야 할 거야.

Q. 다음 중 옳은 것은?
(a) 참사를 피했다.
(b) 학교가 꽉 찼다.
(c) **뭔가 끔찍한 일이 일어났다.**
(d) 과도한 보상이 뒤따랐다.

해설

오늘 학교에 불이 나 사람들이 대피했다는 남자의 말에 여자는 학교가 보험에 들었어야 할 것이라고 대답한다. 두 사람은 학교에 일어난 화재에 대해 이야기하고 있으므로 대화의 내용으로 옳은 것은 (c)이다.

evacuate 대피하다 **awful** 끔찍한, 무시무시한 **disaster** 재난, 참사 **avert** 방지하다, 피하다 **excessive** 지나친, 과도한 **coverage** (보험) 보장 **ensue** 뒤따르다

26

Listen to a conversation between two colleagues.

W We must meet the needs of our customers.
M That's too daunting of a task to complete.
W If we don't, they'll go to our rival instead.
M Then what do you suggest we do?
W Everyone just has to be more customer-friendly.
M I'll work on creating a workshop for that.

Q. Which is correct about the woman according to the conversation?

(a) **She doesn't want to lose consumers.**
(b) The woman is giving all her effort now.
(c) Customer satisfaction is not important to her.
(d) Merging with the competition is a goal of hers.

번역

두 동료의 대화를 들으시오.

W 우리는 고객들의 요구를 충족시켜야 해요.
M 그건 제대로 해내기 너무 힘든 일이잖아요.
W 그렇지 않으면 고객들은 경쟁사로 갈 거예요.
M 그럼 어떻게 하면 될까요?
W 모두 고객들에게 좀 더 친절해야 해요.
M 관련 워크숍을 열 준비를 할게요.

Q. 여자에 관한 내용으로 옳은 것은?
(a) **고객들을 잃고 싶어하지 않는다.**
(b) 현재 모든 노력을 다하고 있다.
(c) 그녀에게 고객 만족은 중요하지 않다.
(d) 경쟁사와 합병하는 것이 그녀의 목표 중 하나이다.

해설

여자는 고객의 요구를 충족시키지 못하면 고객들이 경쟁사로 갈 것이라고 말하며, 어떻게 해야 하는지 묻는 남자의 질문에 모두가 고객을 더 친근하게 대해야 한다고 말하고 있으므로 정답은 (a)이다.

meet the needs of ~의 필요에 응하다   **daunting** 기세[기운]을 꺾는
merge 합병하다   **the competition** 경쟁자

27

Listen to a conversation between two students.

M Let's take some precautions before the experiment starts.
W OK. I'll sterilize the equipment then.
M I'll dilute all the solutions.
W Do you think all of this is really necessary?
M Of course. If we don't, our experiment could fail.
W We won't fail. We just have to be more diligent.

Q. Which is correct according to the conversation?

(a) **Care for setting up of the experiment was needed.**
(b) The solutions to the problem were in error.
(c) The woman finds all the precautions necessary.
(d) The man thinks the equipment is clean already.

번역

두 학생의 대화를 들으시오.

M 실험을 시작하기 전에 몇 가지 예방 조치를 하자.
W 좋아. 그럼 나는 장비를 소독할게.
M 나는 용액을 모두 희석시킬게.
W 꼭 이렇게까지 할 필요가 있을까?
M 물론이지. 안 하면 실험을 실패할 수도 있어.
W 실패하지 않을 거야. 좀 더 부지런하기만 하면 돼.

Q. 다음 중 옳은 것은?
(a) **실험 준비에 유의해야 했다.**
(b) 문제에 대한 해결책이 틀렸다.
(c) 여자는 모든 예방 조치가 필요하다고 생각한다.
(d) 남자는 장비가 이미 깨끗하다고 본다.

해설

실험 전에 대비를 하자는 남자의 말에 서로 할 일을 이야기하다가 여자가 이렇게 할 필요가 있는지 묻자, 남자는 그렇지 않으면 실험을 실패할 수 있다고 대답한다. 따라서 대화의 내용으로 옳은 것은 (a)이다.

precaution 예방 조치   **sterilize** 소독하다   **equipment** 장비
dilute 희석시키다   **solution** 용액

28

Listen to a conversation between two friends.

W That was bad news with the stock market today.
M I know. I was barely able to get all my money out in time.
W Unfortunately for me, I wasn't so lucky with that.
M Don't worry. The market will bounce back and you'll recoup your losses.
W I hope so. I can't afford to lose my house.
M Just remember what they say — buy low and sell high.

Q. What is correct about the man according to the conversation?

(a) The man was a pretty lucky guy.
(b) The market had some stock he wanted.
(c) Because of the situation, he lost the house.
(d) **He was able to secure his funds.**

번역

두 친구의 대화를 들으시오.

W 그건 오늘 주식 시장에 안 좋은 소식이었어.
M 그러게. 난 간신히 제때 돈을 다 뺄 수 있었어.
W 유감스럽게도 난 그렇게 운이 좋지 못했어.
M 걱정 마. 시장이 회복될 거고 손실을 만회할 테니까.
W 그랬으면 좋겠다. 집을 잃을 수는 없어.
M 사람들이 하는 말을 기억해. 쌀 때 사서 비쌀 때 파는 거라고.

Q. 남자에 관한 내용으로 옳은 것은?
(a) 꽤 운이 좋은 사람이었다.
(b) 주식 시장에 그가 원한 주식이 조금 있었다.
(c) 이런 상황 때문에 그는 집을 잃었다.
(d) **자신의 자금을 지킬 수 있었다.**

오늘 주식 시장이 좋지 않았다는 여자의 말에 남자는 가까스로 제때 돈을 다 뺐다고 말했으므로 자금을 지킬 수 있었다는 (d)가 정답이다.

stock market 주식 시장 **in time** 때 맞추어 **bounce back** 회복하다 **recoup** (손실 등을) 되찾다 **loss** 손실 **afford** ~하면 안 되다 **secure** 안전하게 하다 **fund** 자금

29

Listen to a conversation about a criminal.

W I heard the police apprehended the thief.
M That's a relief. He evaded them for a long time.
W Do you think he had an accomplice to help him?
M It would have been too difficult to do it on his own.
W Let's just hope the facts will come out.
M Our police department can deal with intricate cases.

Q. What can be inferred from the conversation?
(a) Law enforcement officials are still looking.
(b) The police had an easy time catching the thief.
(c) **The thief most likely had a collaborator.**
(d) Everyone knows the whole story already.

번역

범인에 대한 대화를 들으시오.
W 경찰이 그 도둑을 체포했다고 하더라.
M 그거 다행이네. 오랫동안 피해 다녔잖아.
W 그를 도와준 공범이 있었을 것 같니?
M 그런 일을 혼자 하기는 아주 힘들었을걸.
W 그저 진실이 밝혀지기를 기대해 보자.
M 우리 경찰청이 복잡한 사건을 잘 다루잖아.

Q. 대화에서 유추할 수 있는 것은?
(a) 법 집행 당국이 아직도 찾고 있다.
(b) 경찰이 쉽게 도둑을 잡았다.
(c) **도둑에게 협력자가 있었을 가능성이 높다.**
(d) 모두가 이미 전말을 알고 있다.

해설

여자가 경찰이 도둑을 잡았다고 알려주며 공범이 있었을 것 같은지 묻자 남자는 그 일을 혼자 하기는 아주 힘들었을 것이라고 대답한다. 따라서 대화에서 유추할 수 있는 내용으로 옳은 것은 (c)이다.

apprehend 체포하다 **evade** 피하다 **accomplice** 공범 **intricate** 복잡한 **law enforcement official** 법 집행 당국 **collaborator** 협력자

30

Listen to a conversation about an advertising campaign.

M So far, our advertising campaign has gotten poor reviews.
W Well, what do you think we should do?
M I recommend that we send out questionnaires.
W Then we can get feedback and make the necessary changes.
M Exactly. I think this feedback can help our campaign be more profitable.
W I'm getting a good feeling about this whole idea.

Q. What can be inferred from the conversation?
(a) **Both of them are hopeful about this new tactic.**
(b) Promoting is a difficult business to succeed in.
(c) No further changes in the future are expected.
(d) The comments they will receive won't help.

번역

광고 캠페인에 대한 대화를 들으시오.
M 지금까지 우리의 광고 캠페인 평가가 좋지 않았어요.
W 그럼 어떻게 해야 할까요?
M 설문지를 발송하는 게 좋겠어요.
W 그럼 피드백을 받아서 필요한 부분을 고칠 수 있겠네요.
M 맞아요. 피드백이 우리 캠페인의 수익성을 높이는 데 도움이 될 것 같아요.
W 이 모든 아이디어에 예감이 좋네요.

Q. 대화에서 유추할 수 있는 내용은?
(a) **두 사람 모두 새 전략을 기대하고 있다.**
(b) 홍보는 성공하기 힘든 일이다.
(c) 앞으로 더 이상의 변화가 예상되지 않는다.
(d) 그들이 받는 평가는 도움이 되지 않을 것이다.

해설

지금까지 광고 캠페인에 대한 평가가 좋지 않다는 남자의 말에 여자가 어떻게 해야 할지 방법을 묻자 남자가 설문지를 발송하자고 제안한다. 여자도 그 방법이 잘될 것 같다고 호응하고 있으므로 대화로부터 유추할 수 있는 내용으로 옳은 것은 (a)이다.

questionnaire 설문지 **tactic** 전략 **promoting** 홍보 **comment** 평가

Part IV

31

This is a notice to all tenants of Victorian Village Apartments informing that construction on the new parking lot will begin this coming Monday morning. The construction will last for the next month so alternate parking arrangements have been arranged for the residents here. Two blocks east of the main building, the empty field used for gatherings will be temporarily used. We apologize for this hassle, but this is the only space available.

Q. What is the speaker mainly talking about?
(a) New use for a field used for gatherings
(b) A building that is being reconstructed
(c) The fee for new parking arrangements
(d) **Alternative parking necessitated by construction**

번역

빅토리안 빌리지 아파트의 모든 세입자에게 알립니다. 다가오는 이번 월요일 오전부터 새 주차장 건설 공사를 시작합니다. 다음 달에도 공사가 계속됨에 따라 이곳 주민들을 위한 대체 주차 시설을 마련했습니다. 본 건물 동쪽에 집회에 사용되는 공터 두 구역을 임시로 이용하실 수 있습니다. 불편을 끼쳐 드려 대단히 죄송하지만, 이곳이 이용할 수 있는 유일한 공간입니다.

Q. 화자가 주로 말하고 있는 것은?
(a) 모임의 공간으로 사용되었던 공터의 새로운 용도
(b) 재건축이 진행되고 있는 건물
(c) 새로운 주차 시설 요금
(d) **건설 공사로 인해 필요한 대체 주차 시설**

해설

새로운 주차장 건설로 인해서 공터를 임시 주차 시설로 사용한다는 것을 주민들에게 알리고, 불편을 끼쳐서 미안하다는 내용의 공고이다. 따라서 정답은 (d)이다.

tenant 세입자 last 계속되다 alternate 대체의 parking arrangements 주차 시설 gathering 집회 hassle 번거로움 reconstruct 재건하다 necessitate 필요로 하다

32

A white dwarf is a star composed of mostly electron-degenerate matter. It is one of the densest objects in the universe. As a comparison, if you take a 1 inch cube of matter from a white dwarf and drop it on the ground, it will fall through the Earth! The inside of a white dwarf is made of very hot fused carbon. If you know anything about chemistry, you would know that fused carbon is what a diamond is. So, in essence, white dwarfs are very, very large diamonds!

Q. What is this lecture mainly about?
(a) The dropping of a dense object on Earth
(b) A gemstone that is most similar to a white dwarf
(c) **The characteristics of a white dwarf star**
(d) How dense a white dwarf star really is

번역

백색 왜성은 주로 축퇴 전자 물질로 구성된 별이다. 이것은 우주에서 가장 밀도가 높은 물체 중 하나이다. 비교하자면, 한 변의 길이가 1인치인 정육면체 물질을 백색 왜성에서 떼어 와 지면에 떨어뜨리면, 이것은 지구를 관통하여 떨어질 것이다! 백색 왜성의 내부는 아주 뜨거운 융합 탄소로 이루어졌는데, 화학에 대해서 아는 것이 있는 사람이라면 융합 탄소가 다이아몬드라는 것을 알 것이다. 따라서 본질적으로 백색 왜성은 초대형 다이아몬드이다!

Q. 강의는 주로 무엇에 관한 것인가?
(a) 밀도가 높은 물체가 지면으로 낙하하는 것
(b) 백색 왜성과 가장 유사한 보석
(c) **백색 왜성의 특징**
(d) 백색 왜성이 실제로 얼마나 밀도가 높은가

해설

백색 왜성이 밀도가 높으며 내부가 뜨거운 융합 탄소로 이루어졌다고 기술하고 있으므로 정답은 (c)이다. 백색 왜성이 얼마나 밀도가 높은지는 밀도에 대해 이야기하면서 가상의 예로서 나오기 때문에 (d)는 정답이 아니다.

electron 전자 degenerate matter 축퇴 물질 dense 밀도가 높은 comparison 비교 fall through ~을 관통하여 떨어지다 fused carbon 융합 탄소 chemistry 화학 in essence 본질적으로 gemstone 보석

33

Did you know that one of our most popular drinks, coffee, was discovered by accident? The myth goes that an Ethiopian goat herder named Kaldi around the 9th century noticed that when his goats ate some red berries from a particular bush, they started to get energized. Excited, Kaldi took these berries to the monastery but the holy man did not want them and threw them into the fire. An enchanting smell erupted and they gathered the roasted beans, ground them up, put them in water and created the first cup of coffee.

Q. Which is correct according to the talk?

(a) A holy man cultivated the berries which created coffee.

(b) In the early 900's, a goat herder gathered some unusual berries.

(c) A sordid smell billowed when the beans were roasted.

(d) **The goats became wound up after eating a certain berry.**

번역

가장 대중적인 음료 중 하나인 커피가 우연히 발견된 것을 아시나요? 전설에 의하면 9세기경 칼디라는 에티오피아 염소지기가 염소들이 특정 덤불에서 빨간 열매를 먹으면 활기를 띠기 시작한다는 것을 알아챘습니다. 신이 난 칼디는 열매를 수도원으로 가져갔지만, 성자는 열매를 원하지 않아 불 속에 던져 버렸습니다. 황홀한 냄새가 올라와서 그들은 볶아진 콩을 모아 갈아서 물에 넣어 최초의 커피를 만들었습니다.

Q. 담화의 내용과 일치하는 것은?

(a) 한 성자가 커피를 만드는 열매를 재배했다.

(b) 900년대 초에 한 염소지기가 이상한 열매를 땄다.

(c) 콩이 구워졌을 때 지저분한 냄새가 피어 올랐다.

(d) **염소들이 어떤 열매를 먹은 후 흥분했다.**

해설

담화에 따르면 염소들이 어떤 열매를 먹으면 활기를 띠는 것을 염소지기가 눈치챘다고 했으니 정답은 (d)이다. 9세기는 800년대이므로 (b)는 옳지 않다.

by accident 우연히 **myth** 신화 **herder** 목자 **energize** 활기를 돋우다 **monastery** 수도원 **holy man** 성자 **enchanting** 황홀케 하는 **erupt** 분출하다 **roast** 굽다 **grind** 갈다 **cultivate** 재배하다 **sordid** 지저분한 **billow** 피어 오르다 **wound up** 흥분한

34

Have you heard of the game called, "Chess on Ice?" Yes, that's right. It's a sport called Curling. A popular sport in Europe and Canada, the objective is to slide stones across a sheet of ice towards a target. There is a strong association between curling and Scotland. Many people believe this sport was created in Scotland in the 16th century. Also, there is evidence that it did exist there at the time because of two paintings depicting curling by Pieter Bruegel the Elder dated to February 1541. It has become popular enough that it is also a Winter Olympic sport.

Q. Which is correct about Curling according to the talk?

(a) Chess pieces played on ice is popular in Europe.

(b) Curling was first officiated in the 1600s in Canada.

(c) It became an Olympic sport in the 15th century.

(d) **The origins of curling are tied to old Scotland.**

번역

'얼음 위의 체스'라는 경기에 대해 들어본 적 있나요? 네, 맞습니다. 컬링이라는 스포츠입니다. 유럽과 캐나다에서 인기 있는 스포츠인 이 경기의 목표는 얼음판 위에서 표적을 향해 돌을 미끄러뜨리는 것입니다. 컬링과 스코틀랜드는 관련이 깊습니다. 일반적으로 이 스포츠가 16세기 스코틀랜드에서 생겨났다고 알려져 있습니다. 1541년 2월로 기록된 컬링을 묘사한 피터르 브뤼헐 1세의 그림 두 점이 당시 스코틀랜드에서 컬링을 했다는 증거입니다. 컬링은 동계 올림픽 스포츠가 될 만큼 많은 인기를 얻었습니다.

Q. 컬링에 대해서 옳은 것은?

(a) 얼음 위에서 경기하는 체스의 말은 유럽에서 인기 있다.

(b) 컬링은 1600년대에 캐나다에서 처음으로 공식 경기가 되었다.

(c) 15세기에 올림픽 스포츠가 되었다.

(d) **컬링의 유래는 옛 스코틀랜드와 관계가 있다.**

해설

컬링이 16세기 스코틀랜드에서 생겨났다는 일반적인 통설을 이야기하며 1541년으로 기록된 컬링을 묘사한 그림을 증거로 제시하고 있으므로 정답은 (d)이다.

objective 목표 **association** 유대 **evidence** 증거 **depict** 묘사하다 **officiate** 공식적으로 수행하다

35

Pale Male is a male red-tail hawk who has made its home in New York City since the early 1990s. When Pale Male arrived in Central Park, he tried to make a nest in many trees but was driven off by crows. So in an interesting twist to this tale, he made some nests on buildings rather than the traditional tree branches. The bird is also famous for starting a family dynasty of urban-dwelling hawks. He is known to have fathered at least 26 chicks, with many of those chicks having offspring of their own.

Q. What is correct about Pale Male according to the talk?
(a) This bird first attempted to nest in buildings.
(b) **He has sired a large number of offspring.**
(c) Crows tried to help Pale Male live in the trees.
(d) His descendents live in the country.

번역

페일 메일은 1990년대 초부터 뉴욕에 둥지를 틀고 사는 수컷 붉은꼬리매이다. 페일 메일은 센트럴 파크에 도착해서 나무에 둥지를 틀려고 했지만 까마귀에게 쫓겨났다. 이 이야기의 흥미로운 반전은 페일 메일은 인습적인 나뭇가지가 아닌 빌딩에 둥지를 틀었다는 것이다. 또한 페일 메일은 도시에 사는 매 왕가의 시조인 것으로도 유명하다. 페일 메일은 최소 26마리 새끼의 아버지인 것으로 알려졌는데, 그중 많은 새들이 또 새끼를 낳았다.

Q. 페일 메일에 대해 옳은 것은?
(a) 페일 메일은 처음에 빌딩에 둥지를 틀려고 했다.
(b) **많은 새끼 새의 아비가 되었다.**
(c) 까마귀는 페일 메일이 둥지를 만드는 것을 도우려고 했다.
(d) 그의 새끼들은 시골에 산다.

해설

담화의 마지막 부분에 페일 메일은 최소 26마리의 새끼 새를 낳았다고 했으므로 (b)가 담화의 내용과 일치한다.

drive off 쫓아내다 **twist** 전환 **dynasty** 왕조 **urban** 도시의 **dwelling** 거처 **offspring** 자식 **sire** 아비가 되다 **descendent** 후손

36

Today in local news, residents in the Lewiston area are planning to protest the city council's decision to tear down Garfield Park in order to build a new shopping mall. Locals say the park is a gathering place for families to meet, relax and spend quality time together. The city council cites a need to add businesses in order to add more jobs, visitors and population to the community. The protest set for this weekend is potentially going to attract more than 5,000 supporters.

Q. What can be inferred from the news report?
(a) **Not many people come to Lewiston to live.**
(b) Families can gather at another place in town.
(c) More jobs for the town will only make people leave.
(d) The rally may only have a small turnout.

번역

오늘 지역 뉴스입니다. 루이스턴 지역 주민들이 새 쇼핑몰 건설을 위해 가필드 공원을 철거하기로 한 시의회의 결정에 대해 항의 시위를 계획하고 있습니다. 주민들은 공원이 가족들과 만나서 휴식을 취하고 함께 귀중한 시간을 보내는 모임의 장소라고 말합니다. 시의회는 지역 사회에 일자리와 방문자 및 주민의 수를 늘리기 위해서는 사업체를 늘려야 할 필요성이 있다고 언급했습니다. 이번 주말로 예정된 시위는 5,000명 이상의 지지자들을 끌어 모을 것으로 보입니다.

Q. 뉴스 보도에서 유추할 수 있는 것은?
(a) **루이스턴에 거주하러 오는 사람은 많지 않다.**
(b) 가족들은 도시의 다른 장소에 모일 수 있다.
(c) 도시에 일자리가 늘면 사람들이 떠날 뿐이다.
(d) 시위 참가자 수가 적을 것이다.

해설

시의회가 지역 사회의 일자리와 방문자 및 주민의 수를 늘리기 위해서 사업체를 늘려야 할 필요성을 언급하고 있는 것으로 보아 루이스턴에 사는 사람이 많지 않음을 알 수 있다. 따라서 정답은 (a)이다.

protest 시위하다 **council** 의회 **spend quality time** 귀중한 시간을 보내다 **cite** 언급하다 **community** 지역 사회 **supporter** 지지자 **rally** 시위 운동 **turnout** 참가자 수

Part V

37~38

Thank you for your continued support of Carmen's Cafeteria. Carmen's offers solutions for calorie-controlled diet needs, which are three choices of different main course meals, including a vegetarian option. We have continually made efforts to maintain existing the cafeteria's services and renovated some spaces necessary for employees. To provide better service, we have decided to change the interior at the beverage stations with punch, pop, coffee and other favorites. The stations will be designed to help employees and guests get the most out of odd or narrow spaces, like the space between the salad bar and the wall. Working closely with an interior design team, we will try to reduce your inconvenience.

Q37. What is correct according to the talk?
(a) **Carmen's Cafeteria serves vegetarian menus for diet food.**
(b) Carmen's Cafeteria has never been remodeled since it started operation.
(c) All spaces of the cafeteria are supposed to be changed.
(d) The multiple beverage stations are used for chefs.

Q38. What can be inferred about Carmen's Cafeteria?
(a) The employees have been forced to have a healthy diet.
(b) It will be opening right after interior renovations are completed.
(c) **It would be willing to spend money to provide better customer service.**
(d) The whole space size is narrower than that of other restaurants.

번역

여러분의 카르멘의 구내식당에 대한 지속적인 성원에 감사를 드립니다. 카르멘의 구내식당은 채식식단을 포함하는 세 종류의 주요리로 이루어진 칼로리가 제한된 식단의 필요에 대한 해결식을 제공합니다. 저희는 기존 구내식당의 서비스를 유지하기 위해서 꾸준히 노력해왔고, 직원들을 위해 필요한 몇몇 공간들을 개조했습니다. 더 나은 서비스를 제공하기 위해서 우리는 펀치, 탄산수, 커피 그리고 다른 즐겨 마시는 음료들이 있는 몇몇 공간에 인테리어를 바꾸기로 결정했습니다. 그 공간들은 직원들과 손님들이 샐러드 바와 벽사이의 공간처럼 특이한 형태와 좁은 공간들을 최대한 이용할 수 있도록 디자인될 것입니다. 인테리어 디자인팀과 긴밀하게 일하면서 우리는 불편한 사항을 줄이기 위해서 노력할 것입니다.

Q37. 담화에 따르면 맞는 것은 무엇인가?
(a) **카르멘의 구내식당은 체중감량식품으로 채식주의 메뉴를 제공한다.**
(b) 카르멘의 구내식당은 사업을 시작한 이후로 개조된 적이 없다.

(c) 구내식당의 모든 공간들은 변경될 예정이다.
(d) 다수의 음료를 위한 공간들은 요리사들을 위해 이용된다.

해설

채식식단을 포함하는 세 종류의 주요리로 이루어진 칼로리가 제한된 식단의 필요에 대한 해결식을 제공했다고 했으므로 체중감량식품으로 채식주의 메뉴를 제공한다는 (a)가 정답이다.

Q38. 카르멘의 구내식당에 대해 추론할 수 있는 것은 무엇인가?
(a) 직원들은 건강한 식단을 먹도록 강요 받는다.
(b) 카르멘의 구내식당은 인테리어 공사가 완료된 직후에 바로 재개할 예정이다.
(c) **카르멘의 구내식당은 더 나은 고객서비스를 제공하기 위해 기꺼이 투자할 것이다.**
(d) 전체공간의 크기는 다른 식당보다 더 좁다.

해설

카르멘의 식당은 기존 구내식당의 서비스를 유지하면서, 직원들에게 더 편리한 서비스를 제공하기 위해서 인테리어 변경도 꾸준히 해왔고, 앞으로도 불편을 줄이기 위해 노력하겠다고 했으므로 정답은 (c)이다.

support 지지, 지원 **calorie-controlled diet** 칼로리가 제한된 식단 **vegetarian** 채식주의의 **maintain** 유지하다 **existing** 기존의 **multiple** 다수의, 많은 **beverage station** 음료를 두는 공간 **punch** (술, 설탕, 레몬 등을 넣어 만든) 음료 **pop** 탄산수 **get the most out of** ~을 최대한으로 활용하다 **inconvenience** 불편함

39~40

Today, we'll talk about antidepressants and their effects. Antidepressants are commonly prescribed as the standard treatment of major depressive disorders such as anxiety disorder, eating disorder and sleep disorder. But they don't work in all cases. A recent study showed that antidepressant medication for children and adolescents can do more harm than good. Of course, certain antidepressant medications have been shown to be beneficial to those under 19. Unfortunately, most types of antidepressants are not safe for children and adolescents to take, and in serious cases they can cause suicidal tendencies. In addition, those who take antidepressants tend to have an aggressive attitude to others like their families and peers at school. Instead of taking those kinds of antidepressants, patients should be encouraged to communicate and work with their doctors to wean themselves off the medication by gradually and safely decreasing the dosage when needed.

Q39. What is mainly being said about antidepressants?
(a) They are typically used for patients who have depressive illnesses.
(b) Their side effects are extremely serious to every depressive patient.

(c) They should be only used for specific groups of patients.

(d) They have remained popular despite their side effects.

Q40. Which is correct according to the lecture?

(a) Antidepressants are fairly infrequently used today.

(b) Antidepressants have limited or no efficacy for children.

(c) Adolescents with depressive disorders can be aggressive to others except their families.

(d) **Some patients are advised to avoid taking antidepressants.**

번역

오늘은 항우울제와 그 영향에 대해서 이야기해보고자 합니다. 항우울제는 불안장애, 섭식장애, 수면장애와 같은 주요 우울장애의 일반 치료제로써 흔히 처방됩니다. 그러나 항우울제가 모든 경우에 효과가 있는 것은 아닙니다. 최근의 연구에서 어린이와 청소년에 대한 항우울제는 득보다 실이 더 많을 수 있다는 것을 보여줍니다. 물론, 특정한 항우울제는 19세 미만의 환자들에게는 이로울 수 있습니다. 안타깝게도 대부분의 항우울제는 아이들과 청소년들이 먹기에 안전하지 않고, 심각한 경우, 자살성향의 원인이 될 수 있습니다. 또한, 항우울제를 복용하는 환자들은 그들의 가족과 학교또래집단과 같은 다른 사람들에게 공격적인 성향을 가지는 경향이 있습니다. 항우울제가 필요한 경우, 환자들은 항우울제를 복용하는 대신에 점진적이고 안전하게 복용량을 줄이면서, 그 약을 끊기 위해 의사들과 소통하면서 해결해 나가야 할 것입니다.

Q39. 항우울제에 대해서 주로 이야기되고 있는 것은 무엇인가?

(a) 항우울제는 일반적으로 우울증 질환을 앓고 있는 환자들에게 사용된다.

(b) 항우울제의 부작용은 모든 우울증 환자들에게 매우 심각하다.

(c) **항우울제는 특정한 집단의 환자들에게만 사용되어져야 한다.**

(d) 항우울제는 부작용에도 불구하고 계속 사용이 되었다.

해설

항우울제는 우울장애를 가진 우울증 환자들에게 널리 처방되어지고 있지만, 어린이와 청소년들에게는 부작용이 있으므로 전문가와의 상담 치료를 대안으로 제시하고 있다. 따라서 정답은 (c)이다.

Q40. 강의에 따르면 맞는 것은 무엇인가?

(a) 항우울제는 오늘날 상당히 드물게 사용된다.

(b) 항우울제 효능은 아이들에게는 제한적이거나 없다.

(c) 우울장애를 가진 청소년들은 그들의 가족을 외의 다른 사람들에게는 공격적일 수 있다.

(d) **일부 환자들은 항우울제를 복용하는 것을 피하라고 권고 받는다.**

해설

항우울제 복용이 아이들과 청소년들에게는 전반적으로 안전하지 않으며, 심하면 자살성향의 원인이 될 수 있고, 그들의 가족과 학교 또래집단과 같은 다른 사람들에게 공격성을 띠게 할 수 있으므로 전문가의 상담을 권고한다고 했으므로 정답은 (d)이다. 특정한 항우울제가 아이들과 청소년들에게 효과가 있는 것을 인정했으므로 효과가 제한적일 수는 있지만, 전혀 없다고 할 수 없으므로 (b)는 정답이 될 수 없다.

antidepressant 항우울제 depressed patient 우울증 환자 prescribe (약을) 처방하다 standard treatment 일반 치료제

adolescent 청소년 beneficial 이로운 suicidal tendency 자살 성향 aggressive 공격적인 peer 또래집단 anxiety disorder 불안장애 eating disorder 섭식장애 sleep disorder 수면장애 antidepressant medication 항우울제 dosage 복용량, 투여량 wean oneself off ~을 끊다 side effect 부작용 extremely 매우, 극도로 specific 특정한 infrequently 드물게 efficacy (약의) 효험

ACTUAL TEST 02

Part I
⇒ 본책 P 88

1 (c)	**2** (b)	**3** (c)	**4** (d)	**5** (c)
6 (b)	**7** (a)	**8** (c)	**9** (b)	**10** (d)

Part II

11 (b)	**12** (d)	**13** (d)	**14** (d)	**15** (d)
16 (c)	**17** (b)	**18** (d)	**19** (a)	**20** (b)

Part III

21 (c)	**22** (a)	**23** (c)	**24** (a)	**25** (c)
26 (c)	**27** (c)	**28** (d)	**29** (c)	**30** (a)

Part IV

31 (c)	**32** (a)	**33** (c)	**34** (b)	**35** (d)
36 (d)				

Part V

37 (a)	**38** (d)	**39** (c)	**40** (d)

Part I

1

M What are you going to do Saturday afternoon?

W _____

(a) Something different from Saturday.

(b) Weekends are time for relaxing.

(c) **I'm doing the laundry.**

(d) It'll be really exciting.

번역

M 토요일 오후에 뭐하실 거예요?

W _____

(a) 토요일과는 다른 일이요.

(b) 주말은 편히 쉬는 시간이지요.

(c) **세탁을 하려고요.**

(d) 정말 신이 날 거예요.

해설

토요일 오후에 무엇을 할 것인지에 대한 질문에 세탁을 할 거라는 (c)가 가장 자연스러운 응답이다. (b)의 weekends는 남자의 말 Saturday에서 연상할 수 있는 함정이다.

relax 편히 쉬다   **do the laundry** 세탁하다

2

W   I heard the meeting was postponed.
M   _____

(a) It will be canceled tomorrow.
(b) We'll have it at a later date.
(c) I didn't see you at the meeting.
(d) The meeting was very interesting.

번역

W   회의가 연기되었다고 들었어요.
M   _____

(a) 내일 취소될 거예요.
(b) 회의는 나중에 할 거예요.
(c) 회의에서 당신을 보지 못했어요.
(d) 회의가 아주 흥미로웠어요.

해설

회의가 연기되었다는 말에 나중에 할 거라는 (b)가 가장 적절하다. 회의는 아직 하지 않았기 때문에 회의에서 여자를 보지 못했다는 (c)와 회의가 흥미로웠다는 (d)는 상황에 맞지 않다.

postpone 연기하다   **cancel** 취소하다

3

M   How many stories do you think this skyscraper has?
W   _____

(a) It has to be big to have hundreds of books.
(b) Maybe 15 of them are adventure stories.
(c) I would say around 200 floors.
(d) It can't be as many as yesterday.

번역

M   이 고층 건물에 층이 몇 개 있을 것 같아요?
W   _____

(a) 책 수백 권을 담으려면 커야 해요.
(b) 아마 그 중 15개는 모험 이야기일 걸요.
(c) 제가 볼 때는 200층 정도요.
(d) 어제만큼 많을 리가 없어요.

해설

story의 의미를 정확하게 알아야 풀 수 있는 문제이다. 질문에서는 how many stories를 써서 건물이 모두 몇 '층'인지를 물어보고 있으므로 200층 정도라고 대답한 (c)가 가장 자연스럽다. (a)와 (b)는 남자의 말 story를 '이야기'라는 의미로 이해했을 때 고를 수 있는 함정이다.

adventure 모험   **skyscraper** 고층 건물

4

M   James Dean was a larger-than-life figure.
W   _____

(a) It was because of his ordinary life experiences.
(b) That must have been a very big painting.
(c) He must have lived for a very long time.
(d) And he was a very complex human being.

번역

M   제임스 딘은 전설적인 인물이었어.
W   _____

(a) 그건 그의 평범한 삶 때문이었지.
(b) 아주 큰 그림이었겠어.
(c) 그는 정말 오래 살았겠어.
(d) 아주 복잡한 사람이었기도 하고.

해설

제임스 딘이 전설적인 인물이었다는 말에 매우 복잡한 사람이기도 했다고 덧붙여 말하는 (d)가 적절한 응답이다. larger-than-life와 ordinary는 상반된 표현이므로 (a)는 응답으로 적절하지 않다.

larger-than-life 전설적인   **figure** 유명한 인물   **ordinary** 평범한

5

W   I am really envious of Jessica's new apartment.
M   _____.

(a) You must not have luck on your side.
(b) It is a very nice place for me to live in.
(c) She is extremely fortunate to have found it.
(d) Jessica should have seen it yesterday.

번역

W   제시카의 새 아파트가 정말 부러워요.
M   _____

(a) 행운이 당신 편은 아니었나 봐요.
(b) 제가 살기에 아주 좋은 곳이죠.
(c) 그 아파트를 발견했으니 정말 운이 좋은 거죠.
(d) 제시카가 어제 그걸 봤어야 했어요.

해설

여자는 제시카의 새 아파트를 마음에 들어 하고 있지만 같이 아파트를 찾고 있었다는 언급이 없으므로 (a)는 맞지 않고, 남자가 자기가 살기에 좋은 곳이라는 (b)도 대화에 어울리지 않다. 아파트가 좋은 만큼 제시카가 운이 좋은 것이라고 하는 (c)가 가장 적절하다.

envious 부러워하는   **extremely** 매우   **fortunate** 운이 좋은

6

M I would like to take out a loan to buy a car.
W _____

(a) Sure. You have run up a lot of debt.
(b) Do you have some identification with you?
(c) That kind of withdrawal will require a manager's approval.
(d) OK. What kind of account would you like to open?

번역

M 자동차 구입을 위해 대출을 받고 싶은데요.
W _____

(a) 물론이지요. 빚이 많으시네요.
(b) 지금 신분증 있으신가요?
(c) 그런 출금은 지점장의 승인이 필요합니다.
(d) 좋아요. 어떤 종류의 계좌를 개설하실 건가요?

해설

은행에서 직원과 대출을 받으려는 손님과의 대화이다. 남자가 차를 사기 위해 대출을 받고 싶다고 하자 신분증이 필요하다는 의미에서 지금 신분증이 있냐고 묻는 (b)가 적절한 응답이다. (a)는 가능하다고 하면서 빚이 많이 쌓여 있다는 내용이 연결되어 앞뒤 흐름이 맞지 않다.

loan 대출 **debt** 빚 **identification** 신분증 **withdrawal** 출금 **approval** 승인 **account** 계좌

7

M We really need an out of the box thinker to give us some guidance.
W _____

(a) We'll look for prospective candidates ASAP.
(b) Why don't you put some box thinkers on the job then?
(c) You need no such guidance at the moment.
(d) Let's review about what kind of thinkers you need.

번역

M 우리에게 앞으로의 방향을 제시해 줄 독창적인 사람이 정말 필요해요.
W _____

(a) 가능한 한 빨리 유망한 후보자를 찾아볼게요.
(b) 그럼 이 일에 독창적인 사람들을 투입하는 게 어때요?
(c) 당신은 지금 그런 지도는 필요 없어요.
(d) 어떤 류의 사상가가 필요한지 다시 검토해 봅시다.

해설

think out of the box란 '독창적으로 생각하다'라는 의미이다. 앞으로 나아갈 방향을 제시해 줄 독창적인 사람이 필요하다는 말에 최대한 빨리 괜찮은 후보를 물색해 보겠다고 하는 (a)가 가장 적절한 응답이다.

guidance 지도 **prospective** 유망한 **candidate** 후보자

8

W This morning, Shawn narrowly avoided a car accident coming to work.
M _____

(a) There are too many cars clogging up the streets.
(b) He saw that accident on the way this morning.
(c) I wonder if he is shaken up from the incident.
(d) The Narrows are a very tricky section of road.

번역

W 오늘 아침 출근길에 숀이 교통사고를 간신히 모면했어요.
M _____

(a) 거리가 너무 많은 차로 꽉 막혀 있어요.
(b) 그가 오늘 아침 오는 길에 사고를 목격했어요.
(c) 그가 그 일로 인해 충격을 받았는지 모르겠네요.
(d) 내로우즈 거리는 정말 힘든 구역이에요.

해설

출근길에 교통사고를 간신히 모면한 숀에 대한 대화이다. 사고가 날 뻔한 아찔한 상황 때문에 그 일로 충격을 받지 않았을까 하는 (c)가 가장 자연스럽다.

narrowly 간신히 **clog** 막다 **incident** 사건 **tricky** 까다로운

9

M We've been given the green light to design the new monument.
W _____

(a) Placing the light is the trickiest thing to do.
(b) Let's make sure it's feasible within our budget.
(c) Designing something new is nothing new to me.
(d) We should've put it up on the roof instead.

번역

M 새로운 기념물을 디자인하도록 허가를 받았어요.
W _____

(a) 등 설치가 가장 까다로운 작업이에요.
(b) 우리 예산 내에서 가능하도록 합시다.
(c) 새로운 것을 디자인하는 것이 제게는 새롭지 않아요.
(d) 대신에 그것을 지붕 위에 설치했어야 하는데요.

해설

green light는 청신호에 비유하여 '(사업 등에 대한) 허가, 승인'을 말한다. 새로운 기념물의 디자인을 하도록 승인을 받았으므로 정해진 예산 내에서 디자인을 완성할 수 있게 하자는 (b)가 가장 적절한 응답이다.

monument 기념물 **feasible** 실행 가능한 **budget** 예산

10

M Make sure you don't drive through the red light.
W _____

(a) There's an alternate light around the corner.
(b) I'll wait until it turns into a red light.
(c) We can't get pulled over too many times.
(d) You need to relax. I know what to do.

번역

M 빨간 불을 무시하고 운전하지 않도록 해요.
W _____

(a) 길모퉁이에 번갈아 나오는 신호가 있어요.
(b) 빨간 불로 바뀔 때까지 기다릴게요.
(c) 교통경찰에게 너무 많이 잡히면 안 돼요.
(d) 안심해요. 어떻게 해야 하는지 알고 있어요.

해설

운전할 때 빨간 신호에 정지하라는 남자의 말에 상대를 진정시키며 자신이 교통 법규를 잘 알고 있다고 응답한 (d)가 가장 적절하다. (c)의 get pulled over는 교통경찰에게 잡혀 도로 한편에 차를 세우도록 지시 받을 때 쓰는 표현이다.

alternate 번갈아 나오는   pull over 차를 대다

Part II
11

M Have you seen how the clouds have become darker?
W Yes, I hope you brought an umbrella.
M What do you mean?
W _____

(a) Maybe we should go outside.
(b) It is probably going to rain soon.
(c) Everyone should buy an umbrella.
(d) It's a very sunny day today.

번역

M 구름이 점점 어두워지는 거 봤니?
W 응. 네가 우산을 갖고 왔기를 바라.
M 무슨 뜻이야?
W _____

(a) 우리 밖으로 나가야겠어.
(b) 곧 비가 올 것 같아.
(c) 모두들 우산을 사야 해.
(d) 오늘은 아주 화창하네.

해설

구름이 점점 어두워지는 상황에서 우산을 갖고 왔기를 바란다는 여자의 말은 곧 비가 올 테니 우산이 필요할 거라는 뜻이다. 따라서 응답으로 가장 적절한 것은 (b)이다.

go outside 밖으로 나가다   probably 아마도

12

W I'm sorry. I didn't mean to hurt your feelings.
M You made me really upset today.
W Is there anything I can do to make it up to you?
M _____

(a) You have a jealous personality.
(b) You'll just get false hopes.
(c) Could you pretend to like me?
(d) Just give me a heartwarming hug.

번역

W 미안해. 당신 기분을 상하게 할 뜻은 없었어.
M 자기 때문에 오늘 정말 속상했어.
W 내 잘못을 만회할 수 있는 일이 없을까?
M _____

(a) 당신은 질투심 많은 성격이야.
(b) 넌 그냥 헛된 기대를 갖게 될 거야.
(c) 날 좋아하는 척 하면 안 돼?
(d) 그냥 따뜻하게 한번 안아줘.

해설

남자를 속상하게 해서 그것을 만회하기 위해 뭔가 해줄 수 있는 것이 있을지 묻는 여자의 말에 이어질 남자의 응답으로 가장 적절한 것은 (d)이다.

make it up to ~에게 보상해 주다   personality 성격
heartwarming 마음을 따뜻하게 하는

13

M What is your purpose for coming here to this country?
W I plan to sightsee and to visit friends.
M How long do you plan on staying here?
W _____

(a) When I finally get a visa.
(b) Until my friends come to visit.
(c) As long as I have friends.
(d) Till the end of the month.

번역

M 이 나라에 오신 목적이 뭔가요?
W 관광도 하고 친구도 방문하려고요.
M 얼마 동안 머무르실 건가요?
W _____

(a) 비자를 받을 때까지요.
(b) 제 친구들이 찾아올 때까지요.
(c) 저에게 친구들이 있는 한요.
(d) 이번 달 말까지요.

해설

공항의 입국 심사대 직원으로 보이는 남자는 여자에게 이 나라에 입국한 목적과 체류 기간에 관해 묻고 있다. 얼마 동안 머무를 예정인지를 묻는 남자의 질문에 대한 응답으로 구체적인 기간을 말하는 (d)가 가장 적절하다.

purpose 목적 **sightsee** 관광하다 **as long as** ～하는 한

14

W Dad, can you make sure I get up early tomorrow?
M OK. Is there something important you need to do?
W Yes, my science project is due and I still have things to finish.
M _____

(a) Make sure that you get up early.
(b) I hope you finished your science project.
(c) Remember that it has to be completed.
(d) I can't believe you didn't finish it yet.

번역

W 아빠, 저 내일 아침 일찍 깨워주실 수 있어요?
M 그러마. 뭐 중요하게 해야 할 일 있니?
W 네, 과학 숙제 제출일인데 아직 끝내야 할 게 있어서요.
M _____

(a) 꼭 일찍 일어나도록 하렴.
(b) 과학 과제를 끝냈기 바란다.
(c) 끝마쳐야 한다는 것을 명심하렴.
(d) 아직 끝내지 않았다니 정말 믿을 수 없구나.

해설

일찍 깨워달라는 딸의 말에 아빠가 그 이유를 묻자 과학 숙제를 끝낼 것이 있다고 대답하는데 아직 숙제를 끝내지 않은 것을 믿을 수 없다는 (d)가 가장 적절하다. (a)와 (c)는 딸의 요청에 어울리지 않는 응답이며, (b)는 시제상 맞지 않다.

project 숙제 **due** 마감 **complete** 끝내다

15

M There's a traffic accident ahead, so we can't go this way.
W So, how can we get to Aaron's house?
M We'll take the road next to the school.
W _____

(a) Don't forget to take the direct path.
(b) I would rather use the crosswalk.
(c) Quit being a backseat driver all the time.
(d) Watch out for pedestrians on the road.

번역

M 앞에 교통사고가 나서 이 길로 못 가겠다.
W 그럼 애론 집에는 어떻게 가지?
M 학교 옆길로 갈 거야.
W _____

(a) 직통 길로 가는 거 잊지마.
(b) 차라리 횡단보도를 이용하겠어.
(c) 항상 운전할 때 이래라저래라 잔소리 좀 그만해.
(d) 길에 보행자 조심해.

해설

운전 중에 앞에 교통사고가 나서 계속 갈 수 없다며 학교 옆길로 가야겠다고 하는 남자의 말에 학교 옆길이니 보행자를 조심하라는 (d)가 가장 적절한 응답이다.

direct path 직통로 **crosswalk** 횡단보도 **pedestrian** 보행자

16

M Filing income tax returns is really stressful.
W I know. Last year I had to owe money back.
M If I owe this year, I might just take out a loan.
W _____

(a) You should wait until someone gives it to you.
(b) If you do, you risk becoming bankrupt.
(c) Asking for financial assistance can always help.
(d) It's very profitable to do something like that.

번역

M 소득세 신고서 제출 때문에 정말 스트레스 받아.
W 그러게. 나는 작년에 돈을 더 내야 했어.
M 올해 돈을 내야 하면 난 대출 받아야 할지도 몰라.
W _____

(a) 누군가 너한테 줄 때까지 기다려야 해.
(b) 그렇게 한다면 파산할 위험이 있어.
(c) 재정 지원을 요청하면 언제나 도움이 되지.
(d) 그렇게 하는 것이 굉장히 수익성이 있지.

해설

소득세 신고에 대해 이야기하며 자신은 작년에 돈을 더 내야 했다는 여자의 말에 남자는 올해 돈을 내야 한다면 대출을 받아야 할 것이라고 한다. 여기에 재정적 지원을 요청하는 것이 도움이 될 것이라는 조언을 하는 (c)가 가장 적절하다.

file (서류를) 정리해서 제출하다 **income tax return** 소득세 신고 **take out a loan** 대출을 받다 **bankrupt** 파산한 **financial assistance** 재정 지원 **profitable** 수익성 있는

17

M My students are always acting up in class.
W Do you need any assistance?
M Sure. What do you think I need to do?
W _____

(a) I told you that I can't help you anymore.
(b) Establish rules and guidelines for the class.
(c) You should take them to a theater to act.
(d) Give them access to what they need.

번역

M 학생들이 수업 시간에 항상 말을 안 듣고 제멋대로야.
W 도움이 필요해?
M 물론이지. 어떻게 해야 할까?
W _____

(a) 내가 더 이상 도와줄 수 없다고 말했잖아.
(b) 수업 시간에 적용할 규칙과 지침을 정해.
(c) 연기를 할 수 있게 학생들을 극장에 데려가야 해.
(d) 학생들이 필요한 것에 접근할 수 있게 해줘.

해설

수업 시간에 버릇없이 구는 학생들에 대한 남자의 고민에 도움을 줄 수 있도록 해결책을 제시해야 하므로 규칙과 지침을 정하라는 (b)가 적절하다. act up은 '말을 안 듣고 버릇없이 군다'는 의미로 (c)는 act를 반복하는 함정이다.

assistance 도움 **establish** 설정하다 **guideline** 지침

18

W I hope the police can put an end to all the crime in our neighborhood.
M Well, Congress just passed a bill to punish criminals with harsher consequences.
W Then hopefully they will think twice before breaking the law.
M _____

(a) I shouldn't make up stories like that.
(b) Mitigating circumstances made them free.
(c) The allegations against them were unfounded.
(d) And things such as assault will decrease.

번역

W 경찰이 우리 동네에 모든 범죄를 근절시킬 수 있으면 좋겠어.
M 의회에서 범죄자들을 더 혹독하게 처벌하는 법안을 막 통과시켰대.
W 그럼 법을 위반하기 전에 한 번 더 생각하면 좋겠네.
M _____

(a) 나는 그런 이야기를 만들어 내면 안 돼.
(b) 정상 참작을 해서 그들이 풀려났어.
(c) 그들에 대한 혐의는 근거 없는 것이었어.
(d) 그러면 폭행 같은 것들이 줄어들겠지.

해설

의회에서 범죄자들을 더 혹독하게 처벌할 법안이 통과되었다는 남자의 말에 여자는 사람들이 법을 위반하기 전에 한 번 더 생각할 것이라고 한다. 이에 대한 호응으로 폭행 같은 범죄가 줄어들 것이라는 (d)가 가장 적절하다.

put an end 근절시키다 **congress** 의회 **pass a bill** 법안을 통과시키다 **harsh** 혹독한 **consequence** 결과 **break the law** 법률을 위반하다 **mitigating circumstance** 정상 참작 상황 **allegation** 혐의 **unfounded** 근거 없는 **assault** 폭행

19

M Jane, remember to be courteous to my mother.
W I try every time, but I think she hates me.
M No, she doesn't. Why would you think that?
W _____

(a) She's probably still holding a grudge.
(b) I'm just grateful for her hospitality.
(c) Next time we'll just go for it all.
(d) You stood me up last time we met.

번역

M 제인, 우리 엄마에게 꼭 정중하게 대해 드려.
W 매번 노력하지만, 어머니가 나를 싫어하시는 것 같아.
M 아니야. 왜 그렇게 생각하는데?
W _____

(a) 아직도 꽁하고 계신 것 같아.
(b) 환대해 주셔서 감사할 따름이야.
(c) 다음번에는 모두 다 도전해 볼 거야.
(d) 지난번에 우리가 만났을 때 당신이 나를 바람맞혔잖아.

해설

제인에게 엄마가 본인을 왜 싫어한다고 생각하는지를 묻고 있으므로 이에 대한 이유가 응답으로 와야 한다. 따라서 엄마에게는 아직도 불만이 남아 있기 때문일 것이라고 답한 (a)가 적절하다.

courteous 정중한 **hold a grudge** 불만이 있다 **grateful** 감사하는 **hospitality** 환대 **stand somebody up** 바람맞히다

20

W The mayor has fallen out of favor with the people.
M I know. I read that his popularity has diminished.
W What do you think he could do to increase it?
M _____

(a) He was very inappropriate the other day.
(b) Show some remorse for his mistakes.
(c) What he's done is not relevant now.
(d) This whole situation is unbearable.

번역

W 시장이 사람들 눈 밖에 나고 있어요.
M 그러게요. 인기가 떨어졌다는 기사 읽었어요.
W 어떻게 해야 다시 인기를 끌어올릴 수 있을까요?
M _____

(a) 일전에는 정말 부적절했어요.
(b) 실수에 대해 반성의 기미를 보여야죠.
(c) 시장이 한 행동은 지금 관련 없어요.
(d) 이 모든 상황이 참을 수 없어요.

해설

두 사람은 시장의 인기가 떨어지고 있다는 사실에 관해 이야기하고 있다. 시장의 인기를 끌어올릴 방법에 관해 묻는 여자의 말에 대중에게 반성하는 모습을 보여줘야 한다는 해결책을 제시한 (b)가 가장 적절하다.

fall out of favor 눈 밖에 나다 **diminish** 줄어들다 **inappropriate** 부적절한 **remorse** 반성 **relevant** 관련 있는 **unbearable** 참을 수 없는

21

Listen to a conversation between two friends.

W Have you heard of the latest Tom Cruise movie?
M Yes, I have. I've been dying to see it since I saw the trailer last month.
W They say his character is a professional matchmaker but is unlucky in love in his own life.
M In the newspaper, it said the movie theater will do a screening for the first 200 people to come tonight.
W I don't have plans tonight, so I say we should go.
M OK. I just hope they make a sequel to this movie. I just love him.

Q. What is the conversation mainly about?
(a) A person who makes matches for people
(b) How a person unfortunately died last month
(c) An upcoming movie of the man's favorite actor
(d) The screening event happening later today

번역

두 친구의 대화를 들으시오.

W 톰 크루즈의 최신 영화 얘기 들었니?
M 응, 들었어. 지난 달에 예고편 본 이후로 진짜 보고 싶어 죽겠더라.
W 그의 역할이 전문 중매쟁이인데 안타깝게도 자기 인생의 연인은 찾지 못한대.
M 신문에 보니 극장에서 오늘밤에 선착순 200명에게 상영을 할 거라던데.
W 난 오늘 아무 계획 없는데, 우리 보러 가자.
M 좋아. 이 영화는 속편도 만들었으면 좋겠어. 그 배우가 너무 좋아.

Q. 대화의 주된 내용은?
(a) 사람들 중매를 서는 사람
(b) 불행히도 지난 달에 사람이 어떻게 죽었는지
(c) 남자가 좋아하는 배우의 개봉 예정 영화
(d) 오늘 늦게 진행되는 상영 이벤트

해설

두 사람은 곧 개봉할 새 톰 크루즈의 영화에 관해 이야기하고 있다. 마지막에 남자는 영화에 등장하는 배우가 좋아서 영화의 속편도 나오기를 바란다고 말하므로, 주된 대화의 내용으로 옳은 것은 (c)이다. 두 사람이 선착순 200명 상영 이벤트에 갈 예정이지만 대화의 주된 내용으로 보긴 어렵다.

be dying to ~하고 싶어 못 견디다   **trailer** 예고편   **matchmaker** 결혼 중매인   **unlucky** 성공하지 못한   **screening** 상영   **sequel** 속편

22

Listen to a conversation between two friends.

W I can't believe your brother let the cat out of the bag!
M He's really sorry. He didn't know it's supposed to be a surprise party.
W You weren't supposed to have a clue about this.
M I know, but accidents sometimes happen.
W When your mother finds out, she is going to hit the ceiling.
M Oh no! Really? Well then, I better be surprised for my party then.

Q. What are the two speakers mainly discussing?
(a) The man's surprise party being leaked out
(b) An incident that happened at the party
(c) The man's mom getting into a fight
(d) No clue about how a cat escaped

번역

두 친구의 대화를 들으시오.

W 네 남동생이 비밀을 무심코 말해 버렸다니 말도 안 돼!
M 정말 미안해하더라. 깜짝 파티인 거 몰랐대.
W 넌 이 일에 관해 전혀 몰라야 했다고.
M 알아, 하지만 가끔 사고도 생기고 그런 거지.
W 너의 엄마가 아시면 엄청 화내실 거야.
M 이런! 정말? 그렇다면 내 생일 파티에 깜짝 놀라는 게 좋겠네.

Q. 두 사람의 주된 대화 내용은?
(a) 남자의 깜짝 파티가 누설된 것
(b) 파티에서 일어났던 사고
(c) 남자의 엄마가 싸움에 휘말린 것
(d) 고양이의 탈출 방법에 대한 단서가 없는 것

해설

여자는 남자를 위해 준비 중인 깜짝 파티의 비밀이 누설되어 남자의 어머니가 화를 낼까 봐 걱정하고 있다. 따라서 대화의 주된 내용으로 옳은 것은 (a)이다. 파티는 앞으로 일어날 일이므로 (b)는 시제상 맞지 않고, (d)는 여자의 말 let the cat out of the bag을 이용한 함정이다.

let the cat out of the bag 무심코 비밀을 누설하다   **clue** 단서, 실마리   **hit the ceiling** 격노하다   **leak out** 누설되다

23

Listen to a conversation between two friends.

W This current administration is doing nothing to help the homeless.
M What do you expect? There are other problems to worry about.
W How can you say that? They could at least pledge to do something.
M They shouldn't do that. Our schools need to be focused on first.
W I just guess we're going to disagree on everything, huh?
M Yeah, I think we are going to differ on many topics.

Q. What is mainly happening in the conversation?
(a) Which schools need help the most
(b) The role the government should play
(c) **Disagreements on public policy issues**
(d) A discussion on the plight of the homeless

두 친구의 대화를 들으시오.
W 현 정부는 노숙자를 돕는 데에는 아무것도 안 하고 있어.
M 뭘 기대하니? 골치 아픈 다른 문제들이 있잖아.
W 어쩜 그렇게 말할 수 있니? 뭔가 하겠다고 약속할 수는 있잖아.
M 그렇게 하면 안 돼. 학교에 우선 신경 써야 해.
W 우리는 모든 면에서 생각이 다를 것 같다. 그렇지?
M 맞아, 많은 일에 의견이 다를 것 같아.

Q. 대화에서 주로 일어나고 있는 일은?
(a) 어떤 학교가 도움이 가장 필요한지
(b) 정부가 해야 하는 역할
(c) **공공 정책 문제에 관한 의견 차이**
(d) 노숙자들의 역경에 관한 논의

여자와 남자는 현 정부의 정책에 대해 서로의 의견에 반박하며 각자의 의견을 말하고 있다. 따라서 이 대화에서 일어나고 있는 상황으로 옳은 것은 (c)이다.

administration 정부 **pledge** 약속하다 **differ** 의견을 달리하다
plight 역경

24

Listen to a conversation between a professor and a student.

W Professor? I apologize for being so tardy.
M If this keeps up, the university might have to suspend you.
W I'm just having a hard time waking up lately.
M What's going on?
W The motivation to study just isn't there anymore.
M Maybe you need to take some time off then.

Q. Which is correct about the woman according to the conversation?
(a) **The will to learn is gone in the woman.**
(b) School officials have expelled her.
(c) She has intense insomnia nullifying sleep.
(d) The woman hasn't shown up for classes.

교수와 학생의 대화를 들으시오.
W 교수님, 너무 늦어서 죄송합니다.
M 계속 늦으면 대학 측에서 자네를 정학시켜야 할지도 모르네.
W 요즘 일어나는 게 힘들어요.
M 무슨 일 있나?
W 더 이상 공부에 대한 의욕이 없어요.
M 좀 쉬어야 할지도 모르겠군.

Q. 다음 중 여자에 관해 옳은 것은?
(a) **여자에게는 배우고자 하는 의지가 사라졌다.**
(b) 학교 관계자들이 그녀를 퇴학시켰다.
(c) 그녀에게는 수면 효과를 없애는 극심한 불면증이 있다.
(d) 여자는 수업에 오지 않고 있다.

여자에게 공부하고자 하는 의욕이 생기지 않아 자꾸 지각을 한다는 내용으로, 여자의 마지막 말에서 학습 의지가 없다는 것을 알 수 있으므로 답은 (a)이다. (b)는 앞으로도 계속 지각을 하면 학교에서 정학을 시킬 수 있다고 했으므로 오답이다. (c)는 언급되지 않았고, (d)는 수업 불참이 아닌 지각이므로 답이 될 수 없다.

tardy 늦은 **suspend** 정학시키다 **motivation** 자극 **expel** 퇴학시키다 **intense** 극심한 **insomnia** 불면증 **nullify** 무효화하다

25

Listen to a conversation about a fundraising event.

M Are you coming to the fund raiser tonight?
W I'm not sure. I'm tied up with work right now.
M I told you about this event over a month ago!
W I'm sorry, but a colleague is on maternity leave.
M Well if you get a chance, come by the convention center.
W There's a lot here to finish, but I'll try my best.

Q. Which is correct according to the conversation?
(a) The woman is carrying some funds.
(b) Maternity leave overlaps with a fund raiser.
(c) The man is occupied with a convention.
(d) The woman was sidetracked by other work to do.

번역

지금 모금 행사에 대한 대화를 들으시오.
M 오늘 밤 기금 모금 행사에 오니?
W 잘 모르겠어. 지금 일 때문에 꼼짝 못해.
M 이 행사에 대해 한 달도 더 전에 말했잖아!
W 미안해. 동료 한 명이 출산 휴가 중이라서.
M 혹시 기회가 되면, 컨벤션 센터에 잠깐 들러.
W 끝낼 게 많지만, 최선을 다해 볼게.

Q. 다음 중 옳은 것은?
(a) 여자가 기금의 일부를 소지하고 있다.
(b) 출산 휴가는 기금 모금 행사와 겹친다.
(c) 남자는 집회 일로 바쁘다.
(d) 여자는 다른 할 일 때문에 정신이 없다.

해설

남자가 오늘 밤 기금 모금 행사에 올 수 있는지 묻자 여자는 동료 한 명이 출산 휴가를 가서 일 때문에 꼼짝할 수 없다고 말하므로 여자는 일 때문에 바쁘다는 (d)가 정답이다.

fund raiser 기금 모금 행사 **colleague** 동료 **maternity leave** 출산 휴가 **overlap** 겹치다 **sidetrack** 따돌리다. 탈선시키다

26

Listen to a conversation between two colleagues.

W Have you been able to identify any lethal hazards around the area?
M I investigated the space around the tree earlier.
W And did you find anything?
M Yeah. The tree itself is taking in contaminated groundwater.
W OK. Let's corner off this area then.
M The other shrubbery in the area has been already checked as well.

Q. Which is correct according to the conversation?
(a) The hazards are not dangerous right now.
(b) Groundwater is providing nutrients.
(c) Plants in the vicinity are at risk.
(d) Abandoning the trees is an option.

번역

두 동료의 대화를 들으시오.
W 이 지역 주변에서 치명적인 위험 요인을 발견했나요?
M 사전에 나무 주변 지대를 조사했습니다.
W 그래서 뭔가 발견한 게 있나요?
M 네. 나무가 오염된 지하수를 흡수하고 있습니다.
W 알겠습니다. 그러면 이 지역을 차단합시다.
M 이 지역에 있는 다른 관목도 이미 확인했습니다.

Q. 다음 중 옳은 것은?
(a) 위험 요소가 지금 당장 위험하지는 않다.
(b) 지하수는 영양분을 공급한다.
(c) 인근에 있는 식물이 위험에 처해 있다.
(d) 나무를 포기하는 것도 생각해 볼 만하다.

해설

조사 결과 나무가 오염된 지하수를 흡수하고 있다는 것을 발견하였고 이미 주변의 식물도 확인했다고 하므로 답은 (c)가 된다.

identify 발견하다 **lethal** 치명적인 **hazard** 위험 요소 **investigate** 조사하다 **take in** 흡수하다 **contaminated** 오염된 **groundwater** 지하수 **shrubbery** 관목 **in the vicinity** 근처에서 **abandon** 포기하다

27

Listen to a conversation about a report.

M Jessica? You didn't finish the report due today.
W I'm sorry. It must have slipped my mind.
M You really have to stop procrastinating at work.
W Could you just give me an extension until tomorrow?
M I guess so. Just be grateful I'm in a good mood.
W Trust me, I am. I won't let you down.

Q. Which is correct about Jessica according to the conversation?
(a) There's no time to finish the report.
(b) Her memory is impeccable.
(c) **She drags her feet at her job.**
(d) Any remorse in her is gone.

번역

보고서에 대한 대화를 들으시오.
M 제시카, 오늘이 마감인 보고서를 안 끝냈잖아요.
W 미안해요. 깜빡 잊어버렸나 봐요.
M 직장에서 일을 미루는 행동은 정말 그만 해야 해요.
W 내일까지 기간을 연장해 주실 수 있나요?
M 그래요. 내 기분이 좋은 것에 고마워해요.
W 믿어 주세요, 감사하고 있어요. 실망시켜 드리지 않을게요.

Q. 제시카에 관한 내용으로 옳은 것은?
(a) 보고서를 끝낼 시간이 없다.
(b) 기억력이 나무랄 데가 없다.
(c) **일을 안 하고 늑장 부린다.**
(d) 뉘우치는 바가 없다.

해설

오늘이 마감인 보고서를 끝내지 못하고 깜빡 잊어버리고 있었던 제시카가 상사로 보이는 남자에게 내일까지 시간을 더 달라고 부탁하는 것으로 볼 때 제시카에 관한 내용으로 옳은 것은 (c)이다.

slip one's mind 잊어버리다 **procrastinate** 미루다 **impeccable** 흠잡을 데 없는 **drag one's feet** 늑장 부리다 **remorse** 뉘우침

28

Listen to two friends discuss a film.

W The documentary on the Holocaust was visually stunning.
M I'm in agreement with you on that. It brought me to tears.
W Do you think you could have survived?
M Me? I don't know. There's a certain inner strength you have to possess.
W Yeah. All the torture day in and day out had to have taken a toll.
M Be grateful that we weren't put in that position.

Q. What does the woman ask about?
(a) The kind of character one needed to survive
(b) **If the man could have endured the horrible experience**
(c) The daily routine of being a prisoner of war
(d) How much a toll the Holocaust took on people

번역

두 친구가 영화에 대해 의논하는 것을 들으시오.
W 유대인 대학살에 관한 다큐멘터리 너무 충격적이더라.
M 그 점은 나도 동감이야. 눈물 나더라.
W 너라면 살아남을 수 있었을 것 같아?
M 나? 모르겠어. 어떤 내적인 강인함이 있어야겠지.
W 맞아. 연일 계속되는 고문은 엄청난 타격을 줬을 테니.
M 그 처지에 있지 않았던 것에 감사해야지.

Q. 여자는 무엇에 관해 묻고 있나?
(a) 살아남기 위해 필요한 성격
(b) **남자가 끔찍한 경험을 견딜 수 있었을지**
(c) 전쟁 포로로서의 일과
(d) 유대인 대학살이 얼마나 사람들에게 피해를 입혔는지

해설

여자가 유대인 대학살에 관한 다큐멘터리를 본 후에 남자에게 너라면 살아남을 수 있었을지를 묻자 남자가 확고한 정신력이 필요했을 것 같다고 대답하고 있다. 따라서 여자가 묻고 있는 내용으로 가장 적절한 것은 (b)이다.

stunning 너무 충격적인 **torture** 고문 **day in and day out** 연일 계속되는 **take a toll** ~에 큰 타격을 주다 **routine** 일상

29

Listen to a conversation between two colleagues.

W Our children's test scores are lagging behind the national average.

M If it doesn't improve, we'll lose the grant money.

W I'm not sure if there's anything that can be done.

M We could hold study tables every night after school.

W That just might be what we need.

M Let's put this plan to the school board for approval.

Q. What can be inferred from the conversation?

(a) The grant money can be replaced.

(b) The students are skirting success.

(c) **They will adopt a new strategy to raise grades.**

(d) Extra study sessions will be held before school.

두 동료의 대화를 들으시오.

W 우리 학생들의 시험 점수가 전국 평균보다 뒤처지고 있어요.

M 점수가 나아지지 않으면 보조금을 계속 받을 수 없을 거예요.

W 손 쓸 수 있는 일이 있는지 모르겠어요.

M 매일 밤 방과 후에 남아서 공부를 더 할 수도 있어요.

W 우리에게 필요한 일일 수도 있겠네요.

M 이 계획을 교육 위원회에 승인을 위해 제출합시다.

Q. 대화에서 유추할 수 있는 것은?

(a) 보조금은 대체될 수 있다.

(b) 학생들은 성공을 피하고 있다.

(c) 성적을 올리기 위해 새로운 전략을 취할 것이다.

(d) 특별 공부 시간은 수업 전에 가질 것이다.

해설

study table은 수업 시간 외에 별도로 모여 공부를 하는 것으로 복습이나 질문을 하며 이해가 부족한 부분을 채워주는 시간이다. 학생들의 학업 성적을 증진시키기 위한 방안으로 방과 후 study table을 열 것이라고 했으므로 (c)를 유추할 수 있다.

lag behind 뒤처지다 **grant** 보조금 **school board** 교육 위원회 **skirt** 회피하다 **adopt** 취하다 **strategy** 전략

30

Listen to a conversation about a new planet.

M It looks like they've found a new planet in our solar system.

W Really? I wonder what NASA has planned then.

M They're going to send an unmanned spacecraft there in about a decade.

W That's a lengthy wait, don't you think?

M You do have to plan for these things.

W Yeah, but I'm sure they've already planned for something like this.

Q. What can be inferred from the conversation?

(a) **Scientists will first send robots to probe the planet.**

(b) NASA will land on the planet in 10 years.

(c) Projects like this require no preparation.

(d) We know all the planets in our solar system.

새 행성에 대한 대화를 들으시오.

M 그들이 우리 태양계에서 새로운 행성을 찾은 것 같아요.

W 정말요? 그렇다면 나사가 어떤 계획을 세웠는지 궁금하네요.

M 그들은 약 10년 안에 그곳에 무인 우주선을 보낼 계획이래요.

W 너무 오래 기다린다고 생각하지 않아요?

M 이런 일을 하려면 계획을 세워야죠.

W 그렇기는 하지만 이와 비슷한 뭔가를 이미 계획해 놓았을 거라고 확신해요.

Q. 대화에서 유추할 수 있는 것은?

(a) 과학자들은 처음에는 행성을 탐사하기 위해 로봇을 보낼 것이다.

(b) 나사는 10년 내에 행성에 착륙할 것이다.

(c) 이런 프로젝트는 준비가 필요하지 않다.

(d) 우리는 우리 태양계의 모든 행성을 안다.

해설

과학자들이 새로운 행성을 찾아 10년 안에 우주선을 보낼 것이라는 내용이다. an unmanned spacecraft에서 알 수 있듯이 무인 우주선이므로 로봇을 보낼 것이라는 (a)를 유추할 수 있다. 이런 일에는 준비가 필요하다고 했으므로 (c)는 오답이다.

solar system 태양계 **unmanned** 무인의 **spacecraft** 우주선 **decade** 10년 **lengthy** 긴, 오랜 **probe** 탐사하다

Part IV

31

Food photography is an important part in presenting food to possible customers. How this is achieved is by using food stylists. The job of the food stylist is to make the food look as attractive as possible in photographs. Many stylists are professional chefs themselves, so they know how the final photograph should look. Some techniques include using white glue in lieu of milk and using heavy cream instead of milk in bowls of cereal to keep the cereal from getting soggy.

Q. What is the main idea of the talk?
(a) Many food photographers have had culinary training.
(b) Cereal can look better if the milk is heavy cream.
(c) Food photography aims to create the most enticing images.
(d) A photo technique is to use glue to replace milk.

번역

음식 사진 촬영은 음식을 잠재 고객에게 보여줄 때 중요한 부분이다. 이것을 해내는 것은 푸드 스타일리스트를 이용하면 된다. 푸드 스타일리스트의 역할은 음식이 사진에서 최대한 맛있어 보이도록 만드는 것이다. 많은 푸드 스타일리스트들은 자신이 전문 요리사이기 때문에 최종 사진이 어떻게 보여야 하는지 안다. 몇 가지 기술로는 우유 대신에 흰 풀을 사용하고, 그릇에 담긴 시리얼이 눅눅해지는 것을 막기 위해 우유 대신 유지가 많은 진한 크림을 사용하는 것이다.

Q. 담화의 요점은?
(a) 많은 음식 사진 작가들은 요리 교육을 받았다.
(b) 시리얼은 우유가 진한 크림이 더 보기 좋다.
(c) 음식 사진은 가장 유혹적인 이미지 창조를 목적으로 한다.
(d) 우유를 대신하기 위해 풀을 사용하는 것이 한 가지 사진 기법이다.

해설

푸드 스타일리스트들이 잠재 고객을 끌어들이도록 사진 속 음식이 맛있어 보이게 만들 수 있는 기법에 대해 주로 이야기하고 있으므로 (c)가 정답이다.

present 보이다 **achieve** 이루다 **attractive** 눈에 뜨이는
professional 전문의 **in lieu of** ~의 대신에 **soggy** 눅눅한
culinary 요리의 **enticing** 유혹적인

32

Health Secretary Harry Chow announced on Thursday that late last night, a 65-year-old woman had tested positive for the H5N1 bird flu. The woman recently came back home from Hong Kong after visiting family on the Chinese mainland. With this case, the government decided to upgrade the bird flu alert to serious. This means that there is a risk of catching the disease. So, remember to take precautions when stepping outside and to clean and cook all foods properly.

Q. What is the talk mainly about?
(a) A deadly type of flu rearing its head
(b) Safety measures needed against the bird flu
(c) A woman coming home with a sick bird
(d) The seriousness of a lady's medical condition

번역

목요일에 보건부 장관 해리 차우는 전날 밤 늦게 65세 여성이 H5N1 조류 독감 양성으로 판명되었다고 발표했습니다. 이 여성은 최근 중국 본토에 있는 가족을 방문한 후 홍콩에서 본국으로 돌아왔습니다. 이 사례로 인해 정부는 조류 독감 경보를 위험 수준으로 올리기로 결정했습니다. 이는 질병에 걸릴 위험이 있음을 의미합니다. 따라서 외출 시 예방 조치를 하고, 모든 음식을 제대로 씻고 조리하시기 바랍니다.

Q. 담화는 주로 무엇에 관한 것인가?
(a) 치명적인 독감의 발발
(b) 조류 독감에 대해 취해야 할 안전 조치
(c) 병든 새를 데리고 귀가한 여성
(d) 어떤 여성의 의료 상태의 심각성

해설

최근에 중국의 가족을 방문한 후 홍콩에서 돌아온 여성이 H5N1 조류 독감 양성으로 판명되어 정부가 경보를 위험 수준으로 올렸다는 내용이므로 정답은 (a)이다.

positive 양성 반응의 **bird flu** 조류 독감 **mainland** 본토 **upgrade** 올리다 **alert** 경보 **precaution** 예방 **deadly** 치명적인 **rear one's head** 나타나다 **measure** 조치

33

Rebel Trader, the novelty and costume shop, has sold its last Halloween costume. A message on the store's website said that it was out of business and the store did not answer repeated phone calls. Rebel Trader was a Northpoint City institution for the past 35 years selling novelty items, costumes, tickets, and other knickknacks to the community. The building that housed the store will be torn down shortly and a new hotel will be built in its place.

Q. Which is correct according to the talk?
(a) Nothing will be erected after the demolition of the store.
(b) The store's online site requested people to call their office.
(c) Rebel Trader was a longtime business in the community.
(d) The merchandise was the reason for going under.

번역

장식품 및 코스튬 상점인 레블 트레이더가 마지막 남은 핼러윈 의상을 판매했습니다. 홈페이지에 올린 메시지를 통해 폐업을 알렸고, 가게는 계속되는 전화에도 응답하지 않았습니다. 레블 트레이더는 지난 35년간 지역 사회에 색다른 물건, 의상, 표, 그 외 장식품을 판매하며 노스포인트 시티의 명물이었습니다. 가게가 있던 건물은 곧 철거될 것이고 그 자리에 새 호텔이 세워질 것입니다.

Q. 담화의 내용과 일치하는 것은?
(a) 가게 철거 후 아무것도 세워지지 않을 것이다.
(b) 그 가게는 홈페이지를 통해 사람들에게 전화할 것을 요구했다.
(c) 레블 트레이더는 그 지역에서 오랫동안 장사를 했다.
(d) 그들이 판매한 물건 때문에 문을 닫게 되었다.

해설

레블 트레이더가 그 지역 사회에서 지난 35년간 장사를 하였다고 했으므로 정답은 (c)이다. institution은 '기관, 단체'라는 뜻도 있지만 '잘 알려진 것, 명물'이라는 의미도 있는데 지문에서는 '명물'의 의미로 쓰였다.

novelty 새로운[신기한] 물건 **costume** 의상 **out of business** 폐업한 **knickknack** 골동품 **house** 수용하다 **tear down** 철거하다 **erect** 세우다 **demolition** 철거 **go under** 파산하다

34

If you ever drive through the town of Coober Pedy, Australia, you might not see any people out and about. The reason for that is because many of the people in Coober Pedy live underground! The average temperature is between 30-32 degrees centigrade. Because it is a mining town, the residents there realized that the mines itself were actually cooler than above ground. So, most residents there refurbished the old mines and turned them into homes. They can even be outfitted with electricity and other comforts of surface living.

Q. What is correct about Coober Pedy in the talk?
(a) The houses underground are not usually furnishable.
(b) Coober Pedy has an uncomfortably hot climate.
(c) Living above ground is more convenient than in the mines.
(d) You cannot have electricity in these subterranean homes.

번역

언젠가 호주의 쿠버 페디 시를 운전해서 지나간다면, 당신은 밖이나 주변에서 사람을 보지 못할지도 모른다. 그 이유는 쿠버 페디에 사는 많은 사람들이 지하에서 살기 때문이다! 평균 기온은 섭씨 30도에서 32도 사이이다. 쿠버 페디는 광업 도시이기 때문에 주민들은 광산 자체가 실제로 땅 위보다 더 시원하다는 것을 깨달았다. 그래서 대부분의 주민들은 옛 광산을 새로 꾸며 집으로 개조했다. 전기 및 지상의 편리한 시설도 갖출 수 있다.

Q. 담화에서 쿠버 페디에 관해 옳은 것은?
(a) 지하의 집들은 보통 가구를 갖출 수 없다.
(b) 쿠버 페디는 불편할 정도로 기후가 덥다.
(c) 광산 안보다 땅 위에 사는 것이 더 편리하다.
(d) 지하의 집들에는 전기가 들어갈 수 없다.

해설

쿠버 페디의 평균 기온이 섭씨 30에서 32도 사이이고, 대부분의 사람들이 지하에 산다는 것은 쿠버 페디의 기후가 덥다는 것을 말하므로 정답은 (b)이다.

centigrade 섭씨 온도 **mining** 광업 **resident** 주민 **refurbish** 새로 꾸미다 **outfit** 갖추어 주다 **uncomfortably** 불편하게 **subterranean** 지하의

35

The Aurora Borealis or Northern Lights are natural light displays seen at night usually around the polar region. Photons released into the Earth's atmosphere are the primary source. Photons can come from atmospheric atoms gaining an electron or losing them and returning to a ground state. The atoms are energized from solar winds from the sun coming into the Earth's magnetic lines. The lights usually come in three colors: green, red, blue and sometimes a mixture of colors.

Q. Which is correct about the talk?

(a) The northern lights are a manmade visual manifestation.

(b) Seeing the lights is possible anywhere in the world.

(c) Photons can come from the air as well as the ground.

(d) **The emission of photons creates the color patterns.**

번역

오로라 보리얼리스 혹은 북극광은 보통 극지방 주변에서 밤에 보이는 자연적인 발광 현상이다. 이 현상은 지구 대기권으로 방출된 광자가 주요 원인이다. 광자는 전자를 얻는 대기 중 원자에서 발생할 수도 있고 전자를 잃고 기저(基底) 상태로 가며 발생할 수도 있다. 대기 중 원자는 지구 자기선으로 들어오는 태양에서 날아온 태양풍으로부터 활성화된다. 북극광은 보통 초록, 빨강, 파랑 세 가지 색깔로 나타나는데, 가끔은 혼합색으로도 나타난다.

Q. 담화의 내용과 일치하는 것은?

(a) 북극광은 인간이 만든 시각적 징후이다.

(b) 이 빛은 세계 어디서든 볼 수 있다.

(c) 광자는 대기 중에서 발생할 수도 있고 지면에서 발생할 수도 있다.

(d) **광자의 분출이 이 색의 무늬를 만들어 낸다.**

해설

담화 초반에 지구 대기권으로의 광자 방출 때문에 이런 발광 현상이 일어난다고 했으므로 정답은 (d)이다.

polar 극지의 **photon** 광자 **release** 방출하다 **atmosphere** 대기 **primary** 주요한 **atom** 원자 **electron** 전자 **ground state** 기저 상태 **solar wind** 태양풍 **magnetic** 자기의 **manifestation** 징후 **emission** 방출

36

The Blindside: Evolution of a Game, written by Michael Lewis, is about how the NFL offense has changed over the past 40 years due to dominant defensive players such as Lawrence Taylor, who increased the importance of the position of left tackle. The second story involves a professional athlete named Michael Oher and his humble beginnings from homeless youth to professional left tackle playing in the National Football League. This book turned into a movie with the same title starring Sandra Bullock.

Q. What can be inferred about Michael Lewis' book?

(a) This book discusses only the career of Lawrence Taylor.

(b) Left tackles are less important due to a dominant offense.

(c) It is critical of the plight of the urban poor.

(d) **The movie will have some elements of the book in it.**

번역

마이클 루이스가 저술한 〈블라인드 사이드: 게임의 진화〉는 레프트 태클 포지션의 중요성을 높여 놓은 로렌스 테일러와 같은 우세한 수비수들로 인해, 미식축구 리그의 공격 방법이 과거 40년간 어떻게 변화했는가에 관한 책이다. 두 번째 이야기는 마이클 오어라는 프로 선수의 노숙 청소년으로서의 초라한 인생에서부터 미식축구 리그의 프로 레프트 태클이 되기까지의 내용을 담고 있다. 이 책은 산드라 블록이 주연한 동명의 영화로 나왔다.

Q. 마이클 루이스의 책에 대해 유추할 수 있는 것은?

(a) 이 책은 단지 로렌스 테일러의 경력만을 논의한다.

(b) 레프트 태클은 강력한 수비수로 인해 덜 중요하다.

(c) 도시 빈곤층의 어려움에 대해 비판하고 있다.

(d) **영화는 책의 몇 가지 요소를 포함할 것이다.**

해설

이 책은 미식축구 리그의 우세한 수비수들로 인해 공격 방법이 어떻게 변했는가를 기술하고 있으며, 마이클 오어라는 프로 미식축구 선수의 인생과 경력도 담고 있다. 그리고 동일한 제목으로 영화화되었다고 한다. 따라서 정답은 (d)이다.

evolution 진화 **offense** 공격 **dominant** 우세한 **defensive** 수비의 **humble** 초라한 **homeless** 노숙자의 **star** 주연하다 **career** 경력 **element** 요소

Part V

37~38

Thank you again for attending the field trip. I hope you had a wonderful time because I did, as well. So I would like to remind you of next week's annual conference for parents and teachers. We are moving to widen participation in the upcoming conference and to bring more parents in, as we'll be discussing the budget proposal. As mentioned in the letter of invitation, you should arrive at the auditorium before we start the conference. It would be better for you to come early since we'll be serving light snacks and refreshments at 6 o'clock. I really hope you enjoy the time having a word with other parents and teachers. Moreover, two special guests—the founder of this high school, Mr. Steve Smith, and his wife—are expected to come. For more information, visit www. westfieldschool.hs.kr!

Q37. What is the main purpose of the talk?
(a) **To urge parents to participate in the conference.**
(b) To describe requirements for participants.
(c) To explain how to get along with unfamiliar people.
(d) To provide necessary information for students.

Q38. Which is correct according to the talk?
(a) The conference is held twice a year.
(b) Parents and teachers will be provided with snacks after the conference.
(c) The conference will be discussing various problems except the budget.
(d) **One of the special visitors established the school.**

【번역】
현장학습에 참여해 주셔서 한 번 더 감사드립니다. 저 또한 즐거운 시간을 보냈기 때문에 여러분이 즐거운 시간을 보냈기를 바랍니다. 그래서 저는 여러분에게 다음 주에 있을 학부모님과 선생님들을 위한 연례회의를 알려 드립니다. 저희가 다가오는 회의의 참석률을 높이고, 더 많은 부모님들을 모셔 오기 위한 쪽으로 노력하고 있는 것은 예산안에 대해서 논의할 예정이기 때문입니다. 초대장에 언급했던 것처럼 회의를 시작하기 전에 강당에 도착하셔야 합니다. 저희가 간단한 스낵과 다과를 6시부터 제공할 예정이기 때문에 좀 더 일찍 와 주시면 더 좋을듯합니다. 저는 다른 부모님들 그리고 선생님들이 함께 대화를 나누는 시간을 가지기를 진심으로 바랍니다. 또한, 이 고등학교 설립자인 스티브 스미스 씨와 그의 아내분, 두 분이 특별 손님으로 오시기로 되어 있습니다. 더 자세한 정보는 www. westfieldschool.hs.kr를 방문해 주세요!

Q37. 담화의 주된 목적은 무엇인가?
(a) **부모님들이 회의에 참석하도록 촉구하기 위해서**
(b) 참석자에 대한 자격요건을 설명하기 위해서
(c) 낯선 사람들과 잘 어울리는 방법을 설명하기 위해서
(d) 학생들에게 필요한 정보를 제공하기 위해서

【해설】
다음 주에 있을 연례회의에서 예산안에 대해 논의할 예정이므로 학교가 연례회의의 참석률을 높이고, 더 많은 부모님들을 모셔오기 위해 노력하고 있다고 했으므로 이 담화의 목적은 (a)이다.

Q38. 담화에 따르면 맞는 것은 무엇인가?
(a) 회의는 1년에 두 번 개최된다.
(b) 부모님과 선생님들은 회의 후에 간단한 간식을 제공받을 것이다.
(c) 회의는 예산을 제외한 다양한 문제를 논의할 예정이다.
(d) **특별 방문객 중 한 명은 그 학교를 설립했다.**

【해설】
담화의 마지막에 연례회의에 참석하게 될 두 명의 초대 손님들 중에 한 명인 스미스 씨가 웨스트필드 학교의 설립자라고 소개하고 있으므로 정답은 (d)이다.

field trip 현장학습 **remind** ~에게 ~을 상기시키다 **annual conference** 연례회의 **widen** 확장시키다, 넓히다 **participation** 참석률 **budget proposal** 예산안 **mention** 언급하다 **auditorium** 강당 **refreshments** 다과 **have a word with** ~와 대화를 나누다 **founder** 창립자, 설립자

39~40

In today's biology lecture, we're talking about ants. Many human societies around the world make use of ants in medicinal therapy, rituals, biological pest control and even in cuisine. Ants are often considered beneficial insects to humans as they have been widely used in life. But some species of ants are characterized as pests, primarily those that are dominant in human habitats like urban areas. Let's look at two examples. First, black carpenter ants can hollow-out trees, infest wooden buildings, and cause damage to other structures. Another species, yellow crazy ants, were brought accidentally into northern Australia and Christmas Island in the Indian Ocean. This led to ecological damage in a wide range of tropical and subtropical environments. An overpopulation of ants can have harmful effects on the environment. Therefore, we need to control ants, considering both positive and negative effects.

Q39. What is mainly being said about ants?
(a) They are helpful in various aspects of daily life.
(b) They must be eradicated from metropolitan areas.
(c) **They should be considered with caution despite their usefulness.**
(d) They enable an ecological system to keep in balance.

Q40. What is correct according to the lecture?
(a) People often find ants in every corner of the city.

(b) People are required to protect insects as ants are gradually disappearing.
(c) The population of ants has sharply increased over the last few years.
(d) Ants are often used for beneficial purposes.

[번역]

오늘 생물학강의에서는 개미에 대해서 이야기할 것입니다. 전 세계에 있는 많은 인류사회는 약물요법, 의식, 생물적 방제 그리고 심지어 요리에 이르기까지 개미를 이용하고 있습니다. 개미는 생활 속에서 널리 사용되고 있기 때문에 인간에게 유용한 곤충으로 종종 여겨집니다. 그러나, 개미의 일부 종들은 해충으로 간주되어지며, 주로 도심지역처럼 사람들이 생활하는 거주지에 번식하는 종들이 그러합니다. 두 가지 예를 봅시다. 우선, 나무의 속을 파먹는 왕개미는 목조건축물에 들끓고, 그 건축물에 피해를 입힙니다. 또 다른 종인 노랑미친개미는 우연히 북부 오스트레일리아와 인도양 크리스마스 섬으로 유입이 됩니다. 이것은 광범위한 열대와 아열대지방의 환경에 생태학적인 피해를 입히는 원인이 되었습니다. 개미의 과잉번식은 환경에 해로운 영향을 끼칠 수 있습니다. 따라서 우리는 긍정적이고 부정적인 영향을 모두 고려하면서 개미를 관리할 필요가 있습니다.

Q39. 개미에 대해서 주로 이야기되고 있는 것은 무엇인가?
(a) 개미는 일상생활의 다양한 측면에서 유익하다.
(b) 개미는 대도시지역에서 박멸되어야 한다.
(c) **개미는 유용하지만 신중하게 생각되어 져야 한다.**
(d) 개미는 생태환경이 균형을 유지하도록 한다.

[해설]

개미는 우리의 생활 속에서 다양한 목적으로 활용되고 있어서 인간들에게 유익한 곤충으로 인식되지만, 몇몇 종들은 건축물에 피해를 입히고, 환경적으로 생태계에 피해를 줄 수 있으므로 개미에 대해 긍정적, 부정적 영향을 모두 고려해야 한다고 했으므로 정답은 (c)이다.

Q40. 강의에 따르면 맞는 것은 무엇인가?
(a) 사람들은 개미를 도시곳곳에서 자주 발견하다.
(b) 개미가 점점 사라지고 있기 때문에 사람들은 곤충을 보호할 필요가 있다.
(c) 개미의 개체 수는 지난 몇 년 동안 급격히 증가했다.
(d) **개미는 종종 유용한 목적들로 사용된다.**

[해설]

도입 부분에 전 세계에 있는 많은 인류사회에서 약물요법, 의식, 생물적 방제 그리고 심지어 요리에 이르기까지 개미가 활용되고 있으며, 개미는 우리의 삶 속에서 매우 유익한 곤충으로 인식된다고 언급했으므로 정답은 (d)이다. 나머지 선택지들은 언급되지 않은 내용이다.

make use of ~을 이용하다, 활용하다 **medicinal therapy** 약물요법 **ritual** 의식 **biological pest control** 생물적 방제 **cuisine** 요리(법) **characterize** 특징 짓다 **dominant** 우세한, 지배적인 **habitat** 서식지, 거주지 **urban area** 도시지역 **black carpenter ant** 왕개미 **make a hollow** (속을) 파다 **infest** (곤충 등이) 들끓다 **yellow crazy ant** 노랑미친개미 **bring into** ~로 가져오다 **ecological damage** 생태학적 피해 **a wide range of** 광범위한, 다양한 **tropical** 열대의 **subtropical** 아열대의 **overpopulation** (인구, 개체수) 과잉, 밀집 **eradicate** 박멸하다 **metropolitan area** 대도시지역 **ecological system** 생태계 **keep in balance** 균형을 유지하다 **sharply** 급격히

ACTUAL TEST 03

Part I
→ 본책 P 92

| 1 (d) | 2 (b) | 3 (d) | 4 (b) | 5 (d) |
| 6 (b) | 7 (d) | 8 (c) | 9 (d) | 10 (d) |

Part II

| 11(c) | 12 (c) | 13 (b) | 14 (c) | 15 (c) |
| 16(c) | 17 (b) | 18 (c) | 19 (c) | 20 (b) |

Part III

| 21(a) | 22 (a) | 23 (b) | 24 (c) | 25 (b) |
| 26(d) | 27 (b) | 28 (d) | 29 (d) | 30 (b) |

Part IV

| 31(d) | 32 (c) | 33 (b) | 34 (c) | 35 (b) |
| 36(c) | | | | |

Part V

| 37(c) | 38 (c) | 39 (c) | 40 (b) |

Part I

1

W My throat is really sore for some reason.
M _____

(a) Your face is turning pale.
(b) Maybe you have gotten cold feet.
(c) The hospital is far away.
(d) You should take some medicine.

[번역]

W 웬일인지 목이 정말 따끔거려.
M _____

(a) 얼굴이 창백해지고 있어.
(b) 겁을 먹었나 봐.
(c) 병원은 멀리 있어.
(d) **약을 좀 먹도록 해.**

[해설]

목이 따끔거린다는 여자의 말에 약을 먹으라는 (d)가 가장 적절한 응답이다. (a)는 안색에 관한 언급으로 적절하지 않고, (c)는 병원의 위치를 물었을 때 적절한 응답이다.

sore 따가운 **pale** 창백한 **cold feet** 겁

2

M We can't listen to her. She's a wolf in sheep's clothing.

W _____

(a) Wool looks very good on her.
(b) I wouldn't trust her, either.
(c) We should take advantage of the sale.
(d) You're right. It's too loud in here.

M 우린 그녀의 의견을 받아들일 수 없어요. 그녀는 위선자예요.

W _____

(a) 그녀는 울이 잘 어울려요.
(b) 저도 그녀를 신뢰하지 않아요.
(c) 할인 판매를 잘 이용해야 해요.
(d) 맞아요. 여기는 너무 시끄러워요.

listen to는 '듣는다'라는 의미 외에 '믿고 의견을 받아들이다'는 의미가 있다. 양의 탈을 쓴 늑대 같은 그녀의 의견을 받아들일 수 없다는 남자의 말에 여자도 동의하며 그녀가 못 미덥다고 응답한 (b)가 자연스럽다.

wolf in sheep's clothing 위선자   take advantage of ~을 이용하다

3

W Why is Diane making a long face?

M _____

(a) She doesn't want to feel unattractive.
(b) Short faces are easier to sculpt.
(c) Because getting fit is important to her.
(d) She had a very tough day at the office.

W 다이앤이 왜 시무룩해 있죠?

M _____

(a) 그녀는 매력이 없다고 느끼고 싶어하지 않아요.
(b) 짧은 얼굴이 조각하기가 더 쉬워요.
(c) 그녀에게는 몸매 관리가 중요하니까요.
(d) 직장에서 정말 힘든 하루를 보냈대요.

다이앤이 왜 우울한지를 묻는 말에 그녀가 힘든 하루를 보냈기 때문이라는 이유를 말해주고 있는 (d)가 적절하다. long face는 '우울한 얼굴'을 뜻하는 관용어로 (b)의 short face는 대화의 내용과 관련이 없다.

make a long face 슬픈 표정을 짓다   unattractive 매력적이지 않은   sculpt 조각하다   fit 좋은 건강 상태인   tough 힘든

4

M Please take the time to stop your smoking habit.

W _____

(a) It's part of the custom here.
(b) I've been meaning to get around to it.
(c) It's been three weeks since I quit.
(d) The smoking lounge is in the next room.

M 제발 시간을 내서 담배를 끊도록 해요.

W _____

(a) 그건 이곳 관습의 일부예요.
(b) 그러려고 하고 있어요.
(c) 담배를 끊은 지 3주 되었어요.
(d) 흡연실은 옆방이에요.

담배를 끊으라는 남자의 말에 노력하고 있다는 (b)의 응답이 가장 적절하다. 관습의 일부라는 (a)와 흡연실의 위치를 알려주는 (d)는 상황과 맞지 않다.

custom 관습   get around to ~을 고려하다   quit 그만두다
lounge 휴게실

5

W The cost of living in the city is higher than in the country.

M _____

(a) We get a furnished apartment instead.
(b) What country are we talking about?
(c) Paying a lot of money is not a good idea.
(d) A big part of it is paying for rent.

W 시골보다 도시에서 생활비가 더 많이 들어.

M _____

(a) 대신 우리는 가구 딸린 아파트를 얻잖아.
(b) 어느 나라를 얘기하고 있는 거야?
(c) 돈을 많이 내는 것은 좋은 생각이 아니야.
(d) 집세가 생활비에서 큰 부분을 차지하지.

도시에서 사는 것이 시골에서 사는 것보다 비용이 더 든다는 여자의 말에 도시는 집세가 비싸기 때문에 비용이 더 든다고 응답하는 (d)가 가장 적절하다. (b)의 country는 '국가'라는 의미로 함정이다.

cost of living 생활비   furnished 가구가 딸린   rent 집세

6

W I'm so sorry. I heard someone stole your car.
M _____

(a) The buses weren't running this morning.
(b) **I inadvertently left the keys inside it.**
(c) My friend Rob said it was a hit and run.
(d) I rented a nice sedan for the upcoming trip.

W 정말 유감이에요. 차를 도둑맞았다면서요.
M _____

(a) 오늘 아침에 버스가 운행하지 않았어요.
(b) **제가 무심코 차 안에 열쇠를 두었어요.**
(c) 제 친구 롭이 뺑소니 사고였다고 하더라고요.
(d) 곧 있을 여행을 위해 멋진 차를 빌렸어요.

해설

여자는 차를 도난당한 남자에게 유감을 표하고 있다. 여기에 차 안에 무심코 두고 온 열쇠 때문에 도난당했다고 설명하는 (b)가 적절하다.

inadvertently 무심코 **hit and run** 뺑소니 사고 **upcoming** 곧 있을

7

M What do you think about that rice cooker?
W _____

(a) He prepares the best rice in the city.
(b) That type of cuisine is the most profitable.
(c) I haven't tasted the cook's food yet.
(d) **It's too expensive for my liking.**

번역

M 저 전기밥솥에 대해 어떻게 생각해?
W _____

(a) 그는 도시에서 최고의 밥을 지어.
(b) 그런 류의 음식이 가장 돈이 되지.
(c) 요리사의 음식을 아직 맛보지 않았어.
(d) **내 취향에는 너무 비싸.**

해설

전기밥솥에 대한 여자의 의견을 묻는 질문으로 비싸다는 의견을 밝힌 (d)가 적절한 응답이다. (a)는 rice를 반복한 함정이고, (b)는 전기밥솥이 아닌 특정 음식에 대한 설명으로 질문의 rice를 염두에 둔 함정이다.

rice cooker 전기밥솥 **cuisine** 요리 **profitable** 이익이 되는 **liking** 취향

8

W You need to get in touch with your mother. She's worried.
M _____

(a) It's remarkable how much she doesn't talk to me.
(b) My mom told me that everything's fine with dad.
(c) **I tried already but she is unreachable right now.**
(d) She knows if I touch her she could get sick, too.

번역

W 어머니가 걱정하시니 연락을 드리세요.
M _____

(a) 엄마가 저에게 얼마나 말씀을 안 하시는데요.
(b) 아빠는 잘 지내신다고 엄마가 말씀하셨어요.
(c) **벌써 해봤는데 지금 연락이 되지 않아요.**
(d) 제가 만지면 어머니도 병에 걸린다는 걸 알고 계세요.

해설

어머니께 연락을 드리라는 충고에 이미 연락을 했으나 연락이 닿지 않는다는 (c)가 가장 적절하다. 아버지에 대한 언급은 없었으므로 (b)는 맞지 않고, (d)의 touch는 '접촉하다'는 의미로 쓰인 함정이다.

get in touch with ~와 연락하다 **remarkable** 놀라운 **unreachable** 연락이 안 되는

9

M Right now I'm living on a shoestring budget.
W _____

(a) Maybe it's time to buy new shoes.
(b) Everybody knows that money doesn't grow on trees.
(c) You could get by with only wearing sandals.
(d) **I think you need to get a full-time job.**

번역

M 지금 얼마 안 되는 생활비로 근근이 살고 있어요.
W _____

(a) 아마 새 신발을 살 때가 됐나 봐요.
(b) 돈이 나무에서 열리는 게 아닌 거 알잖아요.
(c) 샌들만 신고도 그럭저럭 견딜 수 있어요.
(d) **정규직 자리를 구하셔야 해요.**

해설

shoestring budget이란 '소액의 돈'을 의미한다. 적은 돈으로 생활하고 있으니 정규직 일자리를 구해 수입을 늘려 보라고 응답하는 (d)가 자연스럽다. (a)의 new shoes와 (c)의 sandal은 남자의 말 shoestring에서 연상할 수 있는 함정이므로 주의해야 한다.

shoestring 소액의 돈 **budget** 예산 **get by with** 그럭저럭 해나가다 **full-time** 정규직

10

M Integrated Phone Inc. has broken new ground in the cell phone market.

W _____

(a) Purchasing a new phone can be very expensive.
(b) The priority should be to get there as soon as possible.
(c) All they have to do is repair it and it'll be fine.
(d) **Their phones are supposed to be very durable.**

번역

M 인티그레이티드 폰 사가 새롭게 휴대 전화 시장에 진출했어.

W _____

(a) 새 전화기 구매는 매우 비쌀 수도 있어요.
(b) 가능한 한 빨리 그곳에 도달하는 게 급선무에요.
(c) 수리하기만 하면 괜찮을 거예요.
(d) **그 회사 전화기는 내구성이 정말 좋아야 해요.**

해설

break new ground란 '새로운 분야를 개척하다'라는 의미로 대화에서 어떤 회사가 신규로 휴대 전화 사업에 진출했음을 말한다. 신규 사업에서 뛰어난 품질, 즉 내구성으로 승부해야 한다고 말한 (d)가 가장 적절한 응답이다.

priority 최우선 **be supposed to** ~해야 한다 **durable** 내구성 있는

Part II
11

W How can I help you?
M Yes, I would like a cup of coffee, please.
W How do you take it?
M _____

(a) I'll take it out with me.
(b) That will be all, thanks.
(c) **With just a little sugar, please.**
(d) I'll take a mug, if you don't mind.

번역

W 무엇을 도와 드릴까요?
M 네, 커피 한 잔 마시고 싶은데요.
W 어떻게 드시겠어요?
M _____

(a) 테이크 아웃할게요.
(b) 그거면 됐어요.
(c) **설탕 조금만 넣어 주세요.**
(d) 괜찮으시다면 머그에 주세요.

해설

커피를 한 잔 마시고 싶다는 남자에게 여자는 커피를 어떻게 준비해줄지 묻고 있다. 여기에 자신의 커피의 기호를 말해주는 (c)가 가장 적절하다.

take (음식을) 먹다; 마시다 **mind** 싫어하다

12

W John, do you have your dental appointment today?
M Yeah, but I'm thinking about canceling it.
W I don't think that's such a good idea.
M _____

(a) He already told me I have high blood pressure.
(b) Canceling it is the best idea right now.
(c) **I can get the checkup at another time.**
(d) Seeing physicians is not a thrill for me.

번역

W 존, 오늘 치과 진료 예약했니?
M 네, 그런데 취소할까 생각 중이에요.
W 별로 좋은 생각 같지 않은데.
M _____

(a) 제가 고혈압이라고 그가 이미 말해줬어요.
(b) 지금은 취소하는 것이 최선이에요.
(c) **다른 시간에 진료를 받으면 돼요.**
(d) 진찰을 받는 게 신나지 않아요.

해설

치과 진료 예약을 취소할까 생각 중이라는 남자의 말에 여자가 좋은 생각 같지 않다고 대답한다. 여기에 다른 시간에 진료를 받을 수 있을 거라는 (c)가 가장 적절하다.

high blood pressure 고혈압 **checkup** 검진 **physician** 의사

13

W Hello? Could you put Stanley on the phone?
M I can't. I'm on the other line.
W Well, when will you be done?
M _____

(a) Whenever he gets on the line.
(b) **I will be finished as soon as I can.**
(c) Sorry, but it's impossible.
(d) I won't have Stanley talking too long.

번역

W 여보세요, 스탠리와 통화할 수 있을까요?
M 안 돼요, 제가 다른 통화 중이라서요.
W 그럼 통화가 언제 끝날까요?
M _____

(a) 그가 전화를 받을 때마다요.
(b) **가능한 빨리 끝낼게요.**
(c) 죄송하지만 불가능해요.
(d) 스탠리가 오래 얘기하지 않게 할 거예요.

해설

남자가 현재 다른 전화를 받고 있어 여자가 스탠리와 통화할 수 없는 상황이다. 통화가 언제 끝나는지를 묻는 여자의 말에 이어질 남자의 응답으로 가장 적절한 것은 (b)이다.

put somebody on the phone ~를 바꿔주다
on the line 수화기를 들고 있는

14

W I'm starving. What's for dinner?
M How about getting some takeout?
W Sounds good. Let's get some Indian.
M _____

(a) I don't want to pay any gratuity.
(b) OK. Let's go and dine in.
(c) My mouth's watering already.
(d) Sure, I'll get the leftovers.

번역

W 배고프다. 저녁 뭐 먹을까?
M 사 갖고 오는 건 어때?
W 좋지. 인도 음식 먹자.
M _____

(a) 팁을 조금도 내고 싶지 않아.
(b) 그래, 가서 집에서 먹자.
(c) 벌써 군침이 도는데.
(d) 좋아, 남은 것은 싸갈게.

해설

저녁으로 뭔가를 포장해 와서 먹자는 남자의 말에 여자도 동의하며 인도 음식을 제안하고 있다. 여기에 이어질 남자의 응답으로 가장 적절한 것은 (c)이다.
takeout 포장해 가는 음식 **gratuity** 팁 **dine in** 집에서 먹다
mouth is watering 군침이 돌다 **leftover** 남은 음식

15

M Hi. Could you tell me how to get to the bus stop?
W Sure. It is right in front of the movie theater.
M Where is the movie theater from here?
W _____

(a) You're standing in front of it now.
(b) It's right in front of the theater.
(c) Go straight for two blocks and turn left.
(d) Go down this block and you'll see the bus stop.

번역

M 안녕하세요, 버스 정류장에 어떻게 가는지 알려 주시겠어요?
W 네. 영화관 바로 앞에 있어요.
M 영화관은 어디인가요?
W _____

(a) 지금 바로 앞에 서 있어요.
(b) 영화관 바로 앞에 있어요.
(c) 두 블록 직진한 뒤 좌회전하세요.
(d) 이 길을 따라가면 버스 정류장이 있어요.

해설

버스 정류장으로 가는 길을 묻는 남자의 말에 여자는 영화관 바로 앞에 있다고 알려준다. 뒤이어 영화관의 위치를 묻는 남자의 말에 가는 방법을 알려주는 (c)가 가장 적절하다.

straight 똑바로, 일직선으로

16

W Can I help you?
M I demand to see the manager!
W What seems to be the problem?
M _____

(a) It's showing that I made a profit.
(b) The problem was resolved days ago.
(c) I wasn't allowed to redeem my gift card.
(d) The manager has the right to see someone.

번역

W 도와 드릴까요?
M 매니저와 이야기해야겠어요!
W 무슨 일이신가요?
M _____

(a) 제가 수익을 냈다고 나와 있어요.
(b) 문제는 수일 전에 해결됐어요.
(c) 상품권을 상품으로 교환할 수 없었어요.
(d) 매니저는 누군가를 만날 권리가 있어요.

해설

매니저를 만나야 하는 문제가 무엇인지를 묻고 있으므로 상품권을 상품으로 교환하는 데 문제가 있다고 한 (c)가 가장 적절하다. (a), (b), (d)는 모두 문제가 될 수 있는 사항이 아니므로 답이 될 수 없다.

resolve 해결하다 **redeem** (쿠폰·상품권 등을) 상품으로 바꾸다

17

M The new fitness center down the street is open 24 hours a day.
W Let's go down there and check out the facility.
M Count me in. I'm eager to get a work out in.
W _____

(a) Being at the gym all night long won't work out.
(b) Strenuous exercise always makes me feel good.
(c) Maybe it will have a fitness facility after all.
(d) I was just stretching a few minutes ago.

번역

M 저 길 아래 새 헬스클럽이 하루 24시간 연대.
W 거기 가서 시설을 확인해 보자.
M 나도 갈래. 거기서 꼭 운동해보고 싶어.
W _____

(a) 밤새 헬스클럽에 있는 건 도움이 안 될 거야.
(b) 격렬한 운동을 하면 늘 기분이 좋더라.
(c) 결국 헬스클럽 시설을 갖추게 될 지도 몰라.
(d) 나는 몇 분 전에 스트레칭하고 있었어.

해설

길 아래 24시간 문을 여는 새 헬스클럽에서 꼭 운동을 해보고 싶다는 남자의 말에 이어질 여자의 응답으로 가장 적절한 것은 (b)이다.

facility 시설 **count in** ~를 포함시키다 **eager** 간절히 바라는 **work out** 운동하다 **strenuous** 격렬한

18

W Soon, the social security system won't have money for the elderly.
M That's horrible. Senior citizens have done so much for this country.
W I hope it gets fixed by the time I'm their age.
M _____

(a) Old people will pay for the social security system.
(b) Where do you propose they fix the age?
(c) We might have to get used to retiring later.
(d) Overpopulation is not a factor in this trend.

번역

W 곧 사회 보장 제도에서 노인들에게 지급할 돈이 없을 거래.
M 그거 큰일이네. 노인들이 이 나라를 위해 많은 일을 하셨잖아.
W 내가 그 나이가 될 때까지는 보완이 됐으면 좋겠다.
M _____

(a) 나이 든 사람들은 사회 보장 제도 때문에 돈을 낼 거야.
(b) 어디에서 연령 수정을 할 수 있다고 생각해?
(c) 우리도 나중에 은퇴라는 것에 익숙해져야겠지.
(d) 인구 과잉이 이런 추세의 요인은 아니야.

해설

여자는 사회 보장 제도에서 노인들에게 지급할 돈이 곧 떨어지게 될 것이라며 자신이 노인이 될 때까지 제도가 보완되었으면 좋겠다고 말한다. 여기에 이어질 남자의 응답으로 가장 적절한 것은 (c)이다.

social security system 사회 보장 제도 **senior citizen** 노인 **get used to** ~에 익숙해지다 **overpopulation** 인구 과잉 **trend** 추세

19

M Susan, I appreciate you finding a way to cut pollution in our city.
W It was all about finding an alternate source for fuel.
M I had no idea you could use cooking oil as fuel for cars.
W _____

(a) A good note is that everything is disposable.
(b) There is a distinctive odor to the air now.
(c) The consequences of this could be far-reaching.
(d) Emissions for this will increase however.

번역

M 수잔, 우리 도시의 오염을 줄일 방법을 찾아 줘서 고마워요.
W 연료용 대체 원료를 찾는 게 전부였어요.
M 식용유를 자동차 연료로 쓸 수 있다는 건 생각도 못했어요.
W _____

(a) 좋은 점은 모든 것이 일회용이라는 거죠.
(b) 지금 공기 중에 독특한 냄새가 나요.
(c) 이 일로 커다란 영향을 미칠 겁니다.
(d) 어쨌든 식용유 때문에 가스 배출이 증가할 거예요.

해설

도시의 오염을 줄일 방법을 찾아준 여자에게 남자가 감사를 표하며 식용유를 자동차 연료로 쓸 수 있다는 것은 생각도 못한 일이었다고 말한다. 따라서 여자가 고안한 방법이 앞으로 큰 영향을 미칠 것이라는 (c)가 가장 적절하다.

alternate 대체할 **disposable** 일회용의 **distinctive** 독특한 **odor** 냄새 **consequence** 결과 **far-reaching** 지대한 영향을 가져올 **emission** 배출

20

W People really should volunteer to help more.
M I just started volunteering at a local soup kitchen.
W That's a great idea. Do you have any more information?
M _____

(a) I'll need more information from you.
(b) Let me get back to you.
(c) The kitchen will be closed for a time.
(d) We need more volunteers, not more information.

번역

W 더 도움이 되기 위해 사람들은 자원봉사를 정말 해야 해.
M 나는 지역 무료 급식소에서 자원봉사를 이제 막 시작했어.
W 좋은 생각이네. 정보가 더 있어?
M _____

(a) 나한테 정보를 더 줘야 할 거야.
(b) 나중에 얘기해줄게.
(c) 무료 급식소는 잠시 폐쇄될 거야.
(d) 정보가 아니라, 자원봉사자가 더 필요해.

해설

자원봉사에 관한 정보가 더 있는지 묻고 있다. get back to는 나중에 다시 연락한다는 의미로 자원봉사에 관한 정보를 더 알아보는 등 시간을 갖고 나중에 알려주겠다고 답한 (b)가 가장 자연스럽다.

volunteer 자원 봉사자 **soup kitchen** 무료 급식소

Part III

21

Listen to a conversation between a couple.

M Could you drop me off at the department store?
W Sure. Where do I need to go?
M Head over to the sidewalk towards your left.
W OK, I see it. Here or farther down?
M Go right in front of the Quickie Mart. You can't miss it.
W OK, here we are. I will see you soon.

Q. What is the man mainly doing in the conversation?
(a) Giving instructions on where to drop him off
(b) Heading off to do some shopping
(c) Locating where he needs to go to
(d) Purchasing something at the convenience store

번역

커플의 대화를 들으시오.
M 백화점에 내려 줄 수 있어?
W 당연하지. 어디로 가야 해?
M 왼쪽에 있는 인도로 가줘.
W 응, 알겠어. 여기 아니면 더 아래쪽?
M 퀵키 마트 바로 앞으로 가줘. 쉽게 찾을 거야.
W 자, 다 왔어. 이따 봐.

Q. 대화에서 남자는 주로 무엇을 하고 있는가?
(a) 자기를 어디에 내려 주어야 하는지 설명하기
(b) 쇼핑을 하러 가기
(c) 어디로 가야 하는지 찾기
(d) 편의점에서 무언가를 구매하기

해설

차 안에서 일어나는 대화이다. 남자는 여자에게 백화점에서 내려 달라고 부탁하면서 정확히 어느 지점에 차를 세워야 하는지를 설명하고 있으므로 (a)가 정답이다. 남자가 쇼핑을 하러 가는지는 알 수 없으므로 (b)는 정답이 아니다.

drop off 하차하다 **sidewalk** 인도 **instruction** 설명
locate 위치를 찾아내다 **purchase** 구매하다

22

Listen to a conversation between two friends.

W I just bought the 1st edition of the Pablo Escuela series.
M Really? Did you know that I helped translate them into English?
W Wow! You really did some great work.
M Thanks. Being bilingual is a good talent to have.
W Maybe I should learn a different language, too.
M It could help you out with your job as well.

Q. What is the conversation mainly about?
(a) The usefulness of being bilingual
(b) Great literary works from other countries
(c) Being able to interpret foreign literature
(d) Which Pablo Escuela edition is the best

번역

두 친구의 대화를 들으시오.
W 지금 막 파블로 에스쿠엘라의 작품 시리즈 초판을 샀어.
M 정말? 내가 그 책 영어 번역 작업 도운 거 알아?
W 우와! 정말 대단한 일을 했구나.
M 고마워. 2개 국어를 하는 건 좋은 재능이야.
W 나도 다른 언어를 배워야 할까 봐.
M 일에도 도움이 될 거야.

Q. 주된 내용은 무엇인가?
(a) 두 개 언어를 할 줄 아는 것의 유용성
(b) 다른 나라의 위대한 문학 작품
(c) 외국 문학을 통역할 줄 아는 것
(d) 파블로 에스쿠엘라의 어떤 에디션이 가장 좋은지

해설

어떤 작품의 영어 작업을 도왔다고 하는 남자의 말에 여자가 대단한 일을 했다며 칭찬해 주자, 남자는 2개 국어를 하는 것이 좋은 재능이라고 말한다. 따라서 대화의 주된 내용으로 옳은 것은 (a)이다.

first edition 초판 **translate** 번역하다 **bilingual** 2개 국어를 하는
literary works 문학 작품 **interpret** 통역하다

23

Listen to a conversation between two friends.

M Do you mind if we split the bill for lunch today?
W Sure, no problem. Low on cash this week?
M No, I'm starting to put myself on a budget.
W I was thinking about doing that myself soon.
M It really helped me to become more responsible.
W You might need to teach me how to set up a budget.

Q. What is the conversation mainly about?
(a) Dividing the portions of the meal
(b) **A way to becoming more fiscally accountable**
(c) The joys of doing a project together finally
(d) Setting out to copy each other in everything

번역

두 친구의 대화를 들으시오.

M 오늘 점심 값 나눠서 내도 괜찮을까?
W 그럼, 되고 말고. 이번 주에 현금이 부족한가 봐?
M 아니, 예산을 세워 생활하기 시작했거든.
W 나도 곧 그렇게 하려고 생각하고 있었는데.
M 보다 책임 있는 소비를 하는 데 정말 도움이 되더라고.
W 나한테 예산 세우는 방법을 가르쳐줘야 할지도 몰라.

Q. 대화의 주된 내용은?
(a) 식사의 양을 나누는 것
(b) **재정적으로 보다 책임감을 갖게 되는 방법**
(c) 마침내 프로젝트를 함께 하는 것에 대한 기쁨
(d) 모든 것을 서로 똑같이 하는 것

해설

점심 값을 나눠서 내자고 제안하는 남자가 예산을 정해 생활하기 시작했다고 말하며 그것이 책임 있는 소비 생활을 하는 데 큰 도움이 됐다고 덧붙인 것으로 볼 때, 대화의 주된 내용은 (b)이다.

split the bill (비용 등을) 나눠서 내다   **on a budget** 한정된 예산으로   **portion** 부분, 몫   **fiscally** 재정적으로   **accountable** 책임 있는   **set out to** ~을 하다. 착수하다   **in everything** 하나에서 열까지 모두

24

Listen to a conversation about cancer treatment.

M In ten years, I'll be able to eradicate cancer.
W Doctor, what if the cancer cells adapt to your cure?
M I'll confront and annihilate those new strains.
W Don't you think you're being just a little overconfident?
M Not at all. This is something I'm meant to do.
W Okay. I just hope you're right.

Q. Which is correct about the doctor according to the conversation?
(a) Modesty is a prominent characteristic.
(b) The cure eliminates only some cancers.
(c) **He is being a little brash.**
(d) The doctor will find the cure soon.

번역

암 치료에 대한 대화를 들으시오.

M 10년 안에 제가 암을 근절시킬 수 있을 거예요.
W 선생님, 암세포가 선생님의 치료제에 적응하면 어떡하죠?
M 그런 것도 맞서서 다 없애버릴 겁니다.
W 좀 지나치게 자신만만하다고 생각하지 않으세요?
M 전혀요. 제가 하려고 했던 일이니까요.
W 흠, 선생님이 옳기를 바랄 뿐이에요.

Q. 의사에 관한 내용으로 옳은 것은?
(a) 겸손함이 두드러진 특징이다.
(b) 치료법은 단지 몇 가지 암만 없앤다.
(c) **다소 자신만만하다.**
(d) 곧 치료법을 찾아낼 것이다.

해설

암을 모두 근절시키겠다고 장담하는 의사의 말에 여자가 지나치게 자신만만하다고 생각하지 않냐고 묻지만 남자는 아니라고 대답하므로 의사인 남자에 관한 내용으로 옳은 것은 (c)이다.

eradicate 근절시키다   **adapt** 적응하다   **cure** 치료제, 치유   **confront** 맞서다   **annihilate** 전멸시키다   **overconfident** 지나치게 자신만만한   **be meant to do** ~할 예정이다   **modesty** 겸손   **prominent** 두드러진   **brash** 자신만만한

25

Listen to a conversation about a dissertation.

W I'm almost done with my dissertation.
M You have spent so much time on that.
W In hindsight, I see that I should have started sooner.
M Do you think that would've helped?
W Yeah. Unfortunately, I always procrastinate on big projects.
M That's something you're just going to have to work on.

Q. Which is correct about the woman according to the conversation?
(a) The dissertation became a part of her life.
(b) **She recognized her mistake.**
(c) The woman is very disciplined.
(d) Beginning early helps her work.

번역

논문에 대한 대화를 들으시오.
W 논문을 거의 끝냈어.
M 거기에 시간을 정말 많이 할애했잖아.
W 지나고 나서 보니까, 더 일찍 시작했어야 했어.
M 그게 도움이 되었을 것 같아?
W 그럼. 안타깝게도 나는 항상 큰 프로젝트를 질질 끌어.
M 그게 네가 해결해야 할 일이야.

Q. 여자에 관해 다음 중 옳은 것은?
(a) 논문이 그녀 삶의 일부가 되었다.
(b) **그녀의 잘못을 인정했다.**
(c) 매우 교육을 잘 받았다.
(d) 일찍 시작하는 것이 그녀의 일에 도움이 된다.

해설

여자는 더 빨리 시작했어야 하는데 그러지 못했다는 것을 후에 깨닫고, 자신이 항상 큰 일을 하기 싫어서 미루는 것을 안타깝게 생각하므로 자신의 잘못을 인정하고 있다는 (b)가 옳다.

dissertation 논문 **procrastinate** 미루다, 질질 끌다
disciplined 훈련 받은

26

Listen to a conversation between two colleagues.

M We weren't able to break the formula down into its basic components.
W That might set us back a few months.
M Believe me. We're working on it day and night.
W If you fail, we'll lose our funding.
M Relax. I'll push everyone as hard as I can.
W You better or it'll be your head as well as mine.

Q. Which is correct according to the conversation?
(a) The formula is very volatile.
(b) Reaction has been positive.
(c) Diffusing the situation is impossible.
(d) **The man won't concede to failure.**

번역

두 동료의 대화를 들으시오.
M 공식을 기본 요소로 분리할 수 없었어.
W 우리 일이 몇 달이나 지연될지도 몰라.
M 나를 믿어. 밤낮으로 해결하기 위해 애쓰고 있어.
W 실패하면, 재정 지원을 잃게 될 거야.
M 진정해. 모든 사람들을 가능한 한 세게 몰아붙일 거야.
W 그러는 게 좋을 거야. 그렇지 않으면 너랑 내 책임일 테니까.

Q. 다음 중 옳은 것은?
(a) 공식이 매우 불안정하다.
(b) 반응이 긍정적이었다.
(c) 상황을 해소하는 것은 불가능하다.
(d) **남자는 실패를 인정하지 않을 것이다.**

해설

일에 어려움을 겪고 있지만 남자는 이를 해결하기 위해 모든 사람들을 동원해 불철주야로 노력하고 있다. Believe me와 Relax에서 알 수 있듯이 여자의 걱정을 일축하며 문제 해결에 대한 강한 의지를 보이고 있으므로 남자는 실패를 받아들이지 않는다는 (d)가 답이 된다.

formula 공식 **component** 구성 요소 **set back** 지연시키다
funding 재정 지원 **volatile** 불안정한 **diffuse** 해소하다
concede 인정하다

27

Listen to a conversation between two colleagues.

W Have you found the source of the virus?
M Yes, it seems to have originated in contaminated pigs.
W Will you be able to create an antidote?
M If I'm able to get to my lab, there might be enough time.
W I'll make all the necessary arrangements for you.
M I appreciate it. Excuse me, but I need to get ahold of my assistants now.
Q. Which is correct about the man according to the conversation?
(a) Making a cure can't be accomplished.
(b) His current job is as a scientist.
(c) The man's lab was inadequate.
(d) Diagnosing diseases eludes him.

번역

두 동료의 대화를 들으시오.
W 바이러스의 원인을 찾아냈나요?
M 네, 오염된 돼지한테서 비롯된 것 같아요.
W 해독제를 만들 수 있겠어요?
M 제 실험실에 갈 수 있다면, 시간은 충분할지도 몰라요.
W 필요한 준비는 다 해 드릴게요.
M 감사합니다. 실례해요, 지금 조수들에게 연락해야 돼서요.
Q. 남자에 관한 내용으로 옳은 것은?
(a) 치료제를 만들 수 없다.
(b) 그의 현재 직업은 과학자이다.
(c) 남자의 실험실은 부적절했다.
(d) 그는 질병 진단이 이해가 되지 않는다.

해설

여자가 남자에게 바이러스의 원인을 찾았는지, 해독제를 만들 수 있을지 묻자, 남자가 실험실이 확보되고 시간이 충분하면 가능할 것이라고 한다. 따라서 남자에 관한 내용으로 옳은 것은 (b)이다.

source 원인, 근원 contaminated 오염된 antidote 해독제 lab 실험실 arrangement 준비 appreciate 감사하다 cure 치료제 inadequate 부적절한 elude ~에게 이해되지 않다

28

Listen to a conversation between two friends.

M I think it's time for me to get in shape.
W You could join me. I'm an avid runner.
M Running would be too difficult for me right now.
W Don't worry. You really should give it a try.
M I'm out of breath just thinking about it now.
W Good health is just a matter of taking the first step.
Q. What can be inferred about the man from the conversation?
(a) Running is a piece of cake to him.
(b) The man has a great constitution.
(c) He runs on a daily basis.
(d) The idea of running seems out of reach.

번역

두 친구의 대화를 들으시오.
M 나도 몸 만들 때가 된 것 같아.
W 나랑 같이 하면 되겠다. 난 열심히 달리거든.
M 지금 나한테 달리기는 너무 힘들 텐데.
W 걱정 마. 넌 진짜 한번 달려 봐야 해.
M 지금 생각만으로도 숨이 찬다.
W 건강해지려면 뭔가 시작하는 게 중요해.
Q. 남자에 관해 유추할 수 있는 것은?
(a) 그에게 달리기는 식은 죽 먹기이다.
(b) 체격이 좋다.
(c) 매일 달리기를 한다.
(d) 달리기는 무리인 것처럼 보인다.

해설

여자가 함께 달리기를 하자는 말에 남자는 생각하는 것만으로도 숨이 찬다고 대답한다. 따라서 남자에 관해 유추할 수 있는 것으로 옳은 것은 (d)이다.

get in shape 몸을 만들다 avid 열심인 out of breath 숨이 가쁜 a piece of cake 식은 죽 먹기 constitution 체격 on a daily basis 매일, 날마다 out of reach 무리인

29

Listen to a conversation between a doctor and a patient.

M You need to start physical therapy soon so you can walk again.

W I know. But doctor, won't my Achilles tendon injury take a long time to heal?

M Normally yes. Fortunately, there is a new technique that will speed up the process.

W I hope it doesn't involve injecting a drug into my ankle.

M No, it doesn't. It's a new steroid pill you can take to quicken the healing process.

W That sounds like a very good idea. When do we start?

Q. What can be inferred from the conversation?

(a) The shot will go into the ankle.

(b) A pill for her ankle will heal it quicker.

(c) The woman is a physical therapist.

(d) The healing will not proceed quickly.

번역

의사와 환자의 대화를 들으시오.

M 당신은 물리 치료를 곧 시작해야만 다시 걸을 수 있어요.

W 그렇겠지요. 하지만 선생님, 제 아킬레스건 부상 치료는 오래 걸리지 않을까요?

M 보통은 그렇죠. 다행히 그 과정을 단축시킬 신기술이 있어요.

W 발목에 약물을 투여하는 것이 아니면 좋겠네요

M 아니, 그건 아니에요. 치료 과정을 단축시킬 새로운 스테로이드 알약이에요.

W 아주 좋은 생각인 것 같은데요. 언제 시작하죠?

Q. 대화에서 유추할 수 있는 것은?

(a) 주사를 발목에 놓을 것이다.

(b) 발목 치료 알약으로 회복 기간이 단축될 것이다.

(c) 여자는 물리 치료사이다.

(d) 치료는 빨리 진행되지 않을 것이다.

해설

물리 치료를 시작해야 하는 여자에게 의사인 남자가 치료 기간을 단축시킬 알약을 알려주고 있다. 알약을 복용하면 여자가 빨리 나을 것이라고 유추해볼 수 있으므로 정답은 (b)이다.

physical therapy 물리 치료 **Achilles tendon** 아킬레스건 **process** 과정 **involve** 수반하다 **inject** 투여하다 **pill** 알약

30

Listen to a conversation between two colleagues.

M We must find a way to clean the contaminated gulf.

W I propose we ask volunteers to come and help.

M What would be the benefit of that?

W They'll help keep some animals from extinction.

M That sounds good to me. Let's do it.

W This disaster has done so much damage.

Q. What can be inferred from the conversation?

(a) More people working means more risk.

(b) A number of the local wildlife is in peril.

(c) Volunteers have offered to give aid.

(d) The gulf has found a way to clean itself.

번역

두 동료의 대화를 들으시오.

M 오염된 만을 정화할 수 있는 방법을 찾아야 해.

W 자원봉사자들에게 와서 도와 달라고 요청했으면 해.

M 그게 어떻게 도움이 되는데?

W 일부 동물이 멸종하는 것을 막는 데 도움이 될 거야.

M 좋아. 그렇게 하자.

W 이 재난으로 너무 많은 피해를 입었어.

Q. 대화에서 유추할 수 있는 것은?

(a) 더 많은 사람들이 일하면 더 위험하다.

(b) 지역의 많은 야생 생물이 위험에 처해 있다.

(c) 자원봉사자들이 도움을 주겠다고 제안했다.

(d) 만은 자체 정화 방법을 찾아냈다.

해설

자원봉사자들의 도움으로 오염된 만을 정화하게 되면 동물들이 멸종하는 것을 막을 수 있다고 했으므로 이미 지역의 동물들이 멸종 위기에 처해 있다는 것을 유추할 수 있다. 따라서 답은 (b)이다.

contaminate 오염시키다 **gulf** 만 **extinction** 멸종 **wildlife** 야생 생물 **in peril** 위험한

31

I would like to inform you, our customers, of the improvements we have recently made to our school because of the federal grant we received. With the recent advances in technology, we have installed smart boards in all of our classrooms as well as new lighting elements that mimic natural light to keep students from falling asleep in class. Also, this grant has afforded us the ability to upgrade the school cafeteria menus to more healthy ones. We hope this will make our school better in the long run.

Q. What is the talk mainly about?
(a) The new smart blackboards will improve classes.
(b) Students will like the new and more diverse school menus.
(c) Having brighter lights will help students see better.
(d) Thanks to the grant, the school has been upgraded.

번역

고객 여러분들께 저희가 받은 연방 정부 보조금으로 인한 근래 학교 개선 사항을 알려드리겠습니다. 최근 기술의 발전으로, 저희는 모든 교실에 스마트 보드뿐만 아니라 학생들이 수업 중 졸지 않도록 자연광을 본떠 만든 새 조명 시설도 설치했습니다. 또한, 이 보조금으로 학교 구내식당의 메뉴를 더욱 건강에 좋게 개선할 수 있었습니다. 이를 통해 장기적으로 우리 학교가 더 나은 곳이 될 수 있기를 바랍니다.

Q. 주로 무엇에 관한 내용인가?
(a) 새로운 스마트 칠판이 수업을 향상시킬 것이다.
(b) 학생들은 새롭고 더 다양한 학교 메뉴를 좋아할 것이다.
(c) 더 밝은 조명 덕분에 학생들은 더 잘 볼 수 있을 것이다.
(d) 보조금 덕분에 학교가 개선되었다.

해설

연방 정부 보조금을 받고 여러 가지 학교의 개선된 점을 주로 이야기하고 있으므로 정답은 (d)이다.

federal grant 연방 정부 보조금 **install** 설치하다 **mimic** 흉내 내다 **afford** ~할 여유가 되다 **in the long run** 결국은 **diverse** 다양한

32

The Quebec Winter Carnival is a wonderful place for the family to go. The biggest attraction is an ice palace that is built for Bonhomme, the Carnival's guest of honor. The palace even has an ice dungeon for those who don't pay homage to Bonhomme. It's obviously a joke dungeon though. Other events at the carnival include a public auction to raise funds for the carnival, skiing, snow rafting and sledding on hills. So bring the family to the festival for some winter fun!

Q. What is the talk mainly about?
(a) The features of the ice palace for Bonhomme
(b) Things to do at night after the festival
(c) A wintry wonderland to visit in Canada
(d) Why Bonhomme is so important to the festival

번역

퀘벡 윈터 카니발은 가족과 갈 만한 멋진 장소이다. 최대 명물은 카니발의 명예 손님인 봉옴므를 위해서 지어진 얼음 궁전이다. 궁전에는 봉옴므에게 경의를 표하지 않는 사람들을 가두는 얼음 지하 감옥도 있다. 그렇지만 분명 웃자고 만들어 놓은 지하 감옥이다. 다른 축제 행사로는 축제 기금 마련을 위한 경매, 스키, 스노우 래프팅, 언덕 썰매 타기가 있다. 가족들과 축제에 와서 겨울을 즐겨 보자!

Q. 주로 무엇에 관한 것인가?
(a) 봉옴므를 위한 얼음 궁전의 특징
(b) 축제 후 밤에 할 일
(c) 캐나다에서 가 볼 만한 추운 동화의 나라
(d) 왜 봉옴므가 축제에 그렇게 중요한가

해설

겨울에 가족 단위로 가 볼 만한 장소로써 퀘벡 윈터 카니발을 소개하고 있다. 봉옴므라는 명예 손님에게 인사하지 않으면 지하 감옥에 갇힐 수도 있는 얼음 동화 같은 장소이므로 정답은 (c)이다.

carnival 축제 **attraction** 명물 **palace** 궁전 **dungeon** 지하 감옥 **pay homage to** ~에게 경의를 표하다 **public auction** 공매 **wintry** 추운

Communicating can be a tricky thing, especially for bees. However, they communicate in a way that humans like to spend a lot of time doing, dancing. The bees have 4 primary dances: grooming, tremble, waggle and circle dance. They each have different functions. The grooming signals everyone to groom each other, the tremble calls for more receiver bees, and the waggle and circle dance tell the locations of pollen, but for different distances. Maybe if we do the foxtrot, it could actually mean I love you.

Q. Which is correct about bees according to the talk?
(a) Bees seem to enjoy doing their forms of dance.
(b) The circle dance tells other bees about pollen.
(c) Getting attention is the function of the tremble dance.
(d) Wiggling and going around in a circle is the signal to fly out.

번역

의사소통은 특히 벌에게는 까다로운 것일 수 있다. 그렇지만 벌은 인간이 많은 시간을 보내기를 좋아하는 활동인 춤을 추면서 소통한다. 벌에게는 주된 춤이 4가지 있는데 몸단장, 떨기, 흔들기와 원 그리기이다. 춤에는 각각 서로 다른 기능이 있다. 몸단장은 모두에게 서로 몸단장을 하라고 신호를 보내는 춤이고, 떨기는 더 많은 수취 벌을 부르는 춤이며, 흔들기와 원 그리기는 꽃가루의 위치를 알리는 춤인데 위치의 거리는 다르다. 아마 우리가 폭스트롯을 추면 그 춤은 사랑한다는 의미일 수도 있다.

Q. 벌에 대한 내용과 일치하는 것은?
(a) 벌은 자기들의 춤의 형태를 즐기는 것 같다.
(b) 원 그리기 춤은 다른 벌에게 꽃가루에 대해 알려준다.
(c) 주목시키는 것이 떨기 춤의 기능이다.
(d) 흔들기와 원을 그리며 움직이는 것은 날아 오르라는 신호이다.

해설

벌에게 춤은 의사소통의 수단이며 정보 교환의 매개이기 때문에 아주 중요하다. 따라서 춤을 즐기는 것처럼 보인다는 (a)는 옳지 않다. 흔들기 춤과 원 그리기 춤은 날라는 신호가 아닌 꽃가루의 위치를 알리는 춤이므로 정답은 (b)이다. 떨기 춤의 기능은 수취 벌을 부르는 것이므로 (c)는 옳지 않다.

tricky 까다로운 **grooming** 몸단장 **tremble** 떨다 **waggle** 흔들다 **function** 기능 **call for** ~을 큰 소리로 부르다 **pollen** 꽃가루

Within the next ten to twenty years, you might see farmscrapers in the city skyline. This is also known as vertical farming. By using advanced greenhouse technology as well as hydroponics, these buildings would be able to produce fruits and vegetables in the middle of the city. Some advantages to this idea are that you could grow food all year round. Extreme weather such as drought and flooding couldn't affect the crops. Last, the controlled environment would do away with pesticides and herbicides.

Q. Which is correct according to the talk?
(a) Growing hydroponic food would still be seasonal.
(b) Farmscrapers will float in the skies over cities.
(c) Climate conditions won't be a problem for vertical farming.
(d) Insect control will still be needed in vertical farming.

번역

앞으로 10년에서 20년 내에 여러분은 도시의 스카이라인에서 고층 빌딩 농장을 볼지도 모릅니다. 이것은 수직 농업으로도 알려져 있는데, 이 건물들은 수경 재배뿐만 아니라 발전된 온실 기술을 사용해 도시 한복판에서 과일과 채소를 생산할 수 있을 겁니다. 이런 생각의 몇 가지 이점이라면 일년 내내 식량을 재배할 수 있다는 것과 가뭄이나 홍수와 같은 극한 날씨가 농작물에 영향을 미치지 못한다는 것입니다. 마지막으로 통제된 환경을 통해 살충제와 제초제를 없앨 것입니다.

Q. 담화의 내용과 일치하는 것은?
(a) 수경법 식량을 재배하는 것은 여전히 계절을 탈 것이다.
(b) 고층 빌딩 농장은 도시의 하늘을 떠다닐 것이다.
(c) 기후 조건은 수직 농업에 있어 문제가 되지 않을 것이다.
(d) 수직 농업에 곤충 억제가 여전히 필요할 것이다.

해설

마지막 부분에서 가뭄과 홍수와 같은 극한 날씨가 농작물에 영향을 미치지 않을 것이라고 했으므로 (c)가 담화의 내용과 일치한다.

vertical 수직적의 **advanced** 진보한 **hydroponics** 수경 재배 **extreme** 극한의 **drought** 가뭄 **flooding** 홍수 **do away with** ~을 없애다 **pesticide** 살충제 **herbicide** 제초제 **seasonal** 계절적인

35

Lacrosse is the name given by Native Americans to the sport they created, some say, as early as the 12th century AD. The game is played with a rubber ball and long-handled stick with a small mesh net on the end. In many of the Native American tribes, lacrosse was played to settle disputes between tribes, to heal the sick, to prepare strong, virile men, to prepare for war, and also was just part of a night of partying. These games were also long as well, starting from sunrise to sunset and lasting for two or three days straight.

Q. Which is correct about lacrosse in the talk?
(a) Many of these games led to war between the tribes.
(b) **The sport was invented around the 1100's.**
(c) The matches only went on for a short while.
(d) Americans were the first modern people to play it.

번역

일설에 따르면 라크로스는 12세기에 미국 원주민들이 만든 스포츠에 붙여진 이름이라고 한다. 고무공과 끝에 작은 그물망이 있는 긴 자루가 달린 막대기로 하는 경기이다. 많은 미국 원주민 부족에서 라크로스는 부족 간의 분쟁을 해결하고, 아픈 사람들을 치유하며, 강하고 정력이 넘치는 남자를 육성해서 전쟁에 대비하는 목적이었고, 야간 파티 놀이의 일부이기도 했다. 뿐만 아니라 이 경기는 길어서 동틀 녘부터 시작하여 해 질 녘까지 2~3일 동안 내리 진행되었다.

Q. 라크로스에 대해 일치하는 것은?
(a) 많은 경기가 부족 간에 전쟁으로 이어졌다.
(b) **이 경기는 1100년대에 창안되었다.**
(c) 경기는 잠시 동안만 지속되었다.
(d) 미국인들이 이 경기를 한 최초의 현대인이었다.

해설

담화에 따르면 라크로스는 12세기에 미국 원주민들이 만들었다고 하는데 12세기는 1100년부터 1199년, 즉 1100년대이므로 (b)가 정답이다. 경기를 통해 부족 간의 분쟁을 해결하는 목적이 있었으므로 (a)는 옳지 않으며, 담화 후반부에 경기가 2~3일 동안 진행되었다고 하므로 (c) 또한 옳지 않다. (d)는 담화에서 언급되지 않았다.

mesh 그물 **tribe** 부족 **settle** 해결하다 **dispute** 분쟁 **heal** 치유하다 **virile** 정력이 넘치는 **last** 지속하다

36

Today in local news, the Cougarton school district has moved to shut down all extracurricular activities for their high school citing the economical downturn as the deciding factor in this unfortunate turn of events. A spokesperson for the school district said that it doesn't foresee a return of these student activities coming back anytime soon. No doubt this decision will affect the families in this school jurisdiction as the Cougarton sports teams are known to be one of the best in this state and in the nation.

Q. What can be inferred from this news report?
(a) In time, the entire school will close up shop.
(b) Everyone in town is in financial trouble.
(c) **Many students and parents will be disappointed.**
(d) The sports teams will move to another school.

번역

오늘의 지역 뉴스입니다. 코가톤 학군이 경제 침체를 결정적인 이유로 들며 소속 고등학교의 모든 과외 활동을 중단하기로 결정했습니다. 학군 대변인은 과외 활동이 당분간은 다시 재개될 것이라고 보지 않는다고 말했습니다. 코가톤의 육상 팀이 전국 최고의 팀 중 하나로 알려진 만큼, 이러한 결정은 분명 이 학교 관할의 가족들에게 영향을 미칠 것입니다.

Q. 뉴스 보도에서 유추할 수 있는 내용은?
(a) 조만간 학교 전체가 문을 닫을 것이다.
(b) 마을 사람들 모두가 재정난에 처해 있다.
(c) **많은 학생들과 학부모가 실망할 것이다.**
(d) 육상 팀들이 다른 학교로 옮겨갈 것이다.

해설

뉴스 마지막에 주에서는 물론 전국적으로 유명한 육상 팀을 보유하고 있는 이 학교이 모든 과외 활동을 중단하기로 한 결정이 지역의 가족들에게 영향을 미칠 것이라고 말했으므로 유추할 수 있는 내용으로 옳은 것은 (c)이다.

school district 학군 **shut down** 중단하다 **cite** 이유를 들다 **downturn** 침체기 **spokesperson** 대변인 **foresee** 예견하다 **anytime soon** 곧 **jurisdiction** 관할 구역 **in time** 조만간 **close up shop** 문을 닫다

Part V

37~38

As a representative of American aviation, I am sorry to give you bad news. I share your loss and send you my deepest sympathy. A JetBlack airplane carrying more than 100 passengers and 15 crew members crashed after taking off from runway 6, leaving substantial damage in its wake. The aircraft bound for Tokyo took off from Mac-tan Cebu international Airport in the Philippines yesterday evening. Twenty minutes after reaching an altitude of 6,000 feet, contact was lost with the aircraft. The aircraft then lost altitude at high speed until it fell to the ground and shattered into pieces. Wreckage was scattered over more than 1 km. All passengers and crew members were killed. The cause of this serious accident is yet to be discovered. American aviation authorities announced that the pilots might have performed various maneuvers causing the plane to crash to the ground.

Q37. How many crew members were on board the airplane?
(a) 20
(b) 9
(c) 15
(d) 50

Q38. Where was the flight's destination?
(a) The Philippines
(b) Mac-tan Cebu International Airport
(c) Japan
(d) America

번역

미국 항공의 대표로서, 나쁜 소식을 전하게 되어서 유감으로 생각합니다. 여러분들의 슬픔을 함께하며, 깊은 조의를 표합니다. 100명의 승객과 15명의 승무원을 태운 잭블랙 비행기는 6번 활주로에서 이륙 후 추락했고, 그 결과 상당한 피해를 남겼습니다. 그 도쿄행 비행기는 어제 저녁 필리핀 막탄 세부 국제공항에서 이륙했습니다. 6000 피트 고도에 도달한 20분 후, 비행기와의 연락은 두절되었습니다. 높은 속도로 고도를 잃고, 지상으로 추락해서 산산조각이 났습니다. 잔해는 1km의 넓은 지역 곳곳으로 흩어졌습니다. 모든 승객들과 승무원들은 사망했습니다. 이 심각한 사고의 원인은 아직 파악되지 않았지만 미국항공당국은 조종사가 취한 조작이 비행기를 추락하게 만들었을지도 모른다고 발표했습니다.

Q37. 몇 명의 승무원이 탑승하고 있었는가?
(a) 20
(b) 9
(c) 15
(d) 50

해설

100명의 승객과 15명의 승무원을 태운 잭블랙 비행기는 6번 활주로에서 이륙 후 바로 추락했다고 했으므로 정답은 (c)이다.

Q38. 비행기는 어디에 착륙할 예정이었는가?
(a) 필리핀
(b) 맥탄 세부 국제공항
(c) 일본
(d) 미국

해설

추락한 비행기는 도쿄행이라고 언급했고, 도쿄는 일본에 속한 도시이므로 정답은 (c)이다.

representative 대표자 **sympathy** 동정, 연민 **take off** 이륙하다 **runway** 활주로 **substantial** 상당한 **in one's wake** ~뒤를 이어 **altitude** 고도 **aircraft** 비행기 **shatter ~ into pieces** 산산 조각나다 **wreckage** 잔해 **scatter** 흩어지다 **a wide area of** 넓은, 광범위한 **maneuver** 조치, 책략

Today, we're going to talk about the correlations between vitamin D and cardiovascular risk. Recently, there have been studies regarding patients with cardiovascular diseases including heart attacks, stroke, heart failure and hypertensive heart disease. A study by researchers at the University of Arkansas suggests that vitamin D plays a vital role in preventing further cardiovascular disease in people with a history of cardiovascular disease because vitamin D deficiencies increase the risk of death from cardiovascular disease. Most people commonly get vitamin D from their diet and nutritional supplements. But it is hard to get enough vitamin D by eating certain kinds of food and also, vitamin D from certain foods is not biologically active. In fact, enzymatic conversion in the liver and kidney from sunlight exposure is required for vitamin D to be activated. Vitamin D can be synthesized by exposure to sufficient sunlight, specifically ultraviolet rays, so it is essential for patients with cardiovascular diseases to get enough sun exposure.

Q39. What is the main topic of the talk?
(a) The negative results of sun exposure
(b) How to activate vitamin D from external factors
(c) **The reason why cardiovascular disease patients need to be exposed to sunlight**
(d) The similarities between vitamin D and ultraviolet rays

Q40. Which is correct according to the talk?
(a) Research on cardiovascular disease patients has never been conducted before.
(b) **Vitamin D from dietary intake needs activating.**
(c) Vitamin D is vulnerable to exposure to light.
(d) Those with cardiovascular problems can't be safe under the sun.

Q39. 담화의 주제는 무엇인가?
(a) 햇빛노출의 부정적 결과들
(b) 외부요인에서 비타민 D를 활성화 시키는 방법
(c) **심혈관계 질환자들이 햇빛을 받아야 하는 이유**
(d) 비타민 D와 자외선이 유사점

해설

비타민 D가 심장혈관계 질병을 막는데 중요한 역할을 한다고 한 대학의 최근 연구결과를 제시하면서, 비타민 D는 실제로 음식섭취로는 화학적 효과가 없으며, 햇빛노출로 활성화 될 수 있으므로 심장혈관계질환을 가진 환자들이 충분한 햇볕을 쬘 것을 언급하고 있다. 따라서 정답은 (c)이다.

Q40. 담화에 따르면 맞는 것은 무엇인가?
(a) 심혈관계 질환을 가진 환자들에 관한 연구는 이전에 없었다.
(b) **음식섭취로 얻은 비타민 D는 활성화될 필요가 있다.**
(c) 비타민 D는 햇빛노출에 취약하다.
(d) 심혈관질환을 가진 사람들은 햇빛 속에서 안전할 수 없다.

해설

특정한 음식에서 얻게 되는 비타민 D는 생물학적으로 활성화된 상태가 아니고, 햇빛노출에 의한 간과 신장에서 효소전환으로 활성화된 상태가 될 수 있다고 언급했으므로 정답은 (b)이다.

correlation 연관성, 상관관계 **cardiovascular disease** 심장혈관계질병 **heart attacks** 심근경색 **stroke** 뇌졸중 **heart failure** 심부전 **hypertensive heart disease** 고혈압심장질환 **vital** 중요한 **history** 병력 **deficiency** 부족 **nutritional supplement** 영양제 **active** 화학적 효과가 있는 **enzymatic conversion** 효소전환 **liver** 간 **kidney** 신장 **activate** 활성화시키다 **synthesize** 합성하다 **exposure** 노출 **sufficient** 충분한 **external** 외부의 **ultraviolet ray** 자외선 **vulnerable** ∼에 취약한

번역

오늘 비타민 D와 심장혈관계 질환의 상관관계에 대해서 이야기할 것입니다. 최근에 심근경색, 뇌졸중, 심부전, 고혈압심장질환을 포함하는 심장혈관계 질환을 가진 환자들에 관한 연구들이 꾸준히 있었습니다. 최근 Arkansas 대학교 연구자들의 연구는 비타민 D 부족은 심장혈관계 질환으로 사망하는 위험을 높이므로 비타민 D가 심장혈관계 질병을 앓았던 병력이 있는 환자들이 추가적인 심장혈관계 질병을 막는데 중요한 역할을 한다고 제시했습니다. 대부분의 사람들은 일반적으로 식단이나 영양제를 통해서 비타민 D를 섭취합니다. 하지만 특정 종류의 음식을 섭취함으로써 충분한 비타민 D를 얻기란 힘들고, 특정 음식에서 얻게 되는 비타민 D는 생물학적으로 활성화된 상태가 아닙니다. 사실, 비타민 D가 활성화되려면 햇빛노출에 의한 간과 신장에서의 효소전환이 필요합니다. 비타민 D는 충분한 양의 햇빛, 특히, 자외선에 노출됨으로써 합성이 될 수 있으므로 심장혈관계 질환을 가진 환자들이 충분한 햇볕을 쬐는 것은 중요합니다.

ACTUAL TEST 04

Part I

⇒ 본책 P 96

1 (d)	**2** (d)	**3** (c)	**4** (c)	**5** (b)
6 (c)	**7** (a)	**8** (b)	**9** (d)	**10** (a)

Part II

11 (a)	**12** (b)	**13** (c)	**14** (d)	**15** (c)
16 (d)	**17** (b)	**18** (c)	**19** (d)	**20** (c)

Part III

21 (c)	**22** (c)	**23** (c)	**24** (d)	**25** (d)
26 (a)	**27** (c)	**28** (c)	**29** (a)	**30** (b)

Part IV

31 (a)	**32** (a)	**33** (a)	**34** (d)	**35** (d)
36 (b)				

Part V

37 (b)	**38** (c)	**39** (b)	**40** (b)

Part I

1

M What kind of cloth is that?
W _____

(a) The cloth is not important.
(b) The designer of this was Andy Hong.
(c) This sweater is made in Italy.
(d) It's a special type of suede.

번역

M 그건 어떤 종류의 옷감인가요?
W _____

(a) 옷감은 중요하지 않아요.
(b) 이것의 디자이너는 앤디 홍이에요.
(c) 이태리제 스웨터예요.
(d) 이건 특별한 종류의 스웨이드예요.

해설

구체적인 옷감의 종류를 묻는 질문에 특별한 종류의 스웨이드라고 대답한 (d)가 가장 자연스럽다. (b)와 (c)는 cloth를 clothes(옷·의복)로 잘못 들었을 때 선택 가능한 오답이다.

cloth 옷감 **suede** 스웨이드

2

W Is this order for here or to go?
M _____

(a) Yes, that's the correct order.
(b) I'm parched, so something to drink.
(c) The minimum amount would be great.
(d) I haven't made up my mind yet.

번역

W 여기서 드실 건가요, 아니면 포장인가요?
M _____

(a) 네, 맞게 주문되었어요.
(b) 목이 타니 마실 것을 주세요.
(c) 최소량이 좋겠어요.
(d) 아직 결정하지 못했어요.

해설

음식점 점원과 손님의 대화이다. 음식을 식당에서 먹을 것인지 포장해 가져갈 것인지를 묻고 있으므로 아직 어떻게 할지 결정 못했다고 응답한 (d)가 적절하다. (a)는 점원이 주문을 확인할 때, (b)는 무엇을 먹겠냐고 물을 때, (c)는 음식의 양을 물을 때 적절한 응답이다.

parched 몹시 목마른   **make up one's mind** 결심하다

3

M Could you give me a few dollars?
W _____

(a) Money is always good to have.
(b) The bank is just down the street.
(c) I could lend you a couple of bucks.
(d) There's not that much left to pass out.

번역

M 몇 달러만 줄 수 있어?
W _____

(a) 돈은 항상 가지고 있으면 좋죠.
(b) 길을 따라가면 바로 은행이 있어요.
(c) 몇 달러 정도는 빌려줄 수 있어요.
(d) 나눠줄 만큼 많이 남아 있지 않아요.

해설

남자가 여자에게 돈을 빌려 달라고 말하고 있다. (c)의 a couple of bucks는 '몇 달러'라는 의미로 남자의 말 a few dollars와 일맥상통하므로 (c)가 가장 적절한 응답이다. (d)의 pass out은 그룹 내의 각 사람들에게 인원에 맞추어 나눠 준다는 의미로 어색하다.

buck 달러   **pass out** 나눠 주다

4

W What are you doing during the Christmas holiday?

M _____

(a) I kept track of the number of presents.
(b) Cooking Christmas dinner was tough.
(c) **Maybe watching an up and coming movie.**
(d) Celebrating the holidays is not my specialty.

번역

W 크리스마스 휴가 동안 뭐 하실 거예요?

M _____

(a) 선물 개수를 파악했어요.
(b) 크리스마스 저녁 만찬 요리는 힘들었어요.
(c) **아마 요즘 화제인 영화를 볼 것 같아요.**
(d) 명절을 축하하는 건 잘 못해요.

해설

특정일에 무엇을 할 것인지 물을 때 할 일에 대해 구체적으로 응답하는 것이 자연스러우므로 영화를 볼 것이라고 대답한 (c)가 가장 적절하다. 앞으로의 일이므로 과거의 일인 (a)와 (b)는 어색하다. (d)는 무엇을 한다는 응답이 아니므로 적절하지 않다.

keep track of 파악하다 **tough** 어려운 **up and coming** 세상의 주목을 받고 있는 **specialty** 전문

5

W You had better pick up the dry cleaning today!

M _____

(a) You need to tell me where you put it first.
(b) **The cleaner said it won't be ready until tomorrow.**
(c) He tried to dry it but he didn't have any time.
(d) I'll rummage around the basket in a minute.

번역

W 오늘 드라이클리닝한 옷 찾아와!

M _____

(a) 우선 그걸 어디에 놨는지 말해줘요.
(b) **세탁소에서 내일에나 된다고 했어요.**
(c) 그가 옷을 말리려고 했는데 시간이 없었어요.
(d) 당장 바구니를 뒤져볼게요.

해설

오늘 세탁물을 찾아오라는 여자의 말에 세탁소에서 내일 세탁이 끝난다고 했다는 (b)가 가장 적절하다. (a)와 (d)는 상대방이 무언가를 찾아달라고 했을 때 할 수 있는 적절한 응답이다.

cleaner 세탁소 **rummage** 뒤져서[샅샅이] 찾다

6

W There's nothing I hate worse than being stuck in traffic.

M _____

(a) Commuting with friends is a good way to bond.
(b) We should just try jaywalking instead of this.
(c) **If we take the next detour, we will be free of this.**
(d) Hailing a taxi at this point sounds like a good idea.

번역

W 교통 체증으로 꼼짝도 못하는 게 제일 싫어요.

M _____

(a) 친구들과 같이 통근하는 것이 유대를 돈독히 하는 데 좋죠.
(b) 이거 대신에 그냥 무단 횡단을 해야 돼요.
(c) **다음에 우회하면 여기서 벗어날 수 있을 거예요.**
(d) 이 시점에서 택시를 부르는 게 좋을 것 같아요.

해설

길이 막혀서 꼼짝도 못하고 있는 상황을 불평하자 우회로를 이용해 교통 체증을 벗어날 수 있다는 해결책을 제시해 주는 (c)가 가장 적절하다. 택시를 부르겠다는 (d)는 교통 체증 속에서 상식적으로 맞지 않다.

be stuck in ~에 갇히다 **commute** 통근하다 **jaywalk** 무단 횡단하다 **detour** 우회로 **hail** (택시·버스 등을) 부르다

7

M My house was broken into in broad daylight earlier today.

W _____

(a) **You should purchase a security system.**
(b) Then you need to fix your house.
(c) Nightlights are good for reading before bed.
(d) Your house should have a warranty.

번역

M 오늘 대낮에 집에 도둑이 들었어요.

W _____

(a) **보안 장치를 구입하셔야겠네요.**
(b) 그러면 당신 집을 수리해야겠군요.
(c) 취침 전 독서에는 야간등이 좋아요.
(d) 당신 집은 보증서가 있어야 해요.

해설

집에 도둑이 들었으므로 보안 장치를 구입해야 한다는 (a)가 가장 적절한 응답이다. (b)의 fix는 질문의 break가 '고장 나다'는 의미로 쓰일 때 알맞은 응답이 될 수 있다.

break into ~에 침입하다 **security system** 보안 장치 **warranty** 품질 보증서

8

W Remember to empty the trash first thing in the morning.

M _____

(a) It was filled up last night.
(b) I hate inhaling smelly things.
(c) There was a lot of dust in there.
(d) I woke up at noon yesterday.

번역

W 아침에 제일 먼저 쓰레기통을 비울 것을 기억해.

M _____

(a) 그건 어젯밤에 채웠어.
(b) 악취 맡는 거 정말 싫어.
(c) 그 안에 먼지가 많았어.
(d) 어제는 정오에 일어났어.

해설

아침에 가장 먼저 쓰레기통을 비우라는 지시에 악취 때문에 그 일을 하기 싫다고 대답할 수 있으므로 (b)가 가장 자연스럽다. (a)는 여자의 지시와 반대되는 행동이므로 적절하지 않다.

empty 비우다 **fill up** 채우다 **inhale** 숨을 들이마시다
smelly 악취 나는

9

W Discussing eating meat or not is like beating a dead horse.

M _____

(a) Hurting animals is a very cruel thing to do.
(b) We need to cut back on the amount of pigs we eat.
(c) I don't want to talk about it at all with you.
(d) Well, I'm committed to staying a vegetarian.

번역

W 육식을 할지 말지 논하는 것은 쓸데없는 일 같아요.

M _____

(a) 동물을 다치게 하는 것은 매우 잔인한 짓이에요.
(b) 우리가 먹는 돼지고기의 양을 줄여야 해요.
(c) 그 얘긴 당신하고 전혀 하고 싶지 않아요.
(d) 어쨌든 전 계속 채식주의자로 남기로 했어요.

해설

육식 찬반에 대해 논의하는 것이 쓸데없는 일이라는 여자의 말에 논의의 결론과는 상관없이 본인은 채식주의자로 남겠다고 응답한 (d)가 흐름상 가장 적절한 응답이다.

beat a dead horse 다 끝난 문제를 논하다; 헛수고하다 **cruel** 잔인한
cut back 축소하다 **commit** 전념하다

10

M We have to find some common ground to progress any further.

W _____

(a) Then you need to disclose any information you have.
(b) If you look around, you can see it all around you.
(c) This was an enlightening meeting today.
(d) You're excluding the similarities that we share.

번역

M 일을 더 진전시키려면 공통되는 기반을 찾아야 합니다.

W _____

(a) 그렇다면 당신이 가진 정보를 공개하세요.
(b) 주변을 둘러보면 당신 주위에 얼마든지 볼 수 있어요.
(c) 오늘 회의는 아주 유익했습니다.
(d) 당신은 우리가 공유하는 유사점을 배제하고 있어요.

해설

일의 진전을 위해 공통 기반을 찾아야 한다는 말에 가지고 있는 정보를 공개하라는 해결책을 제시하는 (a)가 가장 적절하다. 남자가 둘이 갖고 있는 유사점을 배제하고 있다면 공통 기반을 찾아야 한다는 말은 하지 않을 것이므로 (d)는 어색하다.

common ground 공통 기반 **disclose** 밝히다 **enlightening** 계몽적인 **exclude** 배제하다

Part II

11

M I need to recharge my batteries.
W Why? Have you had a hectic week?
M My boss had me working on an urgent project all week.

W _____

(a) Your schedule sounded pretty tied up.
(b) You need an outlet to recharge your batteries.
(c) The boss is quite a project to deal with.
(d) If you have plenty of time to finish it.

번역

M 재충전이 필요해.
W 왜? 정신 없이 바쁜 한 주를 보냈어?
M 상사가 일주일 내내 급한 프로젝트를 시켰거든.

W _____

(a) 스케줄이 빡빡했던 것 같구나.
(b) 배터리를 충전하려면 콘센트가 필요해.
(c) 네 상사가 문제구나.
(d) 끝낼 시간이 충분하다면.

해설

상사가 급한 일을 시켜서 바쁜 한 주를 보냈기 때문에 남자가 쉴 시간이 필요하다는 말을 하자 여자가 할 수 있는 응답으로는 스케줄이 빡빡했을 거라는 (a)가 가장 자연스럽다.

recharge one's batteries (원기 회복을 위해) 휴식을 취하다; 재충전하다
hectic 정신없이 바쁜   **urgent** 급한   **outlet** 콘센트

12

> M Let's go to the secondhand store to shop.
> W I really don't like buying things from there.
> M But the stuff there is so inexpensive.
> W _____
>
> (a) Too many extravagant items there.
> **(b) I don't like wearing used clothes.**
> (c) Nothing is ever on sale there.
> (d) All the items are not too luxurious.

번역

M 중고품 가게에 가서 쇼핑하자.
W 나는 거기서 물건 사는 거 진짜 싫어.
M 하지만 거기 물건이 정말 저렴하잖아.
W _____

(a) 사치스러운 물건이 너무 많아.
(b) 누가 입던 옷 입기 싫단 말이야.
(c) 거기에는 할인하는 물건이 없어.
(d) 모든 물건이 너무 사치스럽진 않아.

해설

중고품 가게에 가서 쇼핑하자는 남자의 제안에 싫다고 하는 여자의 응답으로 가장 적절한 것은 (b)이다. 나머지는 일반적인 중고품 가게와 거리가 멀다.

secondhand store 중고품 가게   **extravagant** 사치스러운   **used** 중고의   **luxurious** 호화로운

13

> W I've decided to move out of my parents' house.
> M Really? That could be very expensive to do.
> W Oh! Do you know how much it is to rent an apartment?
> M _____
>
> (a) Cheap if the stock prices are good.
> (b) First, you need to move out.
> **(c) It depends on what you want.**
> (d) It doesn't cost that much at all.

번역

W 부모님 집에서 나오기로 했어.
M 정말? 그러려면 돈이 아주 많이 들 텐데.
W 아! 아파트 임대료가 얼마 정도 할까?
M _____

(a) 주가가 괜찮다면 저렴하지.
(b) 우선 너는 이사를 나가야 해.
(c) 어떤 아파트를 원하느냐에 따라 다르지.
(d) 그렇게 비용이 많이 들지는 않아.

해설

부모님 집에서 나와 독립하기로 한 여자가 아파트 임대료가 얼마인지 묻고 있으므로 이에 가장 적절한 남자의 응답은 (c)이다. (d)는 남자가 돈이 아주 많이 들 것이라고 앞서 말했기 때문에 어울리지 않다.

move out 이사하다   **rent** 임대하다   **stock price** 주가

14

> M Your work on this paper is very vague.
> W I don't understand. This is what you wanted.
> M Yes, but there is no detail in what you wrote.
> W _____
>
> (a) Maybe I need to pronounce it slower.
> (b) Then the narrative will have to be changed.
> (c) It was written as unclear as I possibly could.
> **(d) I'll look for more supporting evidence then.**

번역

M 자네가 쓴 논문은 아주 애매모호해.
W 이해가 안 돼요. 이게 교수님께서 원하시던 거잖아요.
M 그렇긴 하지만 자네 글에는 세부 정보가 없어.
W _____

(a) 제가 더 천천히 발음해야겠어요.
(b) 그러면 이야기가 변경되어야 할 겁니다.
(c) 가급적 불확실하게 썼어요.
(d) 그러면 뒷받침할 근거를 더 찾아 볼게요.

해설

여자의 논문이 애매모호하고 자세한 설명이 없다는 지적을 받고 있다. 따라서 이 논문의 문제점을 해결하기 위한 방안으로 입증 자료를 더 찾아보겠다고 한 (d)가 가장 적절하다.

vague 애매모호한   **narrative** 이야기   **supporting evidence** 뒷받침하는 근거

15

> W The unemployment rate has been rising this whole year.
> M I know. My workplace laid off 100 people yesterday.
> W What would you do if it happened to you?
> M _____
>
> (a) They laid me off already.
> (b) Let's call it another economic recession of sorts.
> **(c) Look for some job openings.**
> (d) I'm already suffering from unemployment as it is.

번역

W 올 한 해 동안 실업률이 증가하고 있어.
M 그러게. 우리 회사도 어제 100명을 정리 해고했어.
W 너에게 그런 일이 일어나면 어떻게 할 거야?
M _____

(a) 이미 나를 해고했어.
(b) 일종의 또 다른 경제 침체라고 하자.
(c) 다른 취직 자리를 찾아야지.
(d) 지금도 이미 실업자라 힘들어.

해설

증가하고 있는 실업률에 관한 대화이다. 해고를 당하면 어떻게 하겠냐고 묻고 있으므로 새로운 일터를 알아보겠다고 답한 (c)가 가장 자연스럽다.

unemployment rate 실업률 **lay off** 정리 해고하다 **economic recession** 경기 침체 **job opening** 취직 자리

16

W Joshua, what's wrong with you?
M My son had to go to the emergency room this morning.
W Oh my! What happened?
M _____

(a) Nothing will happen to Joshua in the future.
(b) He came out unscathed from the incident.
(c) The medics came and revived him.
(d) He was hit by a speeding bus while crossing the street.

번역

W 조슈아, 무슨 일이야?
M 아들이 오늘 아침에 응급실에 실려 갔어.
W 어머니! 무슨 일이 있었는데?
M _____

(a) 앞으로 조슈아에게 아무 일 없을 거야.
(b) 그 사건에서는 아무 탈 없었어.
(c) 의사들이 와서 회복시켜 주었어.
(d) 길 건널 때 과속 버스에 치였어.

해설

아들이 응급실에 간 이유를 묻는 말에 과속 버스에 치이는 사고가 있었다고 응답한 (d)가 가장 자연스럽다. (b)는 아들이 무사했다는 의미로 응급실에 간 이유가 될 수 없고, (c)는 응급실에 간 이후의 상황으로 알맞다.

emergency room 응급실 **unscathed** 아무 탈 없는 **medic** 의사 **revive** 회복시키다

17

M That frog has just given birth to some babies.
W Frogs aren't mammals. They can't do that.
M OK, genius. What do they do exactly then?
W _____

(a) They don't have a very long life span.
(b) Actually, they lay eggs instead.
(c) Feed off the offspring for nourishment.
(d) They have a very high metabolism.

번역

M 저 개구리가 방금 새끼를 몇 마리 낳았어.
W 개구리는 포유동물이 아니야. 새끼를 낳지 못해.
M 그래, 천재 씨. 그럼 정확히 개구리가 뭘 하는데?
W _____

(a) 그것들은 수명이 아주 길지는 않아.
(b) 사실 개구리는 대신 알을 낳지.
(c) 영양분을 위해 새끼를 먹어.
(d) 신진대사가 아주 활발해.

해설

개구리가 새끼를 낳았다는 남자의 말에 개구리는 포유동물이 아니라서 새끼는 낳을 수 없고 알을 낳는다고 하는 (b)가 가장 적절하다.

give birth to ~을 낳다 **mammal** 포유동물 **life span** 수명 **lay** (알을) 낳다 **feed off** ~을 먹다 **offspring** 새끼 **nourishment** 영양분 **metabolism** 신진대사

18

M Don't be scared when you're behind the wheel.
W Thanks, but you know I'm prone to getting into accidents.
M Would you prefer that I drive there instead?
W _____

(a) I don't want to hold up traffic.
(b) If you fasten your seat belt, you wouldn't get hurt.
(c) It's OK. It's only a short distance to go.
(d) No, I want to avoid any accidents if possible.

번역

M 운전할 때 겁먹지 마.
W 고마워, 하지만 내가 사고 당하기 쉽다는 거 너도 알잖아.
M 내가 대신 거기까지 운전하는 게 낫겠니?
W _____

(a) 교통 흐름에 방해가 되고 싶지 않아.
(b) 안전벨트를 하면 다치지 않을 거야.
(c) 괜찮아. 단지 짧은 거리인걸.
(d) 아니, 가능하면 사고를 피하고 싶어.

해설

운전이 미숙한 여자에게 남자가 대신 운전을 하겠다는 제안을 하고 있다. 이에 목적지가 가까우니 괜찮다고 한 (c)가 적절하다.

be behind the wheel 운전하다 **be prone to** ~하기 쉬운 **hold up traffic** 교통에 방해가 되다

19

W New York City is very multicultural.
M I agree. Especially when compared to other cities.
W Have you thought about moving there?
M _____

(a) Sure, other cities are more diverse.
(b) Yeah, I like the discrimination there.
(c) No, I migrated there a while ago.
(d) Yes, the different ethnicities are a plus.

번역

W 뉴욕 시는 정말 다문화적이야.
M 맞아. 특히 다른 도시들과 비교했을 때 말이야.
W 뉴욕으로 이사 가는 거 생각해 봤어?
M _____

(a) 물론이지. 다른 도시들이 더 다양해.
(b) 응, 난 그곳의 차별 대우가 좋더라.
(c) 아니. 얼마 전에 그곳으로 이주했어.
(d) 응, 다양한 민족성도 좋은 점이야.

해설

다양한 문화가 혼재되어 있는 뉴욕으로 이사 가는 것을 고려해 봤는지 묻고 있다. 이에 다양한 문화와 더불어 다양한 민족도 뉴욕의 또 하나의 이점으로 이사를 고려해 봤다고 응답한 (d)가 가장 적절하다.
multicultural 다문화의   **diverse** 다양한   **discrimination** 차별
migrate 이주하다   **ethnicity** 민족성

20

W They really need to change the items in the vending machines in the break room.
M I don't see anything wrong with the items they have.
W The items are very unhealthy and bad for you.
M _____

(a) They should take out the bottled water.
(b) Vending machines are exceptions in that way.
(c) No one said you had to use it.
(d) That's why they changed the items.

번역

W 휴게실 자판기에 있는 상품들은 진짜 바뀌어야 해.
M 거기 있는 상품에는 아무 문제가 없는 것 같은데.
W 그 상품들은 건강에 정말 해롭고 너한테 좋지 않아.
M _____

(a) 생수를 빼야 해.
(b) 이런 경우 자판기는 예외야.
(c) 아무도 너에게 이용해야 한다고 하지 않았잖아.
(d) 상품을 바꾼 이유가 바로 그거야.

해설

휴게실 자판기에서 판매하는 상품이 건강에 해롭기 때문에 품목을

변경해야 한다고 하자, 그런 생각을 갖고 있다면 사용하지 않으면 된다고 응답하는 (c)가 가장 적절하다.

vending machine 자동 판매기   **break room** 휴게실   **exception** 예외

Part III

21

Listen to a conversation between a representative and a customer.

M May I help you?
W My laptop is not working properly and I need it checked out, please.
M OK. Just give it to me, and I'll be able to make an estimate for you shortly.
W Thank you. By the way, how would you like the payment in?
M Paying by cash is the best option. My credit card machine is not working today.
W That's good to know. I'll just run to the ATM right now.

Q. What is the man mainly doing in the conversation?
(a) Fixing a credit card machine
(b) Getting a notebook to a repairman
(c) Assisting a woman with her computer
(d) Buying something with paper money

번역

직원과 고객의 대화를 들으시오.
M 무엇을 도와 드릴까요?
W 제 노트북이 제대로 작동되지 않아서 점검을 받아야겠어요.
M 알겠습니다. 잠깐 저에게 주시면 금방 견적을 낼 수 있을 겁니다.
W 감사합니다. 그런데 비용은 어떻게 지불하는 것이 좋으세요?
M 현금 지급이 가장 좋죠. 신용 카드 기계가 오늘 고장 났거든요.
W 알게 되어 다행이네요. 지금 현금 자동 입출금기로 뛰어가야겠어요.

Q. 남자가 주로 하고 있는 일은?
(a) 신용 카드 기계를 고치고 있다.
(b) 수리공에게 노트북을 가져다 주고 있다.
(c) 여자의 컴퓨터 문제를 도와주고 있다.
(d) 지폐로 뭔가를 사고 있다.

해설

손님인 여자가 고장 난 노트북의 점검을 부탁해서 남자가 응대하고 있는 상황이므로 정답은 (c)이다.

laptop 휴대용 컴퓨터, 노트북   **properly** 적절히, 제대로
make an estimate 견적을 내다   **payment** 지불   **assist** 도와주다
paper money 지폐

22

Listen to a conversation between two friends.

W What's the matter? You look so tired today.
M It's the jet lag from the cross-country flight.
W And your flight was the red-eye, too.
M I'll take some medicine and get some rest.
W Be sure you do. You have to work soon.
M I'll make sure too, thanks.

Q. What is the conversation mainly about?
(a) Remedies to cure a tired body
(b) Upcoming schedule the male has
(c) **The cause of the man's low energy**
(d) Ways that a couple can scrutinize each other

두 친구의 대화를 들으시오.

W 무슨 일이야? 오늘 아주 피곤해 보이네.
M 대륙 횡단 비행 후에 시차 적응 때문에 그래.
W 야간 항공편이었잖아.
M 약 먹고 좀 쉬어야겠어.
W 꼭 그렇게 해. 곧 일해야 하잖아.
M 그것도 명심할게. 고마워.

Q. 대화의 주된 내용으로 옳은 것은?
(a) 지친 몸을 치료할 요법
(b) 곧 있을 남자의 스케줄
(c) **남자가 기력이 약해 보이는 이유**
(d) 커플이 서로 세심히 살필 수 있는 방법

여자가 남자에게 피곤해 보이는 이유를 묻자 야간에 대륙 횡단 비행기를 타고 난 후 시차 적응 때문이라고 대답하며 약을 먹고 좀 쉬어야겠다고 한다. 따라서 두 사람이 나누는 대화의 주된 내용으로 옳은 것은 (c)이다.

jet lag 시차로 인한 피로 **cross-country flight** 대륙 횡단 비행 **red-eye** 야간 항공편 **remedy** 치료 **scrutinize** 면밀히 알아보다

23

Listen to a conversation between two friends.

M Janice, your father has been taken in by the surgeon.
W What! What happened to him?
M He had a heart attack and now he's in surgery.
W Have they found out why he had the attack?
M The doctor's guessing it has to do with his diet.
W I told him that he needed to start eating better.

Q. What is the conversation mainly about?
(a) The source of a medical emergency
(b) Procedure to fix a heart attack
(c) **A medical situation of a family member**
(d) If eating habits contribute to good health

두 친구의 대화를 들으시오.

M 제니스, 의사 선생님이 와서 너의 아버지를 병원으로 싣고 갔어.
W 뭐! 아빠한테 무슨 일 생겼어?
M 심장 마비가 와서 지금 수술 중이셔.
W 원인은 찾은 거야?
M 의사 선생님이 식습관과 관련 있을 거라고 하던데.
W 이제 몸에 좋은 걸 드셔야 한다고 말씀 드렸건만.

Q. 주된 내용으로 옳은 것은?
(a) 응급 의료 상황의 원인
(b) 심장 마비를 고칠 방법들
(c) **가족 한 명의 의료 상황**
(d) 식습관이 건강에 기여하는지 여부

남자가 여자의 아빠가 심장 마비로 병원에서 수술 중이라는 소식을 알리고, 심장 마비의 원인을 찾았는지 묻는 여자의 말에 의사에게 들은 내용을 말해준다. 따라서 두 사람이 나누는 대화의 주된 내용으로 옳은 것은 (c)이다.

surgeon 외과 전문의 **in surgery** 수술 **diet** 식단 **medical emergency** 응급 의료 상황 **procedure** 수술; 방법 **contribute to** ~에 기여하다

24

Listen to a conversation between a doctor and a patient.

W Doctor. Is there anything you can do to alleviate this back pain?
M I can try. Are you currently taking any medication?
W No. I normally don't take any drugs.
M I see. Well, I can inject you with some antibiotics.
W Oh, no. I am afraid of needles.
M Do you have any problems with taking pills then?

Q. What is correct according to the conversation?
(a) Drugs are the only way to help.
(b) The pain in the man's back is chronic.
(c) An anesthetic will calm the doctor's nerves.
(d) **The patient desires an alternative to shots.**

의사와 환자의 대화를 들으시오.

W 의사 선생님. 제 요통을 완화시킬 방법이 없나요?
M 시도해 볼게요. 현재 복용하고 계시는 약이 있나요?
W 아니요. 보통 아무 약도 안 먹어요.
M 알겠습니다. 그럼, 항생제 주사를 놓아 드릴 수 있는데요.
W 아, 안 돼요. 저는 바늘이 무서워요.
M 그렇다면 알약을 복용하는 데 문제는 없으신지요?

Q. 대화에 따르면 다음 중 옳은 것은?
(a) 약이 도움을 줄 수 있는 유일한 방법이다.
(b) 남자의 요통은 만성적이다.
(c) 마취제가 의사의 불안을 진정시킬 것이다.
(d) **환자는 주사를 대신할 다른 방도를 원한다.**

해설

요통으로 고통 받는 환자와 의사 간의 대화이다. I am afraid of needles에서 여자가 주사를 무서워한다는 것을 알 수 있으므로 답은 (d)이다. 나머지 보기는 대화에서 파악할 수 없다.

alleviate 완화하다 **inject** 주사하다 **antibiotic** 항생제 **chronic** 만성적인 **anesthetic** 마취제 **nerve** 불안 **alternative** 대체물

25

Listen to a conversation between two colleagues.

M I need you to look at all the personnel files today.
W OK. Is there a problem with them?
M This week we need to finish the performance evaluations.
W Oh, I see. I'm sure I'll be able to handle it.
M Good. I expect them to be finished by Friday.
W I'll need access to your office so I can get the files.
Q. Which is correct according to the conversation?
(a) The woman volunteered for this assignment.
(b) Handling the job is no easy task.
(c) This week is very slow at the business office.
(d) Finishing the task has been appointed to the woman.

번역

두 동료의 대화를 들으시오.
M 당신이 오늘 모든 인사 기록부를 검토했으면 해요.
W 알겠습니다. 기록부가 뭐 잘못됐나요?
M 이번 주에 실적 평가를 마쳐야 하거든요.
W 아, 알겠습니다. 꼭 처리할게요.
M 좋아요. 금요일까지 끝냈으면 합니다.
W 당신 사무실에 가서 파일을 가져와야겠는데요.
Q. 다음 중 옳은 것은?
(a) 여자는 자진해서 이 업무를 맡았다.
(b) 이 일을 처리하는 것은 쉬운 업무가 아니다.
(c) 이번 주는 사무실이 매우 한가하다.
(d) 여자가 이 업무를 끝내도록 지명되었다.

해설

남자가 여자에게 인사 기록부 검토를 금요일까지 마치라고 지시했으므로 여자가 업무를 마치도록 지명되었다는 (d)가 정답이다.

performance evaluation 실적 평가 **handle** 처리하다 **access** 접근 **assignment** 업무 **appoint** 지명하다

26

Listen to a conversation about a raffle.

W Hey, look at this! It's a raffle at the SuperStop.
M What are the rules?
W Just buy one hundred dollars worth of food and you can enter.
M Are the prizes any good at all?
W There's a cash prize and gift certificate towards the store.
M If they throw in an espresso maker, then I'm in!
Q. Which is correct according to the conversation?
(a) SuperStop is holding a raffle for prizes.
(b) The big prize is a type of coffee maker.
(c) You can win money if you claim the reward.
(d) There are no regulations to enter the raffle.

번역

추첨 행사에 대한 대화를 들으시오.
W 야, 이것 봐! 슈퍼스톱에서 경품 추첨한대.
M 규정이 뭐야?
W 식품 100달러어치만 사면 응모할 수 있다고 하네.
M 뭐 좋은 상품 있어?
W 현금 상품이랑 슈퍼스톱 상품권이 있어.
M 에스프레소 기기를 경품에 넣는다면 응모할래!
Q. 대화에 따르면 다음 중 옳은 것은?
(a) 슈퍼스톱에서 경품 추첨 행사를 하고 있다.
(b) 큰 상품은 커피 메이커의 한 종류다.
(c) 상을 달라고 요구하면 돈을 받을 수 있다.
(d) 경품 추첨에 참가하는 데 규정은 없다.

해설

슈퍼스톱의 경품 추첨에 식품 100달러어치만 사면 응모할 수 있고, 상금과 상품권이 경품으로 걸려 있다고 했으므로 옳은 것은 (a)이다.

raffle 경품 추첨 **gift certificate** 상품권 **throw in** ~을 덤으로 주다 **regulation** 규정

27

Listen to a conversation between a landlord and a tenant.

M It's good to see you again, Ms. McClusky. How may I help you today?

W Yes, I would like to renew my lease for the upcoming year.

M OK. I do need to let you know that our rent prices for apartments have increased.

W It means I have to make a bigger deposit for my place, doesn't it?

M Unfortunately, yes. I apologize for this inconvenience.

W I understand. I'm not sure if I'll be able to stay then.

Q. What is correct about the woman according to the conversation?

(a) The current apartment makes her stressed out.

(b) Her new place dwarfs her old place in size.

(c) She might not have enough money for the rise.

(d) Ms. McClusky felt no difficulty in this situation.

번역

집주인과 세입자의 대화를 들으시오.

M 다시 뵈어 반갑네요, 맥클러스키 부인. 오늘은 무엇을 도와 드릴까요?

W 네, 내년 임대차 계약을 연장하고 싶어서요.

M 그러시군요. 저희 아파트 임대료가 인상되었다는 것을 알려 드려야겠네요.

W 그럼 저희 집 보증금이 올라가야 하는 거군요, 그렇죠?

M 안타깝지만 그래요. 불편을 끼쳐 드려서 죄송해요.

W 알겠습니다. 그렇다면 계속 머무를 수 있을지 잘 모르겠네요.

Q. 여자에 관한 내용으로 옳은 것은?

(a) 현재 아파트가 그녀에게 스트레스를 준다.

(b) 새로운 집이 예전 집보다 더 크다.

(c) 인상된 보증금을 낼 돈이 충분하지 않을지도 모른다.

(d) 맥클러스키 부인은 이 상황에 전혀 어려움을 못 느꼈다.

해설

임대 재계약을 하러 간 여자가 남자로부터 보증금이 올랐다는 말을 듣고, 마지막에 계속 있을 수 있을지 모르겠다고 말한다. 이를 통해 인상된 보증금을 낼 돈이 충분치 않다고 추측할 수 있으므로 정답은 (c)이다.

renew 연장하다 **lease** 임대차 계약 **rent** 임대 **deposit** 보증금

28

Listen to a conversation about an exhibition.

W I've just realized that Jenny is a very talented artist.

M We have raised a good child.

W There are so many people here at her exhibition.

M The curator said that many people here want to buy her work.

W This is a far cry from the little girl drawing with crayons a long time ago.

M Let's just enjoy this night with her.

Q. Which is correct about the man and the woman according to the conversation?

(a) They taught Jenny how to sculpt at an early age.

(b) Both of them are evasive about the work.

(c) The man and woman are Jenny's guardians.

(d) They see a scattering of people at the exhibit.

번역

전시회에 대한 대화를 들으시오.

W 방금 제니가 정말 재능 있는 화가라는 걸 알았어요.

M 우리가 아이를 잘 키웠죠.

W 전시회에 사람들이 아주 많이 왔네요.

M 큐레이터 말이 여기 많은 사람들이 제니의 작품을 사고 싶어한대요.

W 이건 오래전에 꼬마 숙녀가 크레용으로 그린 것과는 전혀 달라요.

M 제니와 함께 이 밤을 즐깁시다.

Q. 남자와 여자에 관한 내용으로 옳은 것은?

(a) 어릴 때 제니에게 조각하는 방법을 가르쳤다.

(b) 둘 다 작품에 대해 회피하고 있다.

(c) 남자와 여자는 제니의 보호자이다.

(d) 전시회에 드문드문 있는 사람들을 보고 있다.

해설

제니가 재능이 있는 화가라는 것을 알게 되었다는 여자의 말에 남자가 아이를 잘 키웠다고 대답하며, 많은 사람들이 모인 전시회와 제니의 작품에 관해 이야기하고 있다. 따라서 대화 속 남자와 여자에 관한 내용으로 옳은 것은 (c)이다.

talented 재능 있는 **raise** 키우다 **exhibition** 전시회 **a far cry from** ~와 전혀 다른 경험 **sculpt** 조각하다 **evasive** 회피적인 **a scattering of** 드문드문한

29

Listen to a conversation about an asteroid.

M That new asteroid that was just discovered is massive.
W I've come up with a disastrous conclusion while observing it.
M Let me guess. It's going to collide with us.
W Yeah, but not before it breaks up into many clusters.
M That doesn't sound good at all.
W No, we must find a solution to this problem fast!

Q. What can be inferred from the conversation?
(a) An impact with the new asteroid is imminent.
(b) Finding new asteroids usually brings disaster.
(c) Breaking into clusters will lessen the collision.
(d) The asteroid will pass the Earth very closely.

번역

소행성에 대한 대화를 들으시오.
M 막 발견된 새 소행성 엄청나게 크더라.
W 그걸 관측하는 동안 끔찍한 결말을 알게 됐어.
M 내가 맞춰 볼게. 우리와 충돌하는 거야.
W 그래. 하지만 많은 성단으로 산산조각 나기 전까지는 아니야.
M 그거 정말 문제가 있겠는데.
W 아니, 이 문제를 해결할 방법을 빨리 찾아야만 해!

Q. 대화에서 유추할 수 있는 내용은?
(a) 새 소행성과 충돌이 임박한 상황이다.
(b) 새 소행성을 발견하는 일은 늘 재앙을 불러온다.
(c) 성단으로 분해되면 충돌이 줄어들 것이다.
(d) 소행성은 지구에 매우 가까이 지나갈 것이다.

해설

두 사람은 막 발견된 소행성에 관한 이야기를 나누며 지구와 충돌하게 될 것임을 예상하고 있다. 여자의 마지막 말에서 해결책을 빨리 찾아야 한다는 것으로 보아 유추할 수 있는 내용은 (a)이다.

asteroid 소행성 **massive** 거대한 **come up with** 찾아내다
disastrous 피해가 막심한 **observe** 관측하다 **collide** 충돌하다
cluster 성단 **impact** 충돌 **imminent** 임박한

30

Listen to a conversation about environmental issues.

M We have to bring awareness about the pollution in the world.
W I was thinking that we could create a website to address it.
M That's a great idea. Let's brainstorm possible pollution concerns.
W Noise pollution is a big concern in areas of high populations.
M I don't know. To me, groundwater contamination seems more prevalent.
W Are you kidding me? We need to concentrate on problems in the cities.

Q. What can be inferred from the conversation?
(a) No one seems to want to be the leader.
(b) There is a lot of indecision between them.
(c) Acid rain is a possible type they could use.
(d) Many forms of pollution can't be addressed.

번역

환경 문제에 대한 대화를 들으시오.
M 우리는 세상에 오염에 대한 인식을 불러일으켜야 해.
W 문제 제기를 위한 홈페이지를 만들 수 있다는 생각을 했는데.
M 좋은 생각이야. 발생 가능한 오염 문제를 브레인스토밍해보자.
W 소음 공해는 인구가 많은 지역에서 큰 문제야.
M 난 잘 모르겠어. 나한테는 지하수 오염이 더 일반적인 것 같은데.
W 농담이지? 도시에서 일어나는 문제에 집중해야 한다고.

Q. 대화에서 유추할 수 있는 것은?
(a) 아무도 리더가 되고 싶어하지 않는 것 같다.
(b) 둘은 결정을 내리지 못하고 있다.
(c) 산성비는 그들이 사용할 가능성이 있는 유형이다.
(d) 많은 유형의 오염 문제를 제기할 수 없다.

해설

오염 문제를 제기하는 홈페이지 제작을 위해 오염 문제에 대해 이야기하는데 두 사람이 중요하게 생각하는 오염의 종류가 달라 결정을 못하고 있다. 따라서 결정을 못 내리고 망설이고 있다는 (b)를 유추할 수 있다.

awareness 의식 **address** 제기하다 **concern** 문제
contamination 오염 **prevalent** 널리 퍼진 **concentrate** 집중하다
indecision 망설임

31

When you think about ink, naturally you think about a writing pen. However, ink can be used as a form of protection. Cephalopod ink is used by squids as a defense mechanism. It can be used in two different ways. First, it can be used as a dark, diffusive cloud to obscure a predator's view. The second use is to make a pseudomorph which is ink with more mucus which allows it to hold its shape. Predators mistake it for the creature and attack it, letting the squid escape.

Q. What is the talk mainly about?
(a) How squids defend themselves with ink
(b) Ways to fool marine attackers and escape
(c) The varieties of commercial ink available
(d) The ways humans can use cephalopod ink

번역

먹물에 대해서 생각을 하면 자연스럽게 글을 쓰는 펜을 떠올린다. 그러나 먹물은 보호 수단의 형태로 사용될 수 있다. 오징어는 두족류 먹물을 방어 기제로 사용한다. 이 먹물은 두 가지 방식으로 사용될 수 있다. 첫째, 포식자의 시야를 흐리게 하는 거무스름하고 잘 퍼지는 자욱한 연기로 사용될 수 있다. 두 번째 용도는 형태를 유지할 수 있게 해주는 점액을 더 많이 포함한 먹물인 위형(僞形)을 형성하는 것이다. 포식자들이 이 부정형의 형태를 생물로 착각하고 공격하기 때문에 오징어는 달아날 수 있다.

Q. 주로 무엇에 관한 것인가?
(a) 오징어가 먹물로 자기방어를 하는 방법
(b) 바다의 공격자를 속여서 탈출하는 방법
(c) 이용 가능한 먹물 상품의 다양성
(d) 인간이 두족류 먹물을 사용하는 방법

해설

오징어가 먹물을 이용해 포식자의 공격을 피하는 방법을 설명하고 있으므로 정답은 (a)이다.

cephalopod 두족류 (문어·오징어 등) **defense mechanism** 방어 체계 **diffusive** 잘 퍼지는 **obscure** 흐리게 하다 **predator** 포식자 **pseudomorph** 위형 (a deceptive form) **mucus** 점액

32

Police pepper sprayed student demonstrators on the campus of Northern University today. The students were protesting an increase of tuition by a record 15% yesterday. 20 people, 10 of them students, were arrested for their part in today's activities. The police said it was an unruly crowd intent on being aggressive. Only one of the policemen was injured when he was hit by a glass bottle thrown at him. He was treated for his injuries at the hospital and then released.

Q. What is the report mainly about?
(a) A clash between students and police over school costs
(b) The higher price of college attendance in recent years
(c) The number of wounded during a campus incident
(d) The wild behavior of the student demonstrators

번역

오늘 경찰이 Northern대학교 캠퍼스에서 학생 시위대에게 최루탄을 뿌렸습니다. 그 학생들은 어제 등록금을 기록적인 15%를 인상한 것에 대해서 항의 시위를 하고 있었습니다. 오늘 시위에 참가했다는 이유로 학생 10명을 포함한 20명이 체포되었습니다. 경찰은 공격적인 의도를 가진 통제하기 힘든 시위였다고 말했습니다. 경찰 한 명만이 시위대가 던진 유리병에 맞아 부상을 입었습니다. 그는 병원에서 치료를 받고 퇴원했습니다.

Q. 보도는 주로 무엇에 관한 것인가?
(a) 등록금 인상에 대한 학생과 경찰의 충돌
(b) 최근 더 인상된 대학 등록금
(c) 캠퍼스에서 일어난 사건의 부상자 수
(d) 시위 참가 학생들의 거친 행동

해설

등록금 인상에 대항해 시위를 벌이던 대학생들을 경찰이 진압했다는 내용이므로 정답은 (a)이다.

pepper spray 최루탄을 뿌리다 **demonstrators** 시위대 **protest** 항의하다 **tuition** 등록금 **arrest** 체포하다 **unruly** 통제하기 어려운 **intent on -ing** ~할 의도를 가진 (대개 타인에게 해를 입히는 행동) **aggressive** 공격적인 **release** 퇴원하다

33

In 2003, Aron Ralston was hiking in Blue John Canyon in Utah of the United States when a boulder came loose and crushed his forearm, pinning it against a canyon wall. For five days he was trapped and could only drink sips of water to keep hydrated. After the five days, he forcibly broke his ulna and radius and severed the arm just under the elbow. He then had to rappel down a 65 foot sheer wall. Eventually a family found him and alerted authorities. He says his story is not how he lost his hand, but how he got his life back.

Q. Which is correct about Aron Ralston according to the speaker?
(a) A large rock dislodged and fell on his arm.
(b) The breaking of his arm bones was accidental.
(c) He said this story is about losing a limb.
(d) Drinking lots of water helped sustain him.

번역

2003년 미국 유타 주 블루 존 협곡에서 애론 랠스턴이 하이킹을 하고 있었을 때 바위가 흔들리더니 그의 팔뚝을 으스러뜨리며 그 팔뚝을 협곡 벽에 끼어 꼼짝 못하게 했다. 닷새 동안 그는 꼼짝없이 갇혀 체내 수분을 유지하기 위해 겨우 물 몇 모금만 마실 수 있었다. 닷새 후에 그는 강제로 척골과 요골을 부러뜨려 팔꿈치 아래팔을 절단했다. 그러고 나서 그는 65피트의 가파른 벽을 현수 하강해야만 했다. 결국 한 가족이 그를 발견하고 당국에 알렸다. 애론은 자신의 이야기는 어떻게 팔을 잃었느냐가 아니라 어떻게 생명을 되찾았는지에 대한 것이라고 말한다.

Q. 애론 랠스턴에 대해 일치하는 것은?
(a) 큰 바위가 원래 자리에서 벗어나 그의 팔에 떨어졌다.
(b) 팔뼈가 부러진 건 우연이었다.
(c) 그는 이 이야기가 팔을 잃어버린 것에 관한 것이라고 말했다.
(d) 물을 많이 마셔서 살 수 있었다.

해설

애론 랠스턴이 하이킹 중에 죽을 뻔하다가 스스로 팔뚝을 부러뜨리고 살아난 이야기를 하고 있다. 바위가 떨어져 팔뚝을 으스러뜨려서 움직일 수 없었다고 했으므로 정답은 (a)이다.

canyon 협곡 **boulder** 바위 **crush** 으스러뜨리다 **forearm** 팔뚝 **pin** 꼼짝 못하게 하다 **sip** 한 모금 **hydrated** 수분을 함유한 **forcibly** 강제로 **ulna** 척골 (팔의 아랫마디 안쪽 뼈) **radius** 요골 (아래팔 바깥쪽에 있는 뼈, 위팔과 손목을 연결) **sever** 절단하다 **rappel** 현수 하강하다 **sheer** 가파른 **alert** 알리다 **authority** 당국 **dislodge** 제자리를 벗어나다 **limb** 팔다리 **sustain** 살아가게 하다

34

Storm chasing can be one of the most exciting professions as well as one of the most dangerous. In order to perform their jobs at a safe level, special equipment is needed. One of the most basic items any storm chaser needs is an NOAA weather radio. Using this radio will give users current sky conditions, dew conditions, temperature, wind speed and direction. Also, if there is a possibility for hazardous weather within the next seven days, users will also be notified.

Q. Which is correct according to the talk?
(a) Current climate reports can be heard with any ordinary radio.
(b) There is relatively little danger in pursuing storm conditions.
(c) An NOAA weather radio is an inexpensive item for weather chasers.
(d) Specialized items are needed to accomplish what storm chasers do.

번역

폭풍 추적은 가장 위험한 직업 중 하나일 뿐만 아니라 가장 흥미로운 직업일 수 있다. 폭풍 추적자들이 안전한 수준에서 일을 하기 위해서는 특수 장비가 필요하다. 어떤 폭풍 추적자에게라도 필요한 가장 기본적인 물품 하나는 국립 해양 대기청 날씨 라디오이다. 라디오는 사용자에게 현재 하늘의 상태, 이슬 상태, 온도, 풍속, 풍향 등을 알려준다. 또한 앞으로 7일 이내에 날씨가 위험할 가능성이 있으면 라디오 사용자에게 알려준다.

Q. 담화의 내용과 일치하는 것은?
(a) 일반 라디오로도 현재 날씨 보도를 들을 수 있다.
(b) 폭풍을 추적할 때 상대적으로 그다지 위험하지 않다.
(c) 해양 대기청 날씨 라디오는 추적자에게 필요한 저렴한 물품이다.
(d) 폭풍 추적자들이 일을 완수하기 위해서는 전문 물품이 필요하다.

해설

폭풍 추적이라는 직업에는 특별한 장비가 필요하다고 했으므로 (d)가 정답이다. 필요한 장비 중 가장 기본적인 것이 해양 대기청 날씨 라디오지만 그 라디오의 가격에 대한 언급은 없으므로 (c)는 담화와 일치하지 않는다.

profession 직업 **equipment** 장비 **NOAA(National Oceanic and Atmospheric Adminis)** 국립 해양 대기청 **dew** 이슬 **hazardous** 위험한 **notify** 통지하다 **pursue** 추적[추격]하다

I would like to speak to your article last week about our poor school systems here. You seem to be misinformed of the progress we have made as a school. Our students' national test scores have steadily risen over the past 5 years and our "No Student Left Behind" initiative has kept our worst students from dropping out of school. So in the future, if you are to write commentary again about us, please get your facts straight.

Q. What is correct according to the talk?
(a) The teachers at the school are not doing their job well.
(b) The students have gotten better very quickly.
(c) In 5 years, no student will be forgotten at the school.
(d) **The editor wrote something unflattering about the school.**

번역

본교의 열악한 시스템에 대한 지난주 귀하의 기사에 응답하고자 합니다. 귀하는 저희가 학교로서 이룬 발전에 대해 잘못 알고 계시는 것 같습니다. 저희 학생들의 국가고시 점수는 지난 5년간 꾸준히 올랐고 '한 사람의 학생도 뒤처지지 않는다'는 우리의 계획은 최하위권 학생들이 학교를 도중에 그만두는 것을 막았습니다. 따라서 앞으로 본교에 대해 평가하는 글을 또 쓰신다면, 사실을 있는 그대로 쓰기 바랍니다.

Q. 담화의 내용과 일치하는 것은?
(a) 학교 선생님들이 소임을 다하지 못하고 있다.
(b) 학생들의 성적이 매우 빠르게 좋아졌다.
(c) 5년 후 학교에서 잊혀지는 학생은 없을 것이다.
(d) **담당 기자는 학교에 대해 호의적이지 않은 글을 썼다.**

해설

자신이 교사로 있는 학교에 대한 기사를 읽고 내용이 사실과 다르다며 반박하는 내용이므로 기사의 내용이 호의적이지 않았음을 알 수 있다. 따라서 정답은 (d)이다.

misinformed 잘못된 정보를 주다   left behind 뒤처지다
initiative 계획   drop out 중퇴하다   commentary 논평, 비평
get ... straight ~을 분명히 밝히다   unflattering 호의적이지 않은

Today in world news, archaeologists in Tribecastan have unearthed what could be the fossil of a new dinosaur. The fossils at initial glance seemed to be what you would call a mega meat eater. Similar in structure to a Tyrannosaurus Rex, this new discovery is double in size to a full grown T-Rex. This would make the new find the biggest meat eater during the reign of the dinosaurs. Tribecastan government officials have called this one of the most important discoveries in its country's history.

Q. What can be inferred from the news report?
(a) The new discovery is the big brother of the T-Rex.
(b) **A new biggest dinosaur may have been discovered.**
(c) Tribecastan doesn't have much of a history.
(d) The new dinosaur apparently ate only a little.

번역

오늘의 세계 뉴스입니다. 트라이브카스탄에서 고고학자들은 새로운 공룡의 화석일 가능성이 있는 화석을 발굴했습니다. 얼핏 보면 화석은 초대형 육식 동물인 것으로 보였습니다. 티라노사우루스 렉스와 유사한 구조를 가진 새로 발견된 이 화석은 다 자란 티라노사우루스 렉스보다 두 배가 더 큽니다. 이점으로 미루어 이 동물은 공룡이 지구를 지배하는 동안 가장 큰 육식 동물이었을 것입니다. 트라이브카스탄 정부 관리들은 이것을 자국 역사에 있어서 가장 중요한 발견물 중 하나라고 부르고 있습니다.

Q. 뉴스 보도로부터 유추할 수 있는 것은?
(a) 발견된 화석은 티라노사우루스 렉스의 큰 형 뻘이다.
(b) **새로운 제일 큰 공룡이 발견되었을지도 모른다.**
(c) 트라이브카스탄의 역사는 길지 않다.
(d) 새로 발견된 공룡은 분명히 조금 밖에 먹지 않았다.

해설

트라이브카스탄에서 고고학자들이 공룡 시대의 가장 큰 육류 포식자로 여겨지는 초대형 공룡의 화석을 발견했다는 뉴스이므로 정답은 (b)이다.

archaeologist 고고학자   unearth 발굴하다   fossil 화석
glance 얼핏 봄   full grown 완전히 자란   reign 지배
government official 정부관리, 국가 공무원   apparently 분명히

Part V

37~38

Have you ever dreamed of seeing your ideas come to life? AIG Bank & NR Services will give a great opportunity to help encourage more top-quality work, which is the first in a series of financial literacy workshops offered from September 1 to November 5. Through these courses, attendees will be provided with practical guidance on a variety of topics to build a solid foundation in saving, investing, sharing, and spending. First of all, participants can attain the necessary understanding of financial systems during workshops. Also, they can be mentors to work as teams within their family and community to implement and practice this knowledge in their daily financial lives as well as those of others around them. These courses, presented by skilled financial specialists, are offered at a charge of $3, but free to current customers. Unfortunately, registration for each course is on a first-come, first-served basis and limited to the first 50 registrants. If you have further questions or need more information on the financial literacy workshops, visit www.AIGBank.com.

Q37. What is the announcement mainly about?
(a) Additional ways to register for an upcoming event
(b) Details of the first financial literacy workshop
(c) Information about how to become a wise private investor
(d) Standard procedures to finance a lucrative business

Q38. Who does not need to pay registration fee?
(a) Employees
(b) Financial specialists
(c) Existing customers
(d) Potential customers

번역

여러분의 아이디어가 생활 속에 적용되는 것을 꿈꿔 본 적이 있습니까? AIG뱅크&NR서비스가 더 최상으로 일을 하도록 도울 수 있는 좋은 기회를 드립니다. 그 기회는 9월 1일부터 11월 5일까지 제공되는 일련의 재정교육워크숍에서 첫 번째 워크숍입니다. 이 과정들을 통해서 참석자들은 저축, 투자, 주식과 지출에 대한 탄탄한 기반을 세울 수 있도록 하는 다양한 주제에 관한 실질적인 가이드를 제공받을 것입니다. 우선, 참석자들은 워크숍 동안에 금융시스템에 대해 필요한 지식을 얻을 수 있습니다. 또한 참석자들은 그들 주변의 다른 사람들뿐만 아니라 일상의 경제 생활에서 이러한 지식을 실행하고 활용하기 위해서 가족과 공동체내에서 팀으로서 일을 하는 멘토가 될 수 있습니다. 경험이 많은 재정전문가들로부터 진행되는 이 과정들은 3달러의 비용으로 제공되지만 현재 고객들에게는 무료입니다. 안타깝게도 각 과정의 등록

은 선착순이며, 50명으로 제한됩니다. 추가적인 질문이 있거나 재정교육워크숍에 대한 더 많은 정보가 필요하다면 www.AIGBank.com으로 방문하세요.

Q37. 안내는 주로 무엇에 대한 것인가?
(a) 다가오는 행사에 등록하는 추가적인 방법들
(b) 첫 번째 재정교육워크숍에 관한 세부사항들
(c) 현명한 개인투자자가 되는 방법에 대한 정보
(d) 수익성 있는 사업에 투자하기 위한 통상적인 절차들

해설

9월 1일부터 11월 5일까지 AIG뱅크&NR서비스가 제공하는 재정교육워크숍을 소개하면서 그 워크숍 과정에서 참석자들이 제공받는 구체적인 내용들과 신청방법들을 언급하고 있으므로 정답은 (b)이다.

Q38. 등록비를 지불할 필요가 없는 사람은 누구인가?
(a) 직원들
(b) 금융전문가들
(c) 기존 고객들
(d) 잠재적 고객들

해설

워크숍 등록비는 3달러이지만, 현재 고객들에게는 무료라고 했으므로 정답은 (c)이다.

top-quality 최고 품질의, 최상의 **financial literacy workshop** 재정교육워크숍 **practical** 실용적인, 실제적인 **build a solid foundation** 안정된 기반을 구축하다 **implement** 실행하다 **skilled** 노련한 **on a first-come-first-served basis** 선착순으로, 순번대로

39~40

Traveling somewhere soon for the upcoming Christmas? Or dreaming of spending the holidays abroad? We spoke to renowned travel experts who looked back on the places they went while traveling during the holidays. Here are their recommended destinations. As you know, Europe's Christmas Markets offer a unique experience along Europe's busiest waterways. Especially, the fabled European Christmas Markets don't get bigger or brighter than those of Germany. If you are looking for a destination where you could share a special memory like Christmas, this is a wonderful choice. From festive decorations to traditional cuisines, German markets are fantastic places to look around and see a different group of people like candle makers, glassblowers and other artists. The second most preferred country is Sweden, which holds Sweden's Christmas Market. When you visit Gothenburg in Sweden, you can enjoy Swedish Christmas food at traditional restaurants and visit a medieval village.

Q39. What is the main purpose of the announcement?
(a) To provide information about famous travelers
(b) To present Christmas markets in European countries

(c) To suggest how to spend upcoming holidays in America
(d) To describe Christmas foods all over the world

Q40. Which Christmas market is the biggest in Europe?
(a) Sweden
(b) **Germany**
(c) Gothenburg
(d) England

번역

다가오는 크리스마스를 위해서 곧 어딘가로 여행을 할 건가요? 휴일을 해외에서 보낼 생각을 하고 있나요? 유명한 여행 전문가들과 휴일 동안 여행을 하면서 그들이 갔던 장소들을 되돌아보면서 이야기를 나누어 보았습니다. 이곳이 그들의 추천 장소들입니다. 여러분도 알다시피, 유럽 크리스마스 마켓은 유럽의 가장 바쁜 수로를 따라서 독특한 경험을 제공합니다. 특히, 전설적인 유럽 크리스마스 마켓 중에서 독일의 마켓이 가장 크고, 성대합니다. 크리스마스처럼 특별한 기억을 나눌 수 있는 장소를 찾고 있다면 이 장소가 멋진 선택이 될 것입니다. 크리스마스 장식부터 전통적인 요리까지 독일마켓은 양초를 만드는 사람들, 유리 부는 직공들과 다른 예술가들처럼 다양한 사람들을 만나면서 주변을 돌아다닐 수 있는 멋진 장소입니다. 두 번째로 가장 선호되는 나라는 스웨덴 크리스마스 마켓을 개최하는 스웨덴입니다. 여러분이 스웨덴 고텐부르크에 가게 되면 전통적인 식당에서 스웨덴의 크리스마스 음식을 즐길 수 있고 중세마을도 방문할 수 있습니다.

Q39. 안내의 주된 목적은 무엇인가?
(a) 유명한 여행가들에 대한 정보를 제공하기 위해서
(b) **유럽의 크리스마스마켓을 소개하기 위해서**
(c) 다가오는 크리스마스를 미국에서 보내는 방법을 제시하기 위해서
(d) 전 세계의 크리스마스 음식을 설명하기 위해서

해설

화자는 다가오는 크리스마스 휴일에 여행하기 좋은 장소 중에서 유명한 여행가들에게 추천받은 유럽의 크리스마스 마켓을 소개하고 있다. 독일과 스웨덴의 크리스마스 마켓에 대해서 구체적으로 소개하고 있으므로 정답은 (b)이다.

Q40. 어느 크리스마스 마켓이 유럽에서 가장 큰가?
(a) 스웨덴
(b) **독일**
(c) 고텐부르크
(d) 영국

해설

유럽 크리스마스 마켓은 많은 사람들에게 알려져 있지만, 특히, 전설적인 유럽 크리스마스 마켓 중에서 독일의 마켓이 가장 크고, 성대하다고 했으므로 정답은 (b)이다.

renowned 유명한, 잘 알려진 **look back on** ~을 뒤돌아보다 **destination** 목적지 **unique** 독특한, 특별한 **festive decoration** 크리스마스장식 **traditional cuisine** 전통음식 **candlemaker** 양초 제조업자 **glassblower** 유리 부는 직공 **medieval** 중세의

Part I ⇨ 본책 P 100

1 (d)	2 (d)	3 (d)	4 (c)	5 (a)
6 (c)	7 (c)	8 (c)	9 (c)	10 (b)

Part II

11 (c)	12 (b)	13 (a)	14 (c)	15 (b)
16 (a)	17 (a)	18 (a)	19 (d)	20 (a)

Part III

21 (a)	22 (d)	23 (b)	24 (d)	25 (b)
26 (b)	27 (d)	28 (d)	29 (c)	30 (c)

Part IV

31 (c)	32 (b)	33 (d)	34 (c)	35 (a)
36 (b)				

Part V

37 (a)	38 (b)	39 (c)	40 (c)

Part I

1

M What did your son do before he went to bed?
W _____

(a) He woke up and ate breakfast.
(b) I'll tuck him in now.
(c) He was going to take a bath.
(d) He washed his face and brushed his teeth.

번역

M 당신 아들은 자기 전에 뭘 했나요?
W _____

(a) 일어나서 아침 먹었어요.
(b) 이제 그에게 가서 이불을 덮어 줄 거예요.
(c) 그는 목욕을 하려고 했어요.
(d) **그는 세수를 하고 이를 닦았어요.**

해설

자기 전에 아들이 무엇을 했는지를 묻는 질문에 아들이 한 행동을 말하는 것이 적절한 응답이다. 그러므로 세수를 하고 이를 닦았다고 하는 (d)가 가장 자연스럽다. (b)는 여자 자신이 할 행동이고 (c)는 아들이 하려고 했던 것이지 한 것은 아니다.

tuck ... in ~에게 이불을 잘 덮어 주다

2

W I would like to redecorate my bathroom.
M _____

(a) I love how you worked a miracle.
(b) Let's move it downstairs.
(c) You must have spent a ton of money doing so.
(d) That sounds like a good idea.

번역

W 욕실을 다시 꾸미고 싶어요.
M _____

(a) 당신이 일궈 낸 기적을 보니 좋네요.
(b) 아래층에 옮겨 놓읍시다.
(c) 그렇게 하는 데 돈이 아주 많이 들었겠어요.
(d) 좋은 생각인 것 같네요.

해설

여자의 희망 사항에 동의하거나 반대하는 내용이 응답으로 올 수 있으므로 화장실을 다시 장식하고 싶다는 말에 좋은 생각인 것 같다고 동의하는 (d)가 가장 적절한 응답이다. (c)는 시제의 함정으로 화장실을 이미 새로 꾸몄을 때 할 수 있는 응답이다.

redecorate 실내 장식을 새로 하다 **miracle** 기적

3

M You don't look so well. You should go see a physician.
W _____

(a) Physics was my favorite subject in school.
(b) You can find them in hospitals.
(c) The office is next to the library.
(d) I think you're right. I might have the flu.

번역

M 안색이 안 좋아 보여. 의사한테 가봐.
W _____

(a) 물리학은 학창 시절에 가장 좋아하는 과목이었어.
(b) 병원에서 그들을 찾을 수 있어.
(c) 사무실은 도서관 옆에 있어.
(d) 네 말이 옳은 것 같아. 독감에 걸렸을지도 몰라.

해설

아파 보이니 병원에 가보라고 하는 남자의 말에 동의하며 독감에 걸렸을 수도 있다고 하는 (d)가 가장 적절하다. (a)는 physician과 physics의 발음을 이용한 함정이다.

physician 내과 의사 **physics** 물리학 **flu** 독감

4

W Kevin, where's all the personnel for this project?
M _____

(a) Sorry, I didn't mean to listen in.
(b) It's upstairs next to the closet.
(c) They are waiting in the next room.
(d) The project has been finished for days.

번역

W 케빈, 이 프로젝트 담당 직원들 모두 어디 있죠?
M _____

(a) 죄송해요, 엿들으려고 한 건 아니었어요.
(b) 그건 위층 옷장 옆에 있어요.
(c) 옆방에서 대기하고 있습니다.
(d) 프로젝트는 며칠 전에 끝났습니다.

해설

여자는 프로젝트 수행을 위한 사람들이 어디에 있는지 장소를 묻고 있으므로 next room이라는 정확한 장소를 알려주는 (c)가 가장 적절하다. (b)도 장소를 언급하고 있지만 사람들을 it이라고 지칭하는 것은 옳지 않으므로 적절한 응답이 될 수 없다.

personnel 인원, 직원 **listen in** 엿듣다

5

W You decided to resign from your position today?
M _____

(a) It's time for me to try something new.
(b) I wanted to stay longer at the job.
(c) Nobody wants to stay here any longer.
(d) The new position was created yesterday.

번역

W 오늘 자리에서 물러나기로 하셨나요?
M _____

(a) 뭔가 새로운 일을 시도할 때예요.
(b) 그 자리에서 더 오래 있고 싶었어요.
(c) 아무도 더 이상 여기에서 있고 싶어하지 않아요.
(d) 어제 새 자리가 마련됐어요.

해설

일을 그만두기로 결정했느냐고 묻는 질문에 이제 새로운 일을 할 예정이라고 사임을 긍정한 (a)가 가장 적절하다.

resign 사임하다 **position** 직책

6

M We are expecting a heavy rainstorm to hit by nightfall.

W _____

(a) I opened the drawer and took out a flashlight.
(b) As weak as the storm is, I'm not really concerned.
(c) It will likely damage many parts of town.
(d) It soaked me from head to toe.

번역

M 해 질 녘쯤 심한 폭풍우가 올 거야.

W _____

(a) 서랍을 열어 손전등을 꺼냈어.
(b) 폭풍이 약해서 별로 걱정하지 않아.
(c) 도시 대부분에 피해를 입힐 것 같아.
(d) 머리끝부터 발끝까지 흠뻑 젖었어.

해설

거센 폭풍우가 있을 것이라는 예상에 도시 곳곳에 피해가 있을 것 같다고 응답한 (c)가 적절하다. (d)는 과거의 일이므로 시제상 맞지 않고, (b)의 weak은 남자의 말 heavy와 상반되므로 적절하지 않다.

rainstorm 폭풍우 **nightfall** 해 질 녘 **drawer** 서랍 **soak** 흠뻑 적시다 **from head to toe** 머리끝부터 발끝까지

7

M Look at this! The expiration date on this milk has passed.

W _____

(a) We could afford to buy a new one.
(b) Maybe it is a defective carton.
(c) Let's just exchange it for a newer one.
(d) It's probably because it's overpriced.

번역

M 이것 좀 봐요! 우유가 유통 기한이 지났어요.

W _____

(a) 새 우유를 살 여유는 있어요.
(b) 우유갑이 불량일지도 몰라요.
(c) 그냥 유통 기한이 늦은 우유로 교환합시다.
(d) 가격이 너무 비싸기 때문일 거예요.

해설

유통 기한이 지난 우유를 구입했으므로 좀 더 근래에 제조한 우유로 교환하자는 (c)가 가장 자연스럽다. (b)는 우유가 상했을 때 할 수 있는 응답이고, (d)의 비싼 가격은 유통 기한과 관련이 없다.

defective 결함이 있는 **overpriced** 너무 비싼

8

W Does Scott have a lot of housework to do today?

M _____

(a) Yeah. He has a very big test next week.
(b) I'm going to finish the rest of it tomorrow.
(c) He should have started it three days ago.
(d) It was a lot of cleaning up to do.

번역

W 스캇이 오늘 해야 할 집안일이 많나요?

M _____

(a) 네. 그는 다음 주에 아주 중요한 시험이 있어요.
(b) 내일 남은 일 마저 끝낼게요.
(c) 그는 그 일을 3일 전부터 해야 했어요.
(d) 청소할 게 많았죠.

해설

스캇이 오늘 해야 할 집안일이 많은지 묻고 있다. 3일 전에 했어야 하는데 하지 않았다는 말은 오늘 해야 하는 일이 많다는 긍정의 응답으로 (c)가 가장 자연스럽다.

housework 집안일 **rest** 나머지 **clean up** 청소하다

9

M That new restaurant's popularity has spread by word of mouth.

W _____

(a) They are misinformed on the location of the restaurant.
(b) I crack up every time someone tells me that.
(c) Pretty soon, it will attract critical acclaim.
(d) If you do that, you could become popular, too.

번역

M 새 레스토랑의 인기는 입소문을 타고 퍼졌어요.

W _____

(a) 사람들은 레스토랑의 위치를 잘못 알고 있어요.
(b) 누군가 그 얘기를 할 때마다 저는 박장대소를 해요.
(c) 곧 비평가들이 찬사를 보내올 거예요.
(d) 그렇게 한다면 당신도 인기가 많아질 겁니다.

해설

새로운 레스토랑의 인기가 입소문을 통해 사람들 사이에서 알려지기 시작했다고 하니, 곧 비평가들이 관심을 보이며 격찬을 해 올 것이라는 (c)가 가장 적절한 응답이다.

popularity 인기 **by word of mouth** 입에서 입으로 **crack up** 박장대소하다 **critical** 비평가의 **acclaim** 찬사

10

W I heard you want to study philosophy in college?
M _____

(a) No, I received my acceptance letter a week ago.
(b) **And religious study is a second option of mine.**
(c) College is something that I haven't thought about.
(d) That's not a subject you can really study.

번역

W 대학에서 철학을 공부하고 싶다면서?
M _____

(a) 아니, 일주일 전에 합격 통지서를 받았어.
(b) **그리고 종교학이 차선책이야.**
(c) 대학은 생각해 보지도 않은 거야.
(d) 그건 네가 실제로 공부할 수 있는 과목이 아니야.

해설

대학에서 무엇을 전공할 것인가에 대한 대화이다. 여자가 철학을 공부할 것이냐고 묻자 첫 번째 선택 과목이 철학이라는 의미를 내포하며 두 번째 선택 과목은 종교학이라는 (b)가 가장 자연스러운 응답이다.

philosophy 철학 **religious** 종교의 **second option** 차선책

Part II

11

W When is the thesis due?
M Next week. Why?
W I don't think I'll be able to turn it in.
M _____

(a) The professor will approve it.
(b) Next week is not good for me.
(c) **You might lose your scholarship.**
(d) Don't spoil all the fun for me.

번역

W 논문 마감일이 언제지?
M 다음 주. 왜?
W 제출 못할 것 같아.
M _____

(a) 교수님께서 승인해 주실 거야.
(b) 난 다음 주는 안 돼.
(c) **장학금을 놓칠 수도 있어.**
(d) 나 때문에 흥을 다 깨지 마.

해설

논문 마감일 때까지 제출하지 못하면 성적이 나오지 않아 장학금을 못받을 수 있으므로 남자의 답변으로 (c)가 가장 적절하다.

thesis 논문 **due** 기한 **turn in** ~을 제출하다 **approve** 승인하다 **scholarship** 장학금 **spoil the fun** 흥을 깨다

12

M May I help you?
W Yes, I would like to book a flight to Seoul.
M OK. Will you have any carry-on luggage?
W _____

(a) As long as I don't miss my flight.
(b) **Just a small laptop case.**
(c) It's in the baggage claim area.
(d) I found it in the lost and found office.

번역

M 무엇을 도와 드릴까요?
W 네, 서울행 비행기를 예약하고 싶은데요.
M 알겠습니다. 기내에서 휴대할 수하물이 있나요?
W _____

(a) 비행기를 놓치지만 않으면요.
(b) **작은 노트북 케이스만 있어요.**
(c) 수하물 찾는 곳에 있어요.
(d) 분실물 보관소에서 찾았어요.

해설

carry-on luggage는 기내에 반입이 가능한 가방을 말한다. 질문은 기내에 가지고 들어갈 짐이 있는지를 묻고 있으므로 작은 노트북 가방만 가져갈 것이라고 답한 (b)가 적절하다.

book 예약하다 **baggage claim** 수하물 찾는 곳 **lost and found** 분실물 보관소

13

W I'm here to apply for the job opening.
M Do you have an appointment?
W No, I wasn't told that I needed one.
M _____

(a) **I could schedule you for an appointment.**
(b) Sorry, there are no job openings available.
(c) Everybody here needs a job.
(d) The job opening is downstairs.

번역

W 구인하는 자리에 지원하려고 왔습니다.
M 약속을 하셨나요?
W 아니요, 약속해야 한다는 얘기는 못 들었는데요.
M _____

(a) **약속 일정을 잡아드릴 수 있어요.**
(b) 죄송합니다. 지원 가능한 결원이 없어요.
(c) 여기 있는 누구나 일자리가 필요하죠.
(d) 채용은 아래층에서 해요.

해설

구인 광고를 보고 일자리를 찾으러 온 여자에게 남자가 약속을 했는지 묻자 여자가 그래야 하는 줄 몰랐다고 대답하므로 약속을 잡아주겠다는 (a)가 가장 적절하다.

apply for ~에 지원하다 **job opening** 빈 자리 **appointment** 약속

14

M I just noticed that the sink has sprung a leak.
W Really? That is so inconvenient right now.
M I know. What should we do?
W _____

(a) He misplaced my tools somewhere.
(b) We'll have to renovate it.
(c) **Just have to call the plumber.**
(d) Let's just assemble it again.

번역

M 방금 싱크대에 물이 새는 것을 발견했어.
W 정말? 지금 그러면 정말 불편한데.
M 맞아. 어떻게 해야 하지?
W _____

(a) 그가 내 공구들을 어디 다른 곳에 놨어.
(b) 개조를 해야 할 거야.
(c) **배관공에게 전화해야 해.**
(d) 그냥 다시 조립하자.

해설

싱크대에 물이 새는 것을 발견했다며 어떻게 해야 할지 묻는 남자의 말에 지금 당장 불편하니 배관공을 불러서 수리를 하자는 (c)가 가장 적절하다.

notice 발견하다 spring a leak (물 등이) 새다 renovate 개조하다
plumber 배관공 assemble 조립하다

15

M Good morning, this is your 7 AM wake-up call.
W Thanks. Is breakfast being served yet?
M Yes, ma'am. Would you like to place an order?
W _____

(a) No thanks. I'm still full from last night.
(b) **I'll just go down to the banquet hall.**
(c) I meant a breakfast served in the hotel.
(d) I enjoyed it a lot. It was top-notch.

번역

M 좋은 아침입니다. 아침 7시 모닝콜입니다.
W 고마워요. 아침은 먹을 수 있나요?
M 네, 손님. 주문하시겠습니까?
W _____

(a) 괜찮아요. 어제 먹은 게 아직도 배불러요.
(b) **제가 연회장으로 내려갈게요.**
(c) 호텔에서 제공되는 조식을 말한 거였어요.
(d) 아주 즐거웠어요. 최고였어요.

해설

호텔 직원과 투숙객의 대화이다. 모닝콜을 받고 아침을 먹고자 하는 여자가 주문을 하겠냐는 남자의 물음에 대답할 내용으로 가장 적절한 것은 (b)이다.

place an order 주문하다 banquet hall 연회장 top-notch 최고의

16

M Let's go to the flea market tomorrow.
W OK. I just hope they have better merchandise this time.
M It's a "pay in cash" place. What do you expect?
W _____

(a) **A wide range of selections to choose from.**
(b) I expect a place a little less expensive.
(c) Obviously not to get a good deal.
(d) To be billed for a shipping charge.

번역

M 내일 벼룩시장에 가자.
W 좋아. 이번에는 좀 더 괜찮은 물건이 있으면 좋겠다.
M 현찰로 지불해야 하는 곳이잖아. 뭘 기대하는데?
W _____

(a) **아주 다양하게 선택할 수 있는 물건들이지.**
(b) 조금 덜 비싼 곳을 생각했지.
(c) 분명히 괜찮은 거래는 아니지.
(d) 배송료가 청구되는 것 말이야.

해설

남자의 질문 전에 여자는 더 나은 상품이 있으면 좋겠다고 했으므로 선택의 폭이 넓었으면 좋겠다고 한 (a)가 가장 적절하다. (b)는 벼룩시장이 이미 저렴한 곳이므로 적절하지 않다.

flea market 벼룩시장 merchandise 물품 pay in cash 현찰로 지불하다 bill ~에게 청구서를 보내다 shipping charge 배송료

17

W I have to go out and start making a living.
M An easy way is to find temporary work.
W That's not something I would like.
M _____

(a) **It's a good way to adjust to working.**
(b) Just don't settle for anything.
(c) The department store has all the equipment.
(d) The temp agency is looking for people.

번역

W 나가서 생활비를 벌기 시작해야 해.
M 쉬운 방법은 임시직을 찾는 거야.
W 그건 내가 하고 싶은 게 아니야.
M _____

(a) **일하는 것에 적응하는 데 도움이 되는 방법이야.**
(b) 어떤 것에도 안주해서는 안 돼.
(c) 백화점에는 모든 용품이 있어.
(d) 임시직 알선 업체에서 사람을 구하고 있어.

해설

남자는 처음 돈을 벌기 좋은 방법으로 임시직을 추천했지만 여자는 원하지 않는다. 따라서 여자를 설득할 임시직의 장점이 와야 하므로 일에 적응하는 데 도움이 될 거라는 (a)가 적절하다.

make a living 생활비를 벌다   temporary 임시의   adjust 적응하다
settle for ~에 만족하다

18

M Hey, I've just come across a virus on my computer.
W Copy the file and send me an attachment.
M What are you going to do with it?
W _____

(a) Concentrate on finding a way to stop it.
(b) Generate another virus on your computer.
(c) Probably find some medication to help.
(d) Attach it to someone else as an experiment.

M 야. 방금 내 컴퓨터에서 바이러스를 발견했어.
W 그 파일 복사해서 나한테 첨부 파일로 보내.
M 그걸로 뭘 어쩌려고?
W _____

(a) 막을 방법을 찾는 데 집중해 보려고.
(b) 네 컴퓨터에 또 다른 바이러스를 만들려고.
(c) 도움이 될 몇 가지 약을 찾을까 하고.
(d) 실험용으로 누군가에게 첨부하려고.

해설

남자가 컴퓨터에 바이러스를 발견했다는 말에 여자가 파일을 복사해 첨부해서 보내라고 한다. 그 이유로 바이러스를 막을 방법을 연구해 보겠다는 (a)가 가장 적절하다.

come across 발견하다   attachment 첨부 파일   generate 발생시키다   medication 약

19

M I can't believe Seth cracked a joke during the lecture!
W Relax. I thought it was a good way to lighten the mood.
M Well, not with the seriousness of the topic.
W _____

(a) You were just taken by surprise, that's all.
(b) He was being very malicious with his intent.
(c) It's a good way to make people serious.
(d) In my opinion, it was really hilarious.

번역

M 세스가 강의 중에 농담을 하다니 말도 안 돼!
W 진정해. 분위기를 밝게 하는 좋은 방법이라고 생각했는데.
M 주제에 대해 진지함이 없었잖아.
W _____

(a) 네가 그저 깜짝 놀랐던 것뿐이잖아.
(b) 그는 의도가 아주 악의적이었어.
(c) 사람들을 심각하게 할 좋은 방법이잖아.
(d) 난 정말 재미있었는데.

해설

남자는 세스가 강의 중에 농담한 사실에 대해 있을 수 없는 일이라고 말하는 반면 여자는 분위기를 밝게 하는 좋은 방법이었다고 두둔하고 있다. 농담의 주제에 진지함이 없었다고 하는 남자의 말에 계속 재미있었다고 하는 (d)가 가장 적절하다.

crack a joke 농담하다   lighten 밝게 하다   take somebody by surprise ~를 깜짝 놀라게 하다   malicious 악의적인   intent 의도   hilarious 아주 재미있는

20

M People have been obsessed with that new TV show.
W It's because they let viewers participate in the voting.
M What do you think would happen if they didn't?
W _____

(a) Viewership would drop dramatically.
(b) I try to vote as much as I can.
(c) Refusing to join in won't help matters.
(d) It's because people watching it really need help.

번역

M 사람들이 새로운 텔레비전 프로그램에 푹 빠져 있어.
W 그건 시청자들이 투표에 참여할 수 있기 때문이야.
M 그렇게 하지 않았다면 어떻게 될까?
W _____

(a) 시청률이 대폭 떨어지겠지.
(b) 나는 가능한 많이 투표하려고 해.
(c) 참여하지 않으려는 것은 문제 해결에 도움이 되지 않을 거야.
(d) 그건 시청자들이 정말 도움이 필요하기 때문이야.

해설

새로운 텔레비전 프로그램의 높은 시청률은 시청자 투표 때문이라고 말하고 있으므로, 이 투표를 하지 않게 되면 시청률이 떨어질 것이다. 따라서 (a)가 적절한 응답이다. 여자의 질문 if they didn't 뒤에 생략된 말은 let viewers participate in the voting이다.

obsess 사로잡다   participate 참여하다   viewership 시청률   refuse 거부하다

Part III

21

Listen to a conversation between a representative and a customer.

W Hi, how may I help you today?
M Yes, I would like to withdraw some funds out of my account.
W How much would you like to take out?
M One hundred dollars sounds good.
W OK, then. You'll see this transaction on your next month's statement.
M I appreciate your helpful service.

Q. What are the man and woman mainly discussing?
(a) Pulling out some cash from his balance
(b) Discussing the statement he will receive soon
(c) Consolidating all of his accounts
(d) Figuring out the tally of this transaction

번역

직원과 고객의 대화를 들으시오.
W 안녕하세요. 무엇을 도와 드릴까요?
M 네, 계좌에서 돈을 좀 인출하고 싶어요.
W 얼마를 인출하시겠습니까?
M 100불이면 됩니다.
W 네. 이 거래는 다음 달 입출금 내역서에서 확인하실 수 있습니다.
M 알겠습니다. 도와주셔서 고맙습니다.

Q. 남자와 여자가 주로 이야기하고 있는 것은?
(a) 남자의 잔고에서 현금을 인출하는 것
(b) 남자가 곧 받을 내역서에 대해 의논하는 것
(c) 남자의 모든 계좌를 통합하는 것
(d) 이 거래의 입출금 기록을 파악하는 것

해설

은행에서 일어나는 대화로 남자가 자신의 은행 계좌에서 100불을 인출하기를 원해 은행 직원인 여자는 이를 처리하고 있으므로 (a)가 정답이다. 대화에서 withdraw, take out, pull out은 모두 '인출하다'는 같은 의미로 쓰였다.

withdraw 인출하다 fund 자금 transaction 거래 statement 입출금 내역서 balance 잔고 consolidate 통합하다 tally 입출금 기록

22

Listen to a conversation between a brother and a sister.

M Mom has been so moody lately.
W We just have to keep reassuring her, that's all.
M But you know she's so sensitive to advice.
W I'll be relieved when all of this is over.
M I hear you. I can't take her sudden outbursts.
W All right, let's try it again.

Q. What are the man and woman mainly discussing?
(a) Tantrums the elderly usually have
(b) Relief when the situation will pass
(c) Wishing to take someone's place
(d) The mental health of their mother

번역

남매의 대화를 들으시오.
M 엄마가 요즘에 너무 침울해 하셔.
W 우리는 엄마를 계속 안심시키기만 하면 돼.
M 그렇지만 엄마가 충고에 너무 예민한 거 알잖아.
W 이 모든 게 끝나면 후련할 것 같아.
M 네 마음은 알겠어. 엄마가 갑작스럽게 울음이 터질 때는 참을 수 없더라.
W 좋아, 다시 한 번 노력해 보자.

Q. 남자와 여자가 주로 이야기하고 있는 것은?
(a) 노인들이 보통 내는 짜증
(b) 상황이 지나갈 때의 안도감
(c) 다른 사람을 대신하고 싶은 바람
(d) 어머니의 정신 건강

해설

어머니가 최근 침울하고 예민해 있으므로 안심시켜 드리자는 내용의 대화이다. 어머니의 기분과 정신 상태에 대해 이야기하고 있으므로 (d)가 정답이다. (b)는 단지 언급만 되었기 때문에 답은 될 수 없다.

moody 침울한 reassure 안심시키다 sensitive 예민한 relieve 안도하게 하다 outburst (눈물 등이) 쏟아져 나옴 tantrum 짜증 mental health 정신 건강

23

Listen to a conversation between two acquaintances.

M We're going to commemorate the opening of the new school today.
W What do you have planned?
M A speech will be given and then a plaque hung on the wall.
W That sounds like a great idea. When does the event start?
M This evening at 7 in front of the school.
W I'll be a little late, but I'll stop by.

Q. What is the man mainly doing in the conversation?
(a) Conforming to societal norms
(b) Detailing the schedule for tonight
(c) Practicing his speech for later
(d) Designing a plaque to hang at the school

번역
두 지인의 대화를 들으시오.
M 오늘 신설 학교의 개교식을 할 겁니다.
W 어떤 계획을 세웠어요?
M 연설이 있을 거고 벽에 기념판을 걸 거예요.
W 좋은 생각인 것 같네요. 행사는 언제 시작하죠?
M 학교 앞에서 오늘 저녁 7시입니다.
W 전 좀 늦을 거예요. 그래도 들를게요.

Q. 남자는 주로 무엇을 하고 있는가?
(a) 사회적 규범을 따르고 있다.
(b) 오늘 저녁 일정을 상세히 알려주고 있다.
(c) 나중을 위해 연설을 연습하고 있다.
(d) 학교에 걸 액자를 디자인하고 있다.

해설
남자는 개교를 기념한 오늘 행사에 대해 식순, 시간, 장소 등을 여자에게 자세히 말하고 있으므로 정답은 (b)가 된다.

commemorate 기념하다   **plaque** 기념판   **conform to** ~에 따르다
societal 사회의   **norm** 규범   **detail** 상세히 알리다

24

Listen to a conversation between a doctor and a mother.

W Doctor. My son here has come down with something.
M Has he lost a lot of bodily fluids?
W No, but he seems to be exhausted all the time.
M OK, I'll run some tests on him then.
W What if something is wrong with the results?
M Just come this way and we can start the tests.

Q. Which is correct according to the conversation?
(a) Results from the test come back negative.
(b) The son has become addicted to something.
(c) Bodily fluids are nothing to worry about.
(d) A patient has been feeling really lethargic.

번역
의사와 어머니의 대화를 들으시오.
W 의사 선생님. 여기 제 아들이 어디 아픈 것 같아요.
M 체액을 많이 흘렸나요?
W 아니요, 그런데 늘 기진맥진해 보여요.
M 알겠습니다. 몇 가지 검사를 해봐야겠네요.
W 검사 결과가 안 좋으면 어떡하죠?
M 일단 이쪽으로 오셔서 검사를 시작하죠.

Q. 다음 중 옳은 것은?
(a) 검사 결과가 나쁘게 나온다.
(b) 아들이 뭔가에 중독되었다.
(c) 체액은 걱정할 일이 아니다.
(d) 환자는 심한 무기력함을 느껴왔다.

해설
여자가 의사인 남자에게 늘 기진맥진해 있는 아들의 상태를 이야기하자 남자가 몇 가지 검사를 해봐야겠다고 한다. 따라서 대화의 내용으로 가장 적절한 것은 환자인 아들이 기운이 없어서 무기력하다는 (d)이다.

come down with (심각하지 않은 병이) 들다   **bodily fluid** 체액
exhausted 기진맥진한   **addicted to** ~에 중독된   **lethargic** 무기력한

25

Listen to a conversation between two acquaintances.

M I'm looking to change careers.
W Lucky for you, my company is hiring right now.
M Is that right? How are the benefits?
W One of the best in the nation. The incentives are good as well.
M Can I stop by later today and possibly interview?
W Yeah, just tell the receptionist that you're here to see me.

Q. Which is correct according to the conversation?
(a) She was too busy to meet with him earlier.
(b) **Many enticements are offered at her job.**
(c) Receptionists interview possible employees.
(d) Other places have better benefits.

번역

두 지인의 대화를 들으시오.
M 직업을 바꾸려고 생각 중이에요.
W 잘됐네요. 지금 우리 회사에서 사람 뽑고 있거든요.
M 정말이에요? 혜택이 어떤데요?
W 국내 최고 중 하나지요. 상여금도 잘 나오고요.
M 이따 들러서 면접 볼 수 있을까요?
W 그래요. 접수원에게 날 만나러 왔다고 이야기하면 돼요.

Q. 다음 중 옳은 것은?
(a) 여자는 너무 바빠서 남자를 일찍 만날 겨를이 없었다.
(b) **여자의 직장에서는 많은 유인책이 제공된다.**
(c) 접수원이 구직자의 면접을 본다.
(d) 다른 회사가 혜택이 더 좋다.

해설

직업을 바꾸려고 생각 중이라는 남자의 말에 여자는 자신의 회사에서 사람을 뽑고 있다며 회사의 좋은 점을 말해 주고 있다. 따라서 대화의 내용으로 옳은 것은 (b)이다.

look to ~을 생각하다 **benefit** 혜택; 수당 **incentive** 상여금 **enticement** 유혹

26

Listen to a conversation between two friends.

W I'm having a hard time coping with my mother's passing.
M You just lost somebody important to you. It's a devastating thing.
W What do you recommend I should do?
M You should talk to a professional about this.
W John, thanks for the advice.
M Of course. I'll give you my therapist's number.

Q. What does the woman ask about?
(a) Overcoming neglect by a loved one
(b) **Advice on how to get by**
(c) The life of her mother
(d) Investigating the meaning of life

번역

두 친구의 대화를 들으시오.
W 엄마가 돌아가시고 힘든 나날을 보내고 있어.
M 너에게 중요한 사람을 잃었으니까. 정말 충격적인 일이잖아.
W 어떻게 하면 좋을까?
M 이런 문제는 전문가에게 이야기해야 해.
W 조언 고마워, 존.
M 뭘 그런 거 가지고. 내 치료 전문가 연락처를 알려줄게.

Q. 여자는 무엇에 관해 묻고 있나?
(a) 사랑하는 이의 소홀함 극복
(b) **살아나갈 방법에 관한 조언**
(c) 엄마의 인생
(d) 삶의 의미에 관한 연구

해설

어머니께서 돌아가신 후, 힘든 나날을 보내고 있다며 어떻게 하면 좋을 지를 묻는 여자의 말에 남자는 전문가에게 상담해 볼 것을 권하고 있으므로 여자가 묻고 있는 내용으로 옳은 것은 (b)이다.

passing 죽음 **devastating** 엄청나게 충격적인 **therapist** 치료 전문가 **overcome** 극복하다 **neglect** 소홀 **get by** (곤란 등을 이겨내고) 살아가다 **investigate** 조사하다

27

Listen to a conversation about research findings.

M Your conclusion seems very flimsy.
W What are you talking about? Have you examined my findings?
M Yes, I have. I believe the problem is with the hypothesis.
W I don't believe so.
M Trust me. I've been doing this for a long time.
W I don't agree. Look at the numbers again.

Q. Which is correct according to the conversation?
(a) The woman mistrusts the hypothesis.
(b) The man is presenting his findings.
(c) The woman partially agrees with the man.
(d) The man questioned the woman's findings.

[번역]

연구 결과에 대한 대화를 들으시오.
M 당신의 결론은 너무 설득력이 없어요.
W 무슨 말씀이세요? 제 연구 결과를 검토해 보셨나요?
M 네, 했어요. 가설에 문제가 있는 것 같아요.
W 그렇게 생각하지 않는데요.
M 확실해요. 이 일을 오랫동안 하고 있다고요.
W 수긍 못 하겠어요. 수치를 다시 한 번 보세요.

Q. 다음 중 옳은 것은?
(a) 여자는 가설을 불신한다.
(b) 남자가 자신의 연구 결과를 발표하고 있다.
(c) 여자는 일부분만 남자와 동의한다.
(d) 남자는 여자의 연구 결과에 의문을 제기하고 있다.

[해설]

남자는 여자의 연구 결론이 설득력이 없는 이유를 그녀가 세운 가설에 돌리며 여자의 연구 결과가 문제가 있다고 말하고 있으므로 답은 (d)이다.

flimsy 얄팍한, 믿기지 않는 **examine** 검토하다 **findings** 연구 결과
hypothesis 가설

28

Listen to a conversation about a business plan.

W I plan on launching a new clothing line next year.
M Do you have any potential buyers for the line?
W Yeah, I talked with some the other week but I don't know.
M I'll help you since I have some experience in the trade.
W Oh great! I was meaning to place an ad for an experienced assistant.
M I could help you with your work and also continue to establish myself in the field.

Q. Which is correct about the woman according to the conversation?
(a) The woman is well renowned in fashion.
(b) The new line will be successful.
(c) People bought her clothes last week.
(d) She will accept his offer of aid.

[번역]

사업 계획에 대한 대화를 들으시오.
W 내년에 신규 의류 사업을 시작할 생각이야.
M 그 의류 사업에 잠재 구매자는 있어?
W 응, 전 주에 몇 사람과 얘기했는데 잘 모르겠어.
M 내가 장사에 경험이 있으니 도와줄게.
W 좋지! 경력직으로 조수 구인 광고를 내려고 하고 있었는데.
M 네 일도 돕고, 난 이 분야에서 쭉 자리 잡을 수 있을 거야.

Q. 여자에 관해 다음 중 옳은 것은?
(a) 여자는 패션계에서 유명하다.
(b) 새 제품군은 성공할 것이다.
(c) 사람들이 지난주에 그녀의 옷을 샀다.
(d) 도움을 주겠다는 남자의 제안을 받아들일 것이다.

[해설]

여자가 신규 사업을 시작할 계획이라고 하자 남자는 필요하다면 도와주겠다고 한다. 마침 구인 광고를 내려던 여자는 남자의 제안을 기꺼이 받아들일 것이므로 답은 (d)가 된다.

launch (사업 · 계획 등을) 시작하다 **potential** 잠재적인
establish oneself 자리잡다 **renowned** 유명한 **aid** 지원

29

Listen to a conversation about going to a graduate school.

M I've been thinking about going to graduate school.

W That's a big challenge. Do you think you're up for it?

M Sure. It can't be that much harder than undergrad, can it?

W Well, you can't be absent, have to write a thesis and have outstanding grades.

M Oh. Is there anything else I should know about?

W Yeah, plenty more. I could go on for days.

Q. What can be inferred from the conversation?

(a) A thesis is an important part of undergrad.

(b) The man has decided to go get his master's degree.

(c) A lot is expected of you at graduate school.

(d) The woman believes the man is prepared to go.

번역

대학원 진학에 대한 대화를 들으시오.

M 대학원에 갈까 생각하고 있어.

W 그건 큰 도전이다. 그럴 준비가 되었다고 생각해?

M 그럼. 학부 과정보다 훨씬 더 힘들지는 않겠지, 안 그래?

W 흠, 결석하면 안 되고, 논문도 써야 하고, 성적도 잘 받아야 해.

M 오, 내가 알아야 할 게 또 있니?

W 그럼. 더 많지. 며칠이고 말할 정도로 많아.

Q. 대화로부터 유추할 수 있는 것은?

(a) 논문은 학부 과정에서 중요한 부분이다.

(b) 남자는 석사 학위를 따기로 결심했다.

(c) 대학원에서 요구하는 일이 많다.

(d) 여자는 남자가 갈 준비가 되었다고 믿고 있다.

해설

대학원에 가려고 생각하고 있다는 남자의 말에 여자는 준비가 되어 있는지 물으며 대학원에서 해야 할 일들을 말해주고 있다. 더 알아야 할 게 있냐는 남자의 말에 여자가 며칠 동안 말해 줄 수 있다고 말하는 것으로 볼 때 유추할 수 있는 내용으로 옳은 것은 (c)이다.

graduate school 대학원 **undergrad** 학부 과정 **thesis** (석사) 논문 **outstanding** 우수한 **master's degree** 석사 학위

30

Listen to a conversation about recycling bags.

M Don't we need more of those recycling bags?

W Can't we just throw out the trash in any old bag?

M Well, the biodegradable bags are environmentally friendly.

W How is that going to help at all?

M The bags will breakdown in the soil instead of staying as plastic.

W Alright. I guess if that's what the city wants, we better get them.

Q. What can be inferred from the conversation?

(a) Recycling trash is only done by a few people.

(b) The store has a huge selection of bags available.

(c) Helping the environment is important to the man.

(d) It's going to take the man a long time to recycle.

번역

재활용 봉투에 대한 대화를 들으시오.

M 저 재활용 봉투 더 필요하지 않아?

W 그냥 옛날 봉투에다가 넣어서 버리면 안 될까?

M 글쎄, 자연 분해되는 봉투가 환경친화적이잖아.

W 그런 봉투가 어떻게 도움이 되는데?

M 비닐로 남는 대신 토양에서 분해될 거야.

W 좋아. 시에서 원하는 바가 그렇다면, 그 봉투를 쓰는 게 낫겠어.

Q. 대화로부터 유추할 수 있는 것은?

(a) 몇몇 사람들만이 쓰레기를 재활용한다.

(b) 가게에는 선택할 수 있는 봉투가 많다.

(c) 환경 보호는 남자에게 중요한 일이다.

(d) 남자가 재활용하는 데 시간이 오래 걸릴 것이다.

해설

남자가 먼저 자연 분해되는 봉투가 환경친화적이라는 설명을 하자 여자가 그런 봉투가 필요하다는 것을 인정하는 것으로 보아 두 사람의 대화로부터 유추할 수 있는 내용으로 옳은 것은 (c)이다.

biodegradable 자연 분해되는 **breakdown** 분해되다 **soil** 토양

Part IV

31

Hello, this is Alex Smart from HiTech Industries. I'm calling to remind you of your interview tomorrow morning at 8 A.M. Please remember to be on time for this interview. Also, dress appropriately because if you don't dress professionally, you won't be taken seriously. We only accept the best and brightest at our company, so show us why we should select you to be a part of the HiTech team. We are looking forward to meeting you tomorrow.

Q. What is the phone call mainly about?
(a) The types of employees HiTech is seeking to add
(b) The appropriate attire needed tomorrow
(c) **What to do and expect at the interview**
(d) Advice on employment interviews in general

번역

안녕하세요? 저는 하이테크 인더스트리즈의 알렉스 스마트입니다. 내일 아침 8시에 있을 면접에 대해 다시 한 번 알려 드리기 위해 전화드립니다. 잊지 마시고 면접 시간에 맞추어 나와주세요. 또 옷을 직업에 맞게 입지 않으면 전문직 종사자로서 진지하게 받아들여지지 않을 테니 적절한 옷차림을 하십시오. 당사는 가장 똑똑한 최고의 인재만을 고용하니 왜 당신을 하이테크 팀의 일원으로 선발해야 하는지를 보여 주어야 합니다. 그럼 내일 뵙겠습니다.

Q. 전화는 주로 무엇에 관한 것인가?
(a) 하이테크가 충원하고자 하는 직원의 유형
(b) 내일 필요한 적절한 복장
(c) **면접에서 해야 하는 것과 예상해야 하는 것**
(d) 일반적인 면접에 대한 조언

해설

하이테크의 담당 직원이 자사의 입사 지원자에게 면접 시간과 필요한 옷차림. 선발되기 위해서 지원자가 면접에서 보여주어야 하는 것에 대해서 전화로 알려주고 있다. 따라서 정답은 (c)이다.

appropriately 적절하게 **select** 선발하다 **look forward to** ~을 기대하다 **attire** 복장

32

For all you history buffs, don't forget to stop in Normandy, France to see the Normandy American Cemetery and Memorial. This place honors American soldiers that died in Europe in World War II. The cemetery itself holds the remains of 9,387 American military dead. Another feature to this place is the time capsule buried under a pink granite slab. The time capsule contains sealed news reports of the June 6, 1944 Normandy landings. Although one cannot literally open the capsule at the moment, it is a sober reminder to us all of the historic importance of this particular place and time.

Q. What is the talk mainly about?
(a) The American sacrifice in the European world war
(b) **A place of momentous military and historical interest**
(c) The number of casualties on a famous battlefield
(d) The contents of a time capsule dedicated to veterans

번역

모든 역사광 여러분. 프랑스의 노르망디에 잠시 들러서 노르망디 미국 묘지와 기념비를 둘러보는 것을 잊지 마세요. 이 장소는 제2차 세계 대전 중 유럽에서 전사한 미군을 기리는 곳입니다. 묘지에는 미군 전사자 9,387명의 유해가 안장되어 있습니다. 장소의 또 다른 특징은 분홍색 화강암 판 아래 묻힌 타임 캡슐입니다. 타임 캡슐에는 1944년 6월 6일의 노르망디 상륙 작전에 대한 뉴스 기사가 밀봉된 상태로 들어 있습니다. 지금은 이 캡슐을 말 그대로 열 수는 없지만 이 특별한 장소와 시대의 역사적 중요성을 상기시켜 주는 엄숙한 물건입니다.

Q. 무엇에 관한 것인가?
(a) 유럽 세계 전쟁에서의 미국의 희생
(b) **군사적, 역사적으로 중요한 흥미로운 장소**
(c) 유명한 전쟁터에서의 사망자 수
(d) 참전 용사에게 헌정된 타임 캡슐의 내용물

해설

역사 여행을 좋아하는 사람들에게 노르망디 상륙 작전이 전개된 역사적인 장소인 프랑스 노르망디의 미국 묘지 · 기념비를 소개하면서 둘러 보라고 권유하는 내용이다. 따라서 정답은 (b)이다.

buff 애호가 **cemetery** 묘지 **memorial** 기념비 **honor** 기리다 **remains** 유해 **granite** 화강암 **slab** 석판 **seal** 밀봉하다 **literally** 말 그대로 **sober** 엄숙한 **sacrifice** 희생 **momentous** 중대한 **casualty** 사망자

33

We are addressing all of you today in protest to the Prime Minister not resigning his office yesterday. The corruption that had permeated throughout his cabinet has caused tensions not only within our own country but has spread to other countries as well. The prime minister seeks to gain absolute power over the government to try to control the people of this great nation. I, along with my other group members, will rally at every political gathering until he does step down. If he does not, our country will spiral into further turmoil.

Q. Which is correct according to the talk?

(a) **Other countries have been affected by the corruption in the country.**

(b) The speaker is in favor of the Prime Minister not leaving office.

(c) Opposition will do nothing to quicken the ousting.

(d) The country is doing very well right now globally.

번역

어제 사임하지 않은 수상에 대한 항의를 제기합니다. 수상의 내각에 만연한 부패는 국내에 긴장 상태를 초래했을 뿐만 아니라 다른 나라에까지 퍼졌습니다. 수상은 이 위대한 나라의 국민을 통제하기 위해 정부에 대한 절대 권력을 가지려고 합니다. 저는 그룹의 다른 일원들과 함께 그가 사임할 때까지 모든 정치적 집회에서 단결할 것입니다. 만약 그가 사임하지 않는다면 우리나라는 더 깊은 혼란에 빠질 것입니다.

Q. 담화의 내용과 일치하는 것은?

(a) **타국가들은 이 국가의 부패에 영향을 받았다.**

(b) 화자는 수상이 사임하지 않는 것에 찬성한다.

(c) 상대측에서는 수상의 축출을 앞당기는 데 아무것도 하지 않을 것이다.

(d) 국가는 현재 국제적으로 매우 잘하고 있다.

해설

수상의 절대 권력에 대한 욕심으로 현 내각에 퍼진 부패가 국내에 긴장을 유발하고 다른 나라에까지 퍼졌다고 했으므로 (a)가 정답이다.

in protest 항의하여 **prime minister** 수상 **resign** 사임하다 **corruption** 부패 **permeate** 스며들다 **cabinet** 내각 **absolute** 절대적인 **rally** 단결하다 **spiral** 소용돌이 꼴로 나아가다 **turmoil** 혼란 **in favor of** ~에 찬성하여 **quicken** 빠르게 하다 **oust** 내쫓다

34

If you were able to go to old Giants Stadium in New Jersey, you then probably heard of the urban legend of Jimmy Hoffa. He was an American labor union leader for many years. In July of 1975, he was to meet two men for a meeting and subsequently disappeared. Legend has it that when the stadium was being built, mafia henchmen put Hoffa's dead body in the concrete mix and was then built on top of by the stadium. Unfortunately, we'll never know the truth because after 34 years, Giants Stadium was demolished.

Q. Which is correct according to the talk?

(a) Giants Stadium was torn down in 1975 because of Hoffa.

(b) There is definitive proof Hoffa visited the stadium.

(c) **Hoffa is supposedly buried underneath the stadium.**

(d) Labor unions were opposed to Hoffa's policies.

번역

당신이 뉴저지 주 자이언츠 스타디움에 갈 수 있었다면 아마 지미 호파의 도시 전설에 대해 들어봤을 것이다. 호파는 오랫동안 미국 노동조합의 지도자였다. 1975년 7월 그는 어떤 모임을 위해 두 남자를 만나기로 했는데 그 후에 실종되었다. 전설에 의하면 자이언츠 스타디움이 건설되고 있을 때 마피아의 심복 부하들이 호파의 시체를 콘크리트 배합에 넣었고 그 위에 경기장이 세워졌다고 한다. 불행히도 34년 후에 자이언츠 스타디움은 철거되어서 우리는 진실을 알 길이 없다.

Q. 담화의 내용과 일치하는 것은?

(a) 자이언츠 스타디움은 호파 때문에 1975년에 철거되었다.

(b) 호파가 경기장을 방문했다는 명백한 증거가 있다.

(c) **호파는 경기장 아래에 묻힌 것으로 추정된다.**

(d) 노동조합은 호파의 정책에 반대했다.

해설

노동조합의 지도자였던 호파가 누군가를 만나기 위해 외출한 후 실종되었는데, 마침 건설 중이던 자이언트 스타디움의 콘크리트에 그의 시체가 섞여 경기장이 지어졌다는 전설이 있지만 현재 경기장이 철거되어 사실 여부를 알 수 없다고 하므로 (c)가 정답이다.

labor union 노동조합 **subsequently** 그 후 **henchman** 심복 부하 **demolish** 철거하다 **supposedly** 추정상

35

Halley's Comet is the most recognized of the short-period comets. Halley's Comet becomes visible to the Earth every 75 or 76 years. Composed of water, carbon dioxide, ammonia and dust, it was first observed by astronomers in 240 BC. Other comets are more visible but usually appear every thousand years or so. The last time the comet came to the Earth was in 1986, so expect a return engagement around the year 2061. Maybe we'll be able to get some more information on this wonderful object the next time it comes.

Q. What is correct about Halley's Comet according to the talk?
(a) It is a famous and relatively often seen comet.
(b) It was first noticed by astronomers in 240 AD.
(c) The comet approaches Earth every thousand years.
(d) It is made of rock, ice and other such metals.

번역

핼리 혜성은 단주기 혜성 중 가장 잘 알려져 있다. 핼리 혜성은 매 75년 또는 76년마다 지구에서 관측된다. 물, 이산화탄소, 암모니아와 먼지로 구성되어 있는 핼리 혜성은 기원전 240년에 천문학자들에 의해 처음 관측되었다. 다른 혜성이 좀 더 잘 보이지만 보통 몇 천년 만에 한 번씩 나타난다. 핼리 혜성이 지구에 마지막 온 것이 1986년이었으니 2061년경에 다시 돌아올 것을 기대하라. 아마 다음에 핼리 혜성이 올 때에는 이 불가사의한 물체에 대한 더 많은 정보를 얻을 수 있을 것이다.

Q. 핼리 혜성의 내용과 일치하는 것은?
(a) 그것은 비교적 자주 보이고 잘 알려진 행성이다.
(b) 서기 240년에 천문학자들에 의해 처음 발견되었다.
(c) 그 혜성은 1,000년마다 지구에 접근한다.
(d) 바위, 얼음, 그 밖의 금속으로 만들어졌다.

해설
담화 초반의 the most recognized는 '가장 잘 알려진'이라는 의미이며, 다른 혜성은 보통 몇 천년 만에 한 번씩 나타나지만 핼리 혜성은 75~76년마다 볼 수 있다고 하였으므로 (a)가 담화의 내용과 일치한다.

comet 혜성   visible 눈에 보이는   composed of ~로 구성된
carbon dioxide 이산화탄소   observe 관측하다   astronomer 천문학자   engagement 약속   approach 다가가다

36

The most important thing to help a race car driver win is not just the car, but the pit crew team that works with the driver. The pit crew and crew chief are responsible for the maintenance and performance of the race car. Some duties of the crew are to change the tires, clean the windshield, fill the car with gas and make any other minor structural changes needed. The crew chief coordinates and trains the pit crew to make sure they work together as a team.

Q. What can be inferred from the talk?
(a) Pit crews do most of the hard work.
(b) A race car driver needs a good team.
(c) Menial jobs are done by the crew.
(d) The crew chief is the driver's boss.

번역
자동차 경주 선수의 승리를 도울 수 있는 가장 중요한 것은 자동차만이 아니라 선수와 함께 일하는 피트 크루 팀입니다. 피트 크루와 크루 치프는 경주용 자동차의 정비와 성능을 책임집니다. 크루의 몇 가지 의무는 타이어를 교체하고, 앞 유리를 깨끗이 닦으며, 자동차에 가스를 채우고, 기타 필요한 사소한 구조적 변경을 하는 것입니다. 크루 치프는 피트 크루를 편성하고 훈련시켜서 확실하게 한 팀으로 함께 일할 수 있도록 합니다.

Q. 담화에서 추론할 수 있는 것은?
(a) 피트 크루들은 대부분의 힘든 일을 한다.
(b) 자동차 경주 선수는 좋은 팀을 필요로 한다.
(c) 크루들은 하찮은 일을 한다.
(d) 크루 치프는 자동차 경주 선수의 상사이다.

해설
피트 크루 팀은 경주용 자동차의 성능 발휘에 필요한 정비를 책임짐으로써 자동차 경주 선수의 승리를 돕는다는 내용이다. 따라서 정답은 (b)이다.

maintenance 정비   windshield 자동차 앞 유리   coordinate 편성하다   menial 하찮은

The Public Transportation Association in the U.S. welcomes the approval of the revision of Article 29 of the Labor Law on worker protection and severance pay by the government, but the organization's head says the move could lay a burden on employers. Beginning next year, the government will put the revision into force throughout the United States and violators will be punished. Tom Ashworth, deputy secretary-general of PTA, said that his organization welcomes the revision, but the authorities need to pay more attention to loopholes that could lead to unfavorable situations. He also said that while it's much better for worker protection, the amendment may have more widespread social ramifications than just the financial burden. Although the request by the PTA came to the government, Labor Minister Miller Diego said that the ministry was willing to help workers whose employers flee without paying decent wages. The Council of Ministers also approved a draft law on the revision of the minimum wage law.

Q37. What is correct according to the talk?
(a) **The government approved reforming Article 29 of the Labor Law.**
(b) The revision will take effect in America next week.
(c) Tom Ashworth is a government official.
(d) The amendment doesn't help protect employees

Q38. Why is Tom Ashworth concerned about the revision?
(a) It is harsh and unfair for violators to be punished by the government.
(b) **It could have a negative effect that allows people to do something that would otherwise be illegal.**
(c) There are many more opponents of the revision than expected.
(d) The government is not particularly interested in making a partial amendment.

번역

미국 대중교통협회는 정부의 근로자보호와 퇴직금에 대한 정부의 노동법 29조항의 개정 승인을 반겼지만, 그 협회의 책임자는 그 변화는 고용주들에게 부담을 줄 수 있다고 말했습니다. 다음해부터 정부는 미국전역에서 개정안을 시행할 것이며, 그 개정법을 위반하는 사람들은 처벌을 받게 될 것입니다. PTA 사무부총장인 톰 에쉬워스는 협회가 개정을 환영하고 있지만 당국이 좋지 않은 상황이 될 수 있는 법망의 허점들에 더 많은 관심을 가질 필요가 있다고 말했습니다. 그는 또한 개정법이 근로자보호에는 훨씬 더 나을 수 있지만, 단지 재정적인 부담보다 더 광범위한 사회적 영향을 가져 올 수도 있다고 말했습니다. PTA가 정부에 요청을 했지만 노동부장관 밀러 디에고는 부처는 그들의 합당한 임금을 지불하지 않고 고용주가 도망간 노동자들을 기꺼이 도울 것이라고 말했습니다. 각료회의는 또한 최저임금법 개정에 대한 법률 초안을 승인했습니다.

Q37. 담화에 따르면 맞는 것은 무엇인가?
(a) **정부는 노동법 29조항의 개정을 승인했다.**
(b) 개정안은 다음 주 미국에서 실시될 것이다.
(c) 톰 애쉬워스는 국가 공무원이다.
(d) 개정안은 직원들을 보호하도록 돕지 않는다.

해설

미국 대중교통협회가 정부의 근로자보호와 퇴직금에 대한 정부의 노동법 29조항의 개정 승인을 반겼다고 했으므로 정답은 (a)이다.

Q38. 왜 톰 애쉬워스가 개정안에 대해서 걱정하는가?
(a) 위반자들이 정부로부터 처벌을 받는 것은 가혹하고 부당하다.
(b) **개정안은 사람들이 불법이 되지 않을 일을 가능하게 하는 부정적인 효과를 가질 수 있다.**
(c) 예상보다 개정안에 대한 반대자가 훨씬 많이 있다.
(d) 정부는 부분적인 법의 개정에는 별 관심이 없다.

해설

톰 에쉬워스는 대중교통협회가 개정을 반기고는 있지만 당국이 좋지 않은 상황이 될 수 있는 법망의 허점들에 더 많은 관심을 가질 필요가 있다고 말했으므로 정답은 (b)이다.

Public Transportation Association 대중교통협회 **approval** 승인 **revision** 개정(안) **article** (법의) 조항 **work protection** 근로자 보호 **severance pay** 퇴직금 **lay a burden on** ~에 부담을 주다 **put ~ into force** (법률을) 실시하다, 시행하다 **violate** 위반하다 **amendment** 개정(안) **deputy secretary-general** 사무부총장 **loophole** 허점 **unfavorable** 좋지 않은, 불리한 **ramification** 결과, 영향 **ministry** 부처 **draft** 초안 **minimum wage** 최저임금 **reform** (법률을) 개편하다, 개정하다 **take effect** 효력을 발휘하다 **harsh** 가혹한 **unfair** 부당한

39~40

Good morning, everyone. I would like to let you know about an exciting event that is happening in the auditorium next week. Next Tuesday morning, Dr. Liam Carter, the director of psychology and head of the anxiety disorder program, will be giving a lecture to masters and doctoral students. As you may know, his treatments have been prioritized into anxiety disorders among psychologists and other mental health professionals, including psychiatrists. The results of his experiments are being studied in advanced-level courses, so some of you are probably familiar with his work. His lecture will have a strong focus on the children with anxiety disorders. Specifically, he will be discussing how children with anxiety disorders can relieve symptoms using the anxiety disorder program, and how the therapies and treatments can lead to lifestyle changes. The lecture is free to all students in the course of advanced degrees. If you want to attend the event, just call us at 555-3140.

Q39. What is the main purpose of the talk?
(a) To suggest topics for a research assignment
(b) To inform students about the lineup of professors
(c) To draw graduate students to a special lecture
(d) To emphasize the importance of an anxiety disorder program

Q40. Which is correct according to the talk?
(a) The event will be held on the day before next Friday.
(b) Dr. Liam Carter will give a lecture to all students.
(c) Students who attend the advanced courses have heard of Dr. Liam Carter.
(d) The lecture is free to all students except graduate students.

번역

여러분. 안녕하세요. 다음 주 강당에서 있을 흥미로운 행사에 대해서 알려드리려고 합니다. 다음 주 목요일 아침에 심리학의 권위자이자 불안장애프로그램의 선두인 리암 카터 박사가 석박사를 대상으로 강의를 할 예정입니다. 여러분도 알다시피 그의 치료법은 정신과의사를 포함하여 심리학자와 정신 건강 전문가들 사이에서 불안장애에 관한 치료법으로 우선시 되고 있습니다. 그의 실험 결과가 석박사 과정에서 연구되고 있으므로 여러분들 중에 몇몇 사람들은 그의 작업들에 친숙할 것입니다. 그의 강의는 불안장애를 가진 아이들에게 중점을 둘 것입니다. 특히, 그는 불안장애를 가진 아이들이 불안장애프로그램을 이용하여 증상을 어떻게 완화시킬 수 있는지 그리고 치료요법들이 어떻게 생활방식을 변화시킬 수 있는지 논의할 예정입니다. 강의는 석박사과정에 있는 모든 학생들에게 무료로 제공됩니다. 행사에 참여를 원하는 학생은 555-3140으로 연락하기 바랍니다.

Q39. 담화의 주된 목적은 무엇인가?
(a) 연구 과제를 위한 주제를 제시하기 위해서
(b) 학생들에게 교수라인업을 알리기 위해서
(c) 대학원생들을 특별강의로 끌어드리기 위해서
(d) 불안장애프로그램의 중요성에 대해서 강조하기 위해서

해설

화자는 다음 주에 있을 불안장애를 가진 아이들에 대한 특별한 강의에 대해서 알리면서 그 강의를 이끌 리암카터 박사가 석박사과정에있는 학생들에게 친숙한 사람이라고 소개하며, 석박사과정 학생들에게는 특별강의가 무료로 제공됨을 언급하고 있으므로 정답은 (c)이다.

Q40. 담화에 따르면 맞는 것은 무엇인가?
(a) 행사는 다음 주 금요일 전날에 열리게 될 것이다.
(b) 리암 카터 박사는 전체 학생들에게 강의를 할 것이다.
(c) 고급과정에 참여하고 있는 학생들은 리암 카터박사에 대해 들어본 적이 있다.
(d) 강의는 대학원생을 제외한 모든 학생들에게 무료로 제공된다.

해설

리암 카터박사의 실험 결과가 석박사 과정에서 연구되고 있으므로 석박사 과정에 있는 몇몇 학생들은 그의 작업들에 친숙할 것이라고 언급한 (c)가 정답이다.

anxiety disorder program 불안장애프로그램 **master** 석사 **doctorate** 박사 **prioritize** 우선시하다 **psychologist** 심리학자 **mental health professional** 정신 건강 전문가 **psychiatrist** 정신과 의사 **experiment** 실험 **advanced-level course** 고급과정 **have a focus on** ~ 중점을 두다. 집중하다 **relieve** 완화시키다 **symptom** 증상 **lineup** 정렬, 라인업

TEPS Test of English Proficiency developed by Seoul National University

Actual Test 1

	a	b	c	d			a	b	c	d
1	ⓐ	ⓑ	ⓒ	ⓓ	21	ⓐ	ⓑ	ⓒ	ⓓ	
2	ⓐ	ⓑ	ⓒ	ⓓ	22	ⓐ	ⓑ	ⓒ	ⓓ	
3	ⓐ	ⓑ	ⓒ	ⓓ	23	ⓐ	ⓑ	ⓒ	ⓓ	
4	ⓐ	ⓑ	ⓒ	ⓓ	24	ⓐ	ⓑ	ⓒ	ⓓ	
5	ⓐ	ⓑ	ⓒ	ⓓ	25	ⓐ	ⓑ	ⓒ	ⓓ	
6	ⓐ	ⓑ	ⓒ	ⓓ	26	ⓐ	ⓑ	ⓒ	ⓓ	
7	ⓐ	ⓑ	ⓒ	ⓓ	27	ⓐ	ⓑ	ⓒ	ⓓ	
8	ⓐ	ⓑ	ⓒ	ⓓ	28	ⓐ	ⓑ	ⓒ	ⓓ	
9	ⓐ	ⓑ	ⓒ	ⓓ	29	ⓐ	ⓑ	ⓒ	ⓓ	
10	ⓐ	ⓑ	ⓒ	ⓓ	30	ⓐ	ⓑ	ⓒ	ⓓ	
11	ⓐ	ⓑ	ⓒ	ⓓ	31	ⓐ	ⓑ	ⓒ	ⓓ	
12	ⓐ	ⓑ	ⓒ	ⓓ	32	ⓐ	ⓑ	ⓒ	ⓓ	
13	ⓐ	ⓑ	ⓒ	ⓓ	33	ⓐ	ⓑ	ⓒ	ⓓ	
14	ⓐ	ⓑ	ⓒ	ⓓ	34	ⓐ	ⓑ	ⓒ	ⓓ	
15	ⓐ	ⓑ	ⓒ	ⓓ	35	ⓐ	ⓑ	ⓒ	ⓓ	
16	ⓐ	ⓑ	ⓒ	ⓓ	36	ⓐ	ⓑ	ⓒ	ⓓ	
17	ⓐ	ⓑ	ⓒ	ⓓ	37	ⓐ	ⓑ	ⓒ	ⓓ	
18	ⓐ	ⓑ	ⓒ	ⓓ	38	ⓐ	ⓑ	ⓒ	ⓓ	
19	ⓐ	ⓑ	ⓒ	ⓓ	39	ⓐ	ⓑ	ⓒ	ⓓ	
20	ⓐ	ⓑ	ⓒ	ⓓ	40	ⓐ	ⓑ	ⓒ	ⓓ	

Actual Test 2

	a	b	c	d			a	b	c	d
1	ⓐ	ⓑ	ⓒ	ⓓ	21	ⓐ	ⓑ	ⓒ	ⓓ	
2	ⓐ	ⓑ	ⓒ	ⓓ	22	ⓐ	ⓑ	ⓒ	ⓓ	
3	ⓐ	ⓑ	ⓒ	ⓓ	23	ⓐ	ⓑ	ⓒ	ⓓ	
4	ⓐ	ⓑ	ⓒ	ⓓ	24	ⓐ	ⓑ	ⓒ	ⓓ	
5	ⓐ	ⓑ	ⓒ	ⓓ	25	ⓐ	ⓑ	ⓒ	ⓓ	
6	ⓐ	ⓑ	ⓒ	ⓓ	26	ⓐ	ⓑ	ⓒ	ⓓ	
7	ⓐ	ⓑ	ⓒ	ⓓ	27	ⓐ	ⓑ	ⓒ	ⓓ	
8	ⓐ	ⓑ	ⓒ	ⓓ	28	ⓐ	ⓑ	ⓒ	ⓓ	
9	ⓐ	ⓑ	ⓒ	ⓓ	29	ⓐ	ⓑ	ⓒ	ⓓ	
10	ⓐ	ⓑ	ⓒ	ⓓ	30	ⓐ	ⓑ	ⓒ	ⓓ	
11	ⓐ	ⓑ	ⓒ	ⓓ	31	ⓐ	ⓑ	ⓒ	ⓓ	
12	ⓐ	ⓑ	ⓒ	ⓓ	32	ⓐ	ⓑ	ⓒ	ⓓ	
13	ⓐ	ⓑ	ⓒ	ⓓ	33	ⓐ	ⓑ	ⓒ	ⓓ	
14	ⓐ	ⓑ	ⓒ	ⓓ	34	ⓐ	ⓑ	ⓒ	ⓓ	
15	ⓐ	ⓑ	ⓒ	ⓓ	35	ⓐ	ⓑ	ⓒ	ⓓ	
16	ⓐ	ⓑ	ⓒ	ⓓ	36	ⓐ	ⓑ	ⓒ	ⓓ	
17	ⓐ	ⓑ	ⓒ	ⓓ	37	ⓐ	ⓑ	ⓒ	ⓓ	
18	ⓐ	ⓑ	ⓒ	ⓓ	38	ⓐ	ⓑ	ⓒ	ⓓ	
19	ⓐ	ⓑ	ⓒ	ⓓ	39	ⓐ	ⓑ	ⓒ	ⓓ	
20	ⓐ	ⓑ	ⓒ	ⓓ	40	ⓐ	ⓑ	ⓒ	ⓓ	

Actual Test 3

	a	b	c	d			a	b	c	d
1	ⓐ	ⓑ	ⓒ	ⓓ	21	ⓐ	ⓑ	ⓒ	ⓓ	
2	ⓐ	ⓑ	ⓒ	ⓓ	22	ⓐ	ⓑ	ⓒ	ⓓ	
3	ⓐ	ⓑ	ⓒ	ⓓ	23	ⓐ	ⓑ	ⓒ	ⓓ	
4	ⓐ	ⓑ	ⓒ	ⓓ	24	ⓐ	ⓑ	ⓒ	ⓓ	
5	ⓐ	ⓑ	ⓒ	ⓓ	25	ⓐ	ⓑ	ⓒ	ⓓ	
6	ⓐ	ⓑ	ⓒ	ⓓ	26	ⓐ	ⓑ	ⓒ	ⓓ	
7	ⓐ	ⓑ	ⓒ	ⓓ	27	ⓐ	ⓑ	ⓒ	ⓓ	
8	ⓐ	ⓑ	ⓒ	ⓓ	28	ⓐ	ⓑ	ⓒ	ⓓ	
9	ⓐ	ⓑ	ⓒ	ⓓ	29	ⓐ	ⓑ	ⓒ	ⓓ	
10	ⓐ	ⓑ	ⓒ	ⓓ	30	ⓐ	ⓑ	ⓒ	ⓓ	
11	ⓐ	ⓑ	ⓒ	ⓓ	31	ⓐ	ⓑ	ⓒ	ⓓ	
12	ⓐ	ⓑ	ⓒ	ⓓ	32	ⓐ	ⓑ	ⓒ	ⓓ	
13	ⓐ	ⓑ	ⓒ	ⓓ	33	ⓐ	ⓑ	ⓒ	ⓓ	
14	ⓐ	ⓑ	ⓒ	ⓓ	34	ⓐ	ⓑ	ⓒ	ⓓ	
15	ⓐ	ⓑ	ⓒ	ⓓ	35	ⓐ	ⓑ	ⓒ	ⓓ	
16	ⓐ	ⓑ	ⓒ	ⓓ	36	ⓐ	ⓑ	ⓒ	ⓓ	
17	ⓐ	ⓑ	ⓒ	ⓓ	37	ⓐ	ⓑ	ⓒ	ⓓ	
18	ⓐ	ⓑ	ⓒ	ⓓ	38	ⓐ	ⓑ	ⓒ	ⓓ	
19	ⓐ	ⓑ	ⓒ	ⓓ	39	ⓐ	ⓑ	ⓒ	ⓓ	
20	ⓐ	ⓑ	ⓒ	ⓓ	40	ⓐ	ⓑ	ⓒ	ⓓ	

Actual Test 4

	a	b	c	d			a	b	c	d
1	ⓐ	ⓑ	ⓒ	ⓓ	21	ⓐ	ⓑ	ⓒ	ⓓ	
2	ⓐ	ⓑ	ⓒ	ⓓ	22	ⓐ	ⓑ	ⓒ	ⓓ	
3	ⓐ	ⓑ	ⓒ	ⓓ	23	ⓐ	ⓑ	ⓒ	ⓓ	
4	ⓐ	ⓑ	ⓒ	ⓓ	24	ⓐ	ⓑ	ⓒ	ⓓ	
5	ⓐ	ⓑ	ⓒ	ⓓ	25	ⓐ	ⓑ	ⓒ	ⓓ	
6	ⓐ	ⓑ	ⓒ	ⓓ	26	ⓐ	ⓑ	ⓒ	ⓓ	
7	ⓐ	ⓑ	ⓒ	ⓓ	27	ⓐ	ⓑ	ⓒ	ⓓ	
8	ⓐ	ⓑ	ⓒ	ⓓ	28	ⓐ	ⓑ	ⓒ	ⓓ	
9	ⓐ	ⓑ	ⓒ	ⓓ	29	ⓐ	ⓑ	ⓒ	ⓓ	
10	ⓐ	ⓑ	ⓒ	ⓓ	30	ⓐ	ⓑ	ⓒ	ⓓ	
11	ⓐ	ⓑ	ⓒ	ⓓ	31	ⓐ	ⓑ	ⓒ	ⓓ	
12	ⓐ	ⓑ	ⓒ	ⓓ	32	ⓐ	ⓑ	ⓒ	ⓓ	
13	ⓐ	ⓑ	ⓒ	ⓓ	33	ⓐ	ⓑ	ⓒ	ⓓ	
14	ⓐ	ⓑ	ⓒ	ⓓ	34	ⓐ	ⓑ	ⓒ	ⓓ	
15	ⓐ	ⓑ	ⓒ	ⓓ	35	ⓐ	ⓑ	ⓒ	ⓓ	
16	ⓐ	ⓑ	ⓒ	ⓓ	36	ⓐ	ⓑ	ⓒ	ⓓ	
17	ⓐ	ⓑ	ⓒ	ⓓ	37	ⓐ	ⓑ	ⓒ	ⓓ	
18	ⓐ	ⓑ	ⓒ	ⓓ	38	ⓐ	ⓑ	ⓒ	ⓓ	
19	ⓐ	ⓑ	ⓒ	ⓓ	39	ⓐ	ⓑ	ⓒ	ⓓ	
20	ⓐ	ⓑ	ⓒ	ⓓ	40	ⓐ	ⓑ	ⓒ	ⓓ	

Actual Test 5

	a	b	c	d			a	b	c	d
1	ⓐ	ⓑ	ⓒ	ⓓ	21	ⓐ	ⓑ	ⓒ	ⓓ	
2	ⓐ	ⓑ	ⓒ	ⓓ	22	ⓐ	ⓑ	ⓒ	ⓓ	
3	ⓐ	ⓑ	ⓒ	ⓓ	23	ⓐ	ⓑ	ⓒ	ⓓ	
4	ⓐ	ⓑ	ⓒ	ⓓ	24	ⓐ	ⓑ	ⓒ	ⓓ	
5	ⓐ	ⓑ	ⓒ	ⓓ	25	ⓐ	ⓑ	ⓒ	ⓓ	
6	ⓐ	ⓑ	ⓒ	ⓓ	26	ⓐ	ⓑ	ⓒ	ⓓ	
7	ⓐ	ⓑ	ⓒ	ⓓ	27	ⓐ	ⓑ	ⓒ	ⓓ	
8	ⓐ	ⓑ	ⓒ	ⓓ	28	ⓐ	ⓑ	ⓒ	ⓓ	
9	ⓐ	ⓑ	ⓒ	ⓓ	29	ⓐ	ⓑ	ⓒ	ⓓ	
10	ⓐ	ⓑ	ⓒ	ⓓ	30	ⓐ	ⓑ	ⓒ	ⓓ	
11	ⓐ	ⓑ	ⓒ	ⓓ	31	ⓐ	ⓑ	ⓒ	ⓓ	
12	ⓐ	ⓑ	ⓒ	ⓓ	32	ⓐ	ⓑ	ⓒ	ⓓ	
13	ⓐ	ⓑ	ⓒ	ⓓ	33	ⓐ	ⓑ	ⓒ	ⓓ	
14	ⓐ	ⓑ	ⓒ	ⓓ	34	ⓐ	ⓑ	ⓒ	ⓓ	
15	ⓐ	ⓑ	ⓒ	ⓓ	35	ⓐ	ⓑ	ⓒ	ⓓ	
16	ⓐ	ⓑ	ⓒ	ⓓ	36	ⓐ	ⓑ	ⓒ	ⓓ	
17	ⓐ	ⓑ	ⓒ	ⓓ	37	ⓐ	ⓑ	ⓒ	ⓓ	
18	ⓐ	ⓑ	ⓒ	ⓓ	38	ⓐ	ⓑ	ⓒ	ⓓ	
19	ⓐ	ⓑ	ⓒ	ⓓ	39	ⓐ	ⓑ	ⓒ	ⓓ	
20	ⓐ	ⓑ	ⓒ	ⓓ	40	ⓐ	ⓑ	ⓒ	ⓓ	

MEMO

MEMO

기본부터 실전까지, 가장 빠르게!

NEW TEPS

뉴텝스
400+
목표 대비

실력편 청해

- 서울대텝스관리위원회 NEW TEPS 경향 완벽 반영
- 뉴텝스 400점 이상 목표 달성을 위한 최적의 기본서
- 올바른 독해를 위한 문장 구조 이해 중심의 문법 수록
- 신유형을 포함한 뉴텝스 독해의 파트별 문제풀이 공략법
- 뉴텝스 독해의 기본기를 위한 주제별 필수 어휘 제공
- 뉴텝스 실전 완벽 대비 Actual Test 5회분 수록
- 고득점의 감을 확실하게 잡아 주는 상세한 해설 제공
- 모바일 단어장 및 보카 테스트 등 다양한 부가자료 제공

Listening